壹卷
YE BOOK

洞 见 人 和 时 代

西方传统 经典与解释
Classici et Commentarii
HERMES
莱辛注疏集
刘小枫 ● 主编

启蒙时代的莱辛和他的友人
Lessing und einige seiner
Zeitgenossen in der Aufklärung

温玉伟 编

四川人民出版社

图书在版编目（CIP）数据

启蒙时代的莱辛和他的友人 / 温玉伟编. -- 成都：
四川人民出版社, 2025. 6. -- ISBN 978-7-220-14036-5
Ⅰ. B516.39
中国国家版本馆 CIP 数据核字第 20257CS853 号

QIMENGSHIDAI DE LAIXIN HE TADE YOUREN
启蒙时代的莱辛和他的友人
温玉伟　编

出 版 人	黄立新
策划统筹	封　龙
责任编辑	李如一
封面设计	李其飞
版式设计	李其飞
责任印制	周　奇
出版发行	四川人民出版社（成都三色路238号）
网　　址	http://www.scpph.com
E-mail	scrmcbs@sina.com
新浪微博	@四川人民出版社
微信公众号	四川人民出版社
发行部业务电话	（028）86361653　86361656
防盗版举报电话	（028）86361653
照　　排	四川胜翔数码印务设计有限公司
印　　刷	成都东江印务有限公司
成品尺寸	145mm×210mm
印　　张	11.5
字　　数	230千
版　　次	2025年6月第1版
印　　次	2025年6月第1次印刷
书　　号	ISBN 978-7-220-14036-5
定　　价	82.00元

■版权所有·侵权必究

本书若出现印装质量问题，请与我社发行部联系调换
电话：（028）86361656

古典教育基金・蒲衣子资助项目

编者前言

温玉伟

18世纪下半叶,在启蒙运动的风潮中,西欧诸国及其殖民地国家的动乱和战争风起云涌,王权国家命运在这一背景下风雨飘摇。其中,以"美国立国战争"(1775—1783)和延宕至世纪末的"法国大革命"(1789—1799)对现代政制的塑造影响最大。如今,共济会在这两场大革命中或直接或间接发挥的影响,在学界早已不是什么秘密,在公众领域也已成为大家津津乐道的传奇。

一 共济会与"最完美的政制"

自1773年底"波士顿倾茶事件"以来,欧洲这边的消息灵通人士,尤其在共济会圈子内部,流传着北美殖民地同志将要举义的"谣言",而且足够令人振奋和鼓舞的是,据说大洋彼岸的同人将要按照神圣的现代自然法,建立属于自己的共和国,没有王权压迫,宗教信仰自由,人人平等,洛克等思想先驱的政治梦想将会在这片新大陆得以实现。众所周知，原巴黎启蒙共济分会主座师傅富兰克林（Benjamin Franklin）曾极力鼓动共济会员在欧洲作亲美宣传，以争取"国际社会"舆论。看来，流传的消息很难是假的……果不其然，殖民地代表与宗主国英国之间象征性的讨价还价最终以失败告终，1775 年 4 月中旬，莱克星顿打响了起义的第一枪……

虽然传说中的共济会似乎已经神乎其神，甚至邪乎，但是，关于"共济会是什么、为了什么、存在于何时何处、如何和以什么手段得到推动或者受到阻碍"，并没有确切和公认的说法。至少从汉堡时期，这个问题就一直困扰着莱辛。随着阅历的增加，经过思想上的"转变"[①]，四十岁过后的莱辛似乎想清楚了很多东西，比如，现代自然法中讲的平等也许是自欺欺人，莱辛笔下的法尔克就认为，无论设想中的国家多么接近完美[②]。"［国家中的］成员有高贵和低贱之分"（对话二）总是事实，因为从本质上来看，人性的差异先于其历史性化身（如国家、阶级、教会）。

另外，共济会员的政治奥秘也许是应该认识到如下辩证关系：一方面，共济会员的道德活动只有基于"不可避免的国家之恶"才有可能，另一方面，这种道德活动又恰恰针对

[①] 施特劳斯：《显白的教诲》，见施特劳斯《古典政治理性主义的重生》，潘戈编，郭振华译，华夏出版社，2011，第 122 页。
[②] 原文为 der Vollkommenheit mehr oder weniger nahe，值得对比《美利坚合众国宪法》（1789）序言中 in order to form a more perfect union。

这类恶……①于是，莱辛打算尽快写完多年前断断续续写作的《恩斯特与法尔克——写给共济会员的对话》。不过，要完成这篇对话作品，还有一些细节问题需要解决，这些东西得靠旁敲侧击，从资深的共济会"高人"那里来挖掘。

1775年新年过后，沃尔芬比特大公图书馆馆长莱辛已经在小城沃尔芬比特待了五个年头，此时，距莱辛被发展为"三玫瑰"共济会成员也已近四年。这年2月9日，莱辛向卡尔大公告假，取道莱比锡、柏林、德累斯顿，经布拉格，于3月31日到达当时的"帝都"维也纳。此时，卡尔大公的小公子利奥波德王子恰巧也在这里拜访，想要在军队里谋职。在这里与未婚妻爱娃短暂见面后，莱辛与小王子于4月25日匆匆启程前往意大利，开始了为期约8个月的意大利之旅。这时，大洋彼岸的美利坚立国战争刚开始不到一个星期，可谓激战正酣。

流俗的文学传记作家通常认为，莱辛的这次出行是为了和未婚妻见面以解相思之苦，或者认为，莱辛为了在奥地利方面谋职。这些观点不见得能站得住脚，因为莱辛自己一开始就对在奥地利求职没有抱太大希望，另外，爱娃在奥地利已经处理好前夫的生意，完全可以速速到德意志与莱辛相会。据有心的史家钩沉，其实，这次出行对于莱辛的"共济

---

① Reinhart Koselleck, *Kritik und Krise. Eine Studie zur Pathologie der bürgerlichen Welt*, Suhrkamp, 2018, 第70, 72页。也参孔蒂亚德斯《莱辛的秘传写作——〈恩斯特与法尔克〉及其历史命运》，见莱辛《论人类的教育》，刘小枫编，朱雁冰译，华夏出版社，2008，第237—257页。

会对话"写作意义重大①。

首先,莱辛周围的好友和熟人中,许多都是共济会中级别不低的会员,比如身在柏林的尼柯莱(在莱辛去世后写了《试论对护法武士团的指控及该团的秘密:附共济会形成史》,1782),从他们身上即便无法获得真正的秘密,至少也可以得到极具代表性的偏见。我们从莱辛的通信可以知道,当遇到重要的话题,尤其是不方便在书信里讨论的话题,莱辛更愿意和友人面对面私下谈。否则很难想象,目的地为维也纳的旅途,为何要南辕北辙绕个大弯。

莱辛在前往和返回维也纳途中,曾在布拉格停留数日,拜访一位颇显神秘的人士保恩(Ignaz von Born),此君在历史上,至少在与莱辛相关的研究中没什么名气,据查,他是位自然科学家,写过矿物学、地质学、软体动物学方面的作品,另外也是共济会会员,后来升任主座大师——可见,理科男除了自主创业当老板之外,为组织服务也大有可为。为后世知晓,并且成为美谈和佳话的是,他曾吸收音乐家莫扎特的父亲为共济会会员,后来还成为莫扎特《魔笛》中光明王国君主萨拉斯特罗(Sarastro)的原型。

人们一般会将莱辛的意大利之行与温克尔曼和后来歌德的意大利之旅做比较,后人对歌德意大利之旅的研究汗牛充栋,一些学界大佬禁不住惋惜莱辛没有什么收获,白去了一

---

① Heinrich Schneider, *Lessing. Zwölf biographische Studien*, Franke, 1951, 第183页及以下。

趋意大利。其实早些时候，当莱辛听到有人把他以及他的意大利之行计划与温克尔曼对比时，莱辛哭笑不得，温克尔曼的事业和我自己的计划有什么关系呦：

> 没人能比我更尊重温克尔曼了，即便如此，我不愿当什么温克尔曼［第二］，我还是做我的莱辛吧！（参1768年10月18日信）

看来，我们还是按照作者自己对自己的理解来理解作者靠谱些，得谨慎地对待自诩权威的学者按照科学和实证方法得出的论断。

如我们从正文看到的，莱辛对这次旅途所谈的并不多。与《〈耶路撒冷哲学文存〉编者前言、后记》以及其他"匿名作者残稿"等神学、哲学文章一起编入《莱辛作品书信集》（卷8）的《意大利之行手记》（包括德文编后记和注释）[①]，所占篇幅不足十分之一，与整个12卷（14册）《莱辛作品书信集》相比，更是九牛一毛[②]。

莱辛在笔记中罗列了私下结识的自然科学家、哲人、史家、诗人、文物学家、语文学家的名字。为何莱辛花大力气汇总这些看似无意义的信息，后世学者对于莱辛的做法感到

---

① Gotthold Ephraim Lessing. Werke 1774—1778, Arno Schilson 编, Frankfurt, 1989；相关书信见 Briefe von und an Lessing 1770—1776, Helmuth Kiesel 等编 Frankfurt, 1988.
② Gotthold Ephraim Lessing. Werke und Briefe in zwölf Bänden, Frankfurt, Wilfried Barner 等编（简称"WB版"）。

一头雾水。如果有心的话，我们不妨去搜索一下笔记中提到的意大利学者以及旅意德人的名字，会发现不少人物都是某某会、某某组织、某某骑士团的成员。比如莱辛提到的巴乔迪（Paulo Maria Paciaudi）就是赫赫有名的马耳他骑士团（Ordine di Malta）成员，而在罗马拿到"长期居留签证"的德意志画家莱芬施泰因（Johann Friedrich Reifenstein）则是"美艺术协会"的会员，这类协会也曾起着共济会的作用。

据一位意大利学者回忆，在与莱辛相处时，曾告诉莱辛，想通过写小说表达自己真诚的启蒙理想，小说内容大概是一支国际军队占领了希腊并且随后把这个国度分为了不同的政制形式，莱辛立即插了一句："以上帝的名义，不要动我的土耳其！"

这位启蒙人士的狂热梦想随即被浇灭，据说，他后来放弃了写作小说的计划。莱辛在这里说出的这句话看似突兀和难解，不过，联系莱辛后来的"共济会对话"，法尔克的观点似乎可以帮助理解。这个笔下的人物认为：

> 政治的统一和宗教的统一，在这世上都不可能。有一个国家，便会有许多国家。有许多国家，便会有许多宪法。许多宪法，便会有许多宗教。（《恩斯特与法尔克》，对话二）

倘若按照那位意大利学者的设想，将希腊分为不同政制的国家，那么，可想而知，除了现存的三大一神教之外，新的政制下将会冒出更多的宗教，如果再将土耳其——值得注意，在莱辛的诸多作品中，"土耳其"指的并非一个民族或种族的特殊群体，而是伊斯兰教的代表——分裂开的话，那么，我们从《智者纳坦》知道，为了三个"指环"的真伪问题，世人已经斗得不可开交，要是"指环"成为三十个、三百个，世人的生存处境将会何其艰难！

总之，莱辛似乎对自己的意大利之行还算满意，回国途中再次拜访了布拉格的神秘人物之后，他又专门绕道柏林，与那里的友人交流自己的收获。据友人尼柯莱后来回忆：

> 我已故的朋友（莱辛）六年前从意大利归来在柏林作短暂逗留时，就与我详细讨论过他关于共济会产生的假设。……莱辛此后想必发现了推动他改变看法或进一步确定其看法的信息。（参《论人类的教育》，第350页）

如果我们相信了一些学者的论断，也许会认定莱辛的这次意大利之行的确没什么值得注意，从而会忽视它对于莱辛写作《恩斯特与法尔克》的意义。当然，至于莱辛在旅途中具体哪一天哪个地方见了哪些人、说了什么话、做了什么事，值得细致的文学史家或传记作者接着对这段历史用功[①]。

[①] 为了更好地理解莱辛意大利之行的背景，译者选译了莱辛研究专家奈斯伯特（H. B. Nisbet）所著《莱辛传》（*Lessing. Eine Biographie*，Beck，2008，第587—596页）中的相关部分。

二 莱辛的"述而不作"

1776年3月初,莱辛回到沃尔芬比特,除了继续修改润色,甚至重写"写给共济会的对话"《恩斯特与法尔克》之外,同时也在马不停蹄地编辑忘年交小耶路撒冷(Karl Wilhelm Jerusalem,1747—1772)的哲学遗稿,要赶在复活节(4月下旬)书展前出版,按照当时已经逐渐形成的学术规范,编者必须为文集撰写前言和后记等文字(见《莱辛作品书信集》卷8),这部作品出版时题目定为《耶路撒冷哲学文存》①,内容分别为:编者前言、论语言不可能通过奇迹传达给第一个人类、论普遍和抽象概念的自然和起源、论自由、论门德尔松关于感性愉悦的理论、论混杂的感觉、编者后记。

小耶路撒冷是布伦施威克著名神学家和新义论代表人物约翰·耶路撒冷(Johann Friedrich Wilhelm Jerusalem)的独子,1770年至1771年曾在沃尔芬比特司法部门担任候补文官,大概这时候与莱辛认识,并结为忘年之好。由于在维茨拉新工作岗位的种种遭遇,他于1772年10月30日自杀。青年歌德与小耶路撒冷相熟,获悉后者自杀的消息之后,以其为原型创作了小说处女作《青年维特之烦恼》(1774),作品

---

① Gotthold Ephraim Lessing 编, *Philosophische Aufsätze von Karl Wilhelm Jerusalem*, Buchhandlung des fürstl. Waisenhauses, 1776。

问世后大卖，不断再版，歌德在一夜之间成为欧洲远近闻名的文学名人，更成为年轻一代心目中的"天才"人物和"狂飙突进运动的主将"。

时至今日，权威的文学史仍将"狂飙突进"运动视为一场"文学运动"①。狭义的"狂飙突进"运动以理论奠基人赫尔德于1770年与运动主将歌德的相会为开端，以二人于1776年相继进入魏玛宫廷做官为结束。广义来看，一般从运动先驱人物哈曼发表《语文学家的十字军东征》（1762）开始，以席勒于法国大革命前夕（1789）来到耶拿任史学教授结束，前后持续约30年。

这场以民族精神、自由、自然、天才等精神为内核的运动，其实是该时期德意志大地上逐渐形成的政治流派之一，这时期的政治流派大致可分为温和的、以和平改革为目标的流派，激进的、以自由和平等为目标的流派，以及反启蒙、反秘密结社的保守主义流派②。有政治史家指出：

> 由绝对王权的主权者及其机构继续统治，还是由新的社会（市民阶级）精英来统治，这个政治问题在"狂飙突进"运动期间首次出现在德意志。这一问题以最为尖锐的方式在新的市民阶级的社会代表以及秘密结社组织［译按：即共济会这样的社团］身上爆发。（*Kritik*

---

① 范大灿：《德国文学史·卷二》，译林出版社，2006，第196页。
② Fritz Valjavec, *Die Entstehung der politischen Strömungen in Deutschland* 1770—1815, Oldenbourg, 1951, 第11页。

und Krise，前揭，第 105 页及以下）

可以想见，无论是歌德还是席勒，这些市民阶级中的精英，都通过自己的文学创作表达了其政治诉求——尤其运动的"导师"赫尔德主张以"自然状态论"重新解释人性，进而消除君臣关系，将王权制度扫入历史的坟墓，争取实现完美政制，这一理想可谓共济会秘密理想活脱脱的翻版![1]

为了反击歌德小说引起的"维特热"，莱辛曾打算写戏剧（见《更好的维特》残篇），而好友尼柯莱则通过戏仿，写作了《青年维特之欢愉》——这里根据 1775 年初版影印本译出[2]。我们之所以翻译出这个小短篇，一方面因为尼柯莱的戏仿作品是唯一得到歌德本人认真对待并予以回应的，直到晚年写《诗与真》时，歌德对其仍有些耿耿于怀。

另一方面，因为"在戏弄之中自有真理，我们看出有必要区分我们是什么和我们应当是什么"（布鲁姆），倘若时至今日，我们仍然与 20 世纪初的激进青年一道，只是一味谴责"可怜的无聊作家之浅薄""狗尾续貂"，只能说明我们在现代文学百余年的陶冶下丝毫没有长进，甚至还没有走出狂热盲目的思想处境。

莱辛认为，小耶路撒冷的性格在《青年维特之烦恼》中

---

[1] 刘小枫：《学人的德性》，见刘小枫《施特劳斯的路标》，华夏出版社，2011，第 292 页。

[2] Friedrich Nicolai, *Freuden des jungen Werthers: Leiden und Freuden Werthers des Mannes*, Curt Grützmacher 编，Fink, 1972。

完全被扭曲了，小说尤其向青年一代呈现的是——用尼柯莱《青年维特之欢愉》的话来说——具有"女子气和孩子气类型"的人。联系主人公维特，我们可以看到，这类人特别多愁善感，情绪随时随地会爆发出来，一旦被读者大众模仿起来，后果不堪设想，搞不好可能会颠覆社会——这也是尼柯莱鉴于实际情况表达过的担忧。

因此，当莱辛弟弟卡尔提到"狂飙突进"运动另一位代表人物，也是戏剧《狂飙突进》的作者克林格时，莱辛在回信中语重心长地叮嘱"千万不要和这些人混在一起"（1776年6月16日）。莱辛或许已经看到，这些人（包括运动的理论推手）的所作所为，与现代共济会士要达到的目标并不两样（参《学人的德性》，第327页），没有政治辨识能力的年轻人会很轻易地被极有迷惑性的口号给拐上邪路。

实际上，小耶路撒冷尤为爱好哲学，特别是现代哲人莱布尼茨和门德尔松的作品，即便在维茨拉的困难时期，他仍旧在这上面用功。在莱辛眼里，小耶路撒冷是与小说主人公完全不同的另一类人，他真诚、冷静、好沉思，是那种喜好思辨、静观的类型，"从来都不是一个多愁善感的傻瓜"。我们知道，肃剧和谐剧兼善的莱辛，一生创作的作品中从来不缺乏他所要求的这类人：无论是《自由思想者》《青年学者》《费罗塔斯》，还是《明娜》《爱米莉亚》《智者纳坦》。

令已经远离文坛多年的莱辛惊讶的是，眼下的文坛竟然如此乱象丛生，本应教化民众的诗人似乎不懂诗术，或者说，新的诗术品质发生了太大的变化。文学作品本应该"促

成更多善好而非祸害",诗人本应该知道:

> [年轻人]会轻易地将诗歌的美误以为是道德的美,并且相信,那个令人们如此强烈地同情关切的人,一定是善良的(致艾申伯格,1774年10月26日)。

假若诗歌作品中的确出现了比较离奇和邪门的人物,诗人应该巧于构思,暗示"其他天性中也秉有类似气质的青年又应如何使自己避免重蹈覆辙"。在莱辛看来,青年诗人歌德确实才华横溢,写得一手"好"诗,但他的生花妙笔没有用到正途。尼柯莱的《维特》"尽管没有那么好,但是却更为明智"(致维兰德,1775年1月8日)。在这里尤其值得对比赫尔德获奖论文《各民族趣味兴衰的原由》(1775)中的观点,我们会发现两种品质截然不同的诗术观,赫尔德在论文中要求:

> 某些作品的确会需要一种在艺术上好,却在道德上不好的激情。它们渴望的是狂飙(Sturm),而不是晴空万里。①

这里的"艺术上好"庶几可以与"诗歌的美"或者诗歌

---

① 赫尔德:《各民族趣味兴衰的原由》,冯庆译,见刘小枫编《从普遍历史到历史主义》,华夏出版社,2017,第128页及以下。

的"好"替换。如莱辛所看到的,新诗人歌德诗的美和好并不等于道德的美和好,也就是不"明智",后果将会是,"弄得我们是非颠倒,该我们希望的却遭到憎恶,该我们憎恶的却又寄予希望"(《汉堡剧评》,第34篇)。不难设想,倘若将渴望"狂飙"激情的诗歌与赫尔德所说的"公民德性"联系起来,将会产生怎样的革命性威力。

更为要命的是,新一代诗人不懂得人的灵魂差异,不知道形形色色的灵魂样态里面还有另外一类爱好沉思的灵魂天性。"多愁善感""哭哭啼啼",应该属于那种"女子气和孩子气类型"的人,"如果我们小耶路撒冷的灵魂也曾完全处于这种状态,那么我几乎是要对他嗤之以鼻的"(致艾申伯格)。莱辛的"维特"或者小耶路撒冷,即便不像《青年学者》里手捧迈蒙尼德"大书"《迷途指津》的达弥斯,也应该像《费罗塔斯》中能够娴熟运用"三段论"的小王子。通过编辑出版《耶路撒冷哲学文存》,莱辛想要让年轻一代人看到,还有另外一种值得过的生活,和有天赋过这种生活的人:

> 这是对明确知识的爱好,是对真理追本溯源的天赋。这是清醒静观的精神,也是一种温馨的精神,因而更值得珍重。当追寻真理而常常无法获得时,它不会因此而退却;不会因为真理在面前的岔路上消失,自己一时无从探究,便怀疑它的可得而知。(《文存》前言)

德文编者已经指出，就这篇"拯救"性质的"前言"和"后记"而言，莱辛的目的似乎很清楚，他要对刚刚兴起的"狂飙突进"运动及其天才崇拜等理论做一清算。这样来看，《哲学文存》就不可能是简单任意的汇编。从《文存》目录可知，前两篇文章——论语言不可能通过奇迹传达给第一个人类、论普遍和抽象概念的自然和起源——是小耶路撒冷为了参加1770年柏林科学院的有奖征文"论语言的起源"而写的，这一年的获奖者不是别人，正是"狂飙突进"运动的理论导师赫尔德（论文《论语言的起源》发表于1772年）。特别显眼的是，莱辛虽然对这两篇文章的解读着墨最多，但是竟然连赫尔德的大名提都没提。不过，明眼人应该都能看出来，莱辛的做法，差不多是在向赫尔德隔空喊话，而鉴于二者的友谊，莱辛不便言明。

第三篇文章题目是"论自由"。上文已经简单提到，"自由"恰恰是"狂飙突进"运动精神的核心范畴和口号，也是运动的理论导师赫尔德政治哲学思想重要的一部分，他在《各民族趣味兴衰的原由》中就曾将"人性情感"等同于"自由"情感（前揭，第157页）。

据说，赫尔德的自由主义在实际上不受限制的思想和言论自由（包括信仰自由）的要求上尤其激进。赫尔德之所以有这样的立场，原因在于：首先，他认为这样的自由属于民众的道德尊严；其次，他相信，自由对于个体的自我实现是必需的；第三，他相信，民众领会真理的能力是有限的，只有通过对立立场之间不断的竞争，真理的事业才能得到进步①。

针对"狂飙突进"运动主张的自由观，莱辛在解读性的文字里告诉同时代（青年）人，他是怎样看待自由的：

> 至善这一概念之所以起作用，所依据的是强制和必然性，比起那些在同样情况下以不同策略予以应对的空洞的能力，前两者［译按，即强制和必然性］是多么令人喜闻乐见。［因为］我不得不行善，不得不行至善，为此，我感恩造物者。（《耶路撒冷哲学文存》编者后记）

启蒙伦理的要核在于，拒绝实质伦理，诉诸人的自主理性，不依赖于外在的习传道德规定。进而，令个人自己自由地决定其行为的道德品质，废除道德这个客观的尺度规定，取而代之的是主观的心智。② 我们看到，莱辛真诚地相信，至善的想象必须以"强制和必然性"为法度，才可以发挥作用，如果人们只以自己的主观为准绳，"也就是说只沉湎于不以任何法则为依据的盲目力量"的话，后果就是维特那类人的结局，因此，必须为伦理生活加上必要的"强制和必然性"限制。

---

① Johann Gottfried Herder, *Philosophical Writings*, Michael N. Forster 编/译, Cambridge University Press, 2004, "前言", 第31页。
② 刘小枫：《王有所成》，上海人民出版社，2015，第90页。

在这段文字后面，哲人莱辛不忘给出限定："总之，从道德方面来看，这一学说没有问题。"联系致艾申伯格信里的说法——明确提到"苏格拉底的时代"——和这里的说法，莱辛无异于在赫尔德的思想前辈泡萨尼阿斯及其同时代鼓吹自由民主理论的智术师，以及后世的思想子嗣斯金纳的屁股上响亮地各打了两大板子！① 莱辛虽然没有明确点名，但是，站在一旁观看的赫尔德，脸上的颜色想必也不怎么好看。

三　莱辛的"思想密室"

据友人门德尔松的说法，莱辛编辑出版小耶路撒冷的哲学文章，目的是要让读者看到，与有些人想要表现的不同，小耶路撒冷完全是另一类人。至少在门德尔松眼中，莱辛的意图已经达到：

> 我那位热爱形而上学沉思的友人［莱辛］，继续研究了那些内容［小耶路撒冷哲学作品］，在我来看，他十分清晰并且极其敏锐地给出了解释。（门德尔松致绍姆伯格－利珀伯爵，1775年5月20日）

雅各比曾说，莱辛一生中最珍视门德尔松的友谊。不论

---

① 刘小枫：《以美为鉴》，华夏出版社，2017，第335页。

这种说法出于何种目的，一个不容忽视的事实是，自从莱辛和门德尔松相识以来直至晚年，相互间的讨论、交流就一直不断，即便二者在对待卢梭启蒙思想的态度，尤其在自然神学方面存在着不可逾越的意见分歧。

门德尔松《致莱比锡莱辛硕士先生的公开信》（1756）就是这种交流的见证。在翻译卢梭《论人类不平等的起源》时，门德尔松注意到哲人卢梭的"怪论"，即人一旦成为社会的，就败坏了；非社会、野蛮状态下的人才是最幸福的。《公开信》的任务就是要反对卢梭这种自相矛盾的说法。一生致力于宣扬常识的门德尔松一开始就坚持认为，真理并不自相矛盾，哲学家们的所有争吵都只是口舌之争，在于（真理）"讲法"上的细微区别。因此，当门德尔松发现卢梭言辞中的矛盾时，就以新派哲人的真诚断定，卢梭犯了所有怪才都会犯的毛病：

> 当那些怪才揭示一条真理时，就不能赤裸裸地讲出这真理，而是非得搞出一套稀奇古怪的体系？（见正文）

也许出于同样的理由，也许出于疏忽，哲人门德尔松即便读过了莱辛为《耶路撒冷哲学文存》撰写的前言和后记，也没能注意到其中已经暗示了友人逝世后在"泛神论之争"中被称为"斯宾诺莎主义或者无神论"的思想（见正文绍尔茨文章）。

从哲学史我们了解到，"泛神论之争"由雅各比发动，以门德尔松为主要论争对手,起初关注的是莱辛的哲学遗产。这场争论很快发展为一场关于启蒙的基础与合法性的全面论争,知名人士如哈曼、歌德、康德、赫尔德、维兰德及其女婿莱茵霍尔德等都被牵涉进来。当时的德意志启蒙哲人视莱辛为启蒙的捍卫者,而斯宾诺莎主义则被谴责为异端、无神论、无政府主义。雅各比在论争中所持的观点是,启蒙运动及其唯理主义最终导致了无神论和宿命论。

通过让《关于斯宾诺莎的对话》中的莱辛承认其斯宾诺莎主义立场,雅各比为启蒙哲人摆出了一个两难抉择:要么跟随莱辛,接受唯理主义的毁灭性后果;要么拒绝唯理主义,跟随雅各比进行"危险的一跃",支持其信仰说[①]。对于门德尔松而言,倘若友人莱辛的确变成了坚定的斯宾诺莎主义者的话,这就意味着,他们自18世纪50年代以来共同的启蒙事业将功亏一篑。

门德尔松在论争中的对手雅各比(Friedrich Heinrich Jacobi,1743—1819),早年是一家手工品作坊的作坊主,后来加入杜塞尔多夫共济会"纯粹友谊"(La Parfaite Amitié),而立之年被任命为尤利希-贝尔格公国选帝侯宫廷财务顾问,没过几年(1779)便升任枢密顾问和关税与财务部长。——可以看到,雅各比算是现代市民社会"商而优则仕"的杰出代表。利用这些身份,雅各比大力推动经济政策

[①] 简森斯:《启蒙问题:施特劳斯、雅各比和泛神论之争》,孟华银译,见施特劳斯:《哲学与律法:论迈蒙尼德及其先驱》,黄瑞成译,华夏出版社,2012,第204页。

改革，并废除了农奴制度。

由于改革太过大刀阔斧，触动了不少人的利益。同年，雅各比在各方压力下挂印退隐，做回了自己的"布衣"：以学者身份回到杜塞尔多夫附近的佩姆佩尔夫特，闲暇时除了沉思一些形而上学问题之外，还为当时的学者杂志撰写书评和文章。作为文学家，雅各比曾撰有两部极富争议的小说《奥维尔书信》（*Eduard Allwills Papiere*，1775）和《沃尔德玛》（*Woldemar*，两卷，1779）。雅各比在后世更多被提及的，大概是他在 18 世纪末和 19 世纪初先后引发的"泛神论之争"和"无神论之争"。

或许在今天的我们看来，承认自己是斯宾诺莎主义者或者无神论者没什么大不了，尤其是，我们自小被教育要做个"无神论者"，不是无神论者反而有些政治不正确。但是在莱辛生活的时代，基督教仍然是主流意识形态，谁要是承认了自己的无神论立场反而因为"不信神"而披上政治不正确的嫌疑。——被雅典民主制法庭审判的其中一个原因，就是因为他被指控为"不敬城邦的神"，这在时人眼中仍然具有鲜活的现实意义。因此，在充满启蒙偏见的启蒙时代，莱辛得出的哲学经验无论如何值得重视：区分有哲学品质和无哲学品质的人,或者区分显白的和隐微的教诲仍然必要①。

施特劳斯暗示,能够揭示这种区分的文本就有雅各比在莱辛身后发表的《关于斯宾诺莎学说的对话》。与莱辛生前发表的"写给共济会的对话"《恩斯特与法尔克》一样,雅各比发表的与莱辛的私下对话同样具有显白性质,而且,"比起任何其他现代德语著作,这些对话可能更接近柏拉图对话的神髓和技巧"(《显白的教诲》,前揭,第123页)。通过雅各比与莱辛的私下对话,人们甚至有可能进入莱辛的"思想密室"(《学人的德性》,前揭,第284页)。

"泛神论之争"正式拉开序幕之前,雅各比已经预先发表了一篇书评文章《莱辛所言——评〈教皇之旅〉》(1782)②。在一次与雅各比的私下对话中,莱辛表露了自己对文明的暧昧性的看法,他认为:"反对教皇专制的论证要么根本不是一个论证,要么就可以两倍或三倍地对君主专制。"这一看法不仅体现在"写给共济会的对话"中,也曾以戏剧形式得到表露,即在肃剧《爱米莉亚》中。——作为文学爱好者,我们值得记住,对话也是戏剧的一种,作为文学创作,戏剧是对自然的理想描绘,在某些特殊情况下,也是对真实事件

---

① 施特劳斯:《显白的教诲》,前揭,第115—127页;倘若雅各比的转述可信的话,在莱辛看来,友人门德尔松虽然聪明、正确、出色,但是不具备形而上学头脑,并且缺乏一种哲学艺术冲动(即哲学爱欲),言下之意,宣扬常识的门德尔松虽然有哲人的头衔,但是没有哲学品质,因此,莱辛对这位友人在一些问题上态度有保留也就不难理解了。不过,这并不妨碍两人是一生的好朋友。

② 中译节选见施密特编《启蒙运动与现代性》,徐向东/卢华萍译,上海人民出版社,2005,第196—218页。

的理想描绘，表现方式更为活泼。

这篇书评作品在结构上值得注意：题词为 Dic cur hic［我们为什么在这里］? Respice finem［考虑考虑最终目标］! 莱布尼茨将其翻译为 Où en sommes nous［我们到哪了］? venons au fait［让我们言归正传］①！给人感觉好像是在提醒误入歧途的对话者或者读者重新定位和取向。代替前言的是撒路斯提乌斯《喀提林阴谋》中的节选（第51章，拉丁语德语对照）②，代替后记的是马基雅维利《李维史论》中的节选（第58章）③。一头在讨论领导层的德性品质，另一头在讨论人民的品质，从而看起来是，形成某种对比或者平衡。

前言和后记中间塞入了对莱辛私下发表过的观点——"反对教皇专制的论证要么根本不是一个论证，要么就可以两倍或三倍地对君主专制"——所展开的思考。倘若在阅读或者翻译（比如英译）过程中，忽视了两头，就极有可能误解甚至无法理解作者的意图。作品最后以改编伏尔泰对话作品《甲乙丙之间的对话》（*L'A, B, C, ou dialogues entre A, B, C, traduit de l'anglais de M. Huet*）对话十"论宗教"中的一句话收束全文：

---

① 莱布尼茨：《人类理智新论》，卷2，第21章47节；中译参莱布尼茨：《人类理智新论》，陈修斋译，商务印书馆，1982，第190页。
② 撒路斯提乌斯：《喀提林阴谋·朱古达战争》，王以铸/崔妙因译，商务印书馆，1995，第160—162页；另参刘小枫编《撒路斯特与政治史学》，华夏出版社，2011。
③ 马基雅维利：《论李维》，冯克利译，上海人民出版社，2005，第193—197页。

勇者生而能自由表达自己的思想，不敢正视人生的两极——宗教与统治——的人，只不过是懦夫。①

《莱辛所言》出版后，当时的读者要么指责雅各比有民主意向，要么指责雅各比尊拥教皇。门德尔松也不例外，他站在原初启蒙立场上，坚定不移地相信开明［君主］专制和哲学的联盟②，从而批判雅各比文章中可疑的民主倾向。雅各比透露的莱辛的观点，被门德尔松看作典型的"莱辛式悖论"或"戏剧逻辑"，不足为训。此时的门德尔松仍然坚持年轻时翻译卢梭作品的经验，一位想要教导的作家不会追求夸张，不会搞出一套稀奇古怪的体系，而是追求清晰而纯粹的概念。

面对读者（尤其是门德尔松）的误解，雅各比又写了一篇回应文章《回忆〈对一篇奇文的不同看法〉》（*Erinnerungen gegen die Gedanken Verschiedener über eine merkwürdige Schrift*），他驳斥了那些在《莱辛所言》中读出拥护民主或者拥护教皇专制的误解。不过，对于雅各比而言，更重要的是要指出"莱辛式悖论"的意义。雅各比再次以莱辛私下的说法为依据，指

---

① Voltaire, *Political Writings*, David Williams 编/译, Cambridge University Press, 1994, 第142页。
② 很明显，门德尔松没能重视莱辛对于文明之暧昧性的经验，至少没有读懂莱辛"写给共济会的对话"，从而也可以理解为何显白论在新派哲人门德尔松这里是陌生的。参刘小枫《学人的德性》，第327—329页；试比较莱辛《意大利之旅手记》中的说法，在那里，莱辛将"温和的宗教政府"与"军事政府"相对立（见正文）。

出，对话根本不是为了说教而配衬的宣谕形式，而是为了唤醒人们寻求真理的最高方式，利用这种方式，一个人可以改善另一个人。

雅各比在写下这些内容时不过40出头，而门德尔松早已是闻名遐迩的"德意志柏拉图"——青年施特劳斯称，"柏拉图思想对门德尔松只具有限的现实意义"，而莱辛的对话和雅各比发表的与莱辛的对话"更接近柏拉图对话的神髓和技巧"，可谓绵里藏针。雅各比借助莱辛，或者说，莱辛通过雅各比记录下的对话，试图促使哲人门德尔松进一步改善，如果可能的话，做出一次"转变"。

面对门德尔松的无动于衷和"麻木不仁"，雅各比最终决定扩大自己的打击目标，不仅要反对一切专制制度（无论是政治上还是形而上学的），还要反对这些制度的帮凶，即那群不彻底的启蒙哲人。"莱辛是位坚定的斯宾诺莎主义分子"，由雅各比发动（但无疑秉承了莱辛的哲学精神）的"泛神论之争"如一声响雷，在18世纪末的欧洲中心上空炸响。不久后，法国大革命中罗伯斯庇尔的专制，再次使这片土地上的人们将目光投向莱辛的对话作品和其中的宝贵经验。——我们兴许会问，21世纪已经过去了五分之一，莱辛的经验是否还有现实意义？这也许值得每个致力于认真改善自身的人去思考。

魏玛民国后期，犹太科学院与犹太学术促进会召集一批优秀犹太学者编辑出版《门德尔松文集》（*Gesammelte Schriften*），当时正值门德尔松两百周年诞辰之际（1729—1929），因此，这个版本也被称为"周年纪念版"（Jubiläumsausgabe，简称"JuA"），二战前（1938）编辑工作迫于时局而中断，20世纪70年代初由新一辈学者继续推进，全集共计25卷（预计2020年出齐）。

《致莱比锡莱辛硕士先生的公开信》选自卷二（*Schriften zur Philosophie und Aesthetik*. Bd. 2, Fritz Bamberger/Leo Strauss 编，Frommann，1931/1972）。青年施特劳斯刚完成《斯宾诺莎的宗教批判》之后不久，也被拉进来做主编，期间，他撰写了极富启发的导言，关于这篇文章的中译见氏著《门德尔松与莱辛》（卢白羽译，华夏出版社，2012，第72—75页）。

《关于斯宾诺莎学说的对话》主要节选了其中的对话部分，底本根据 Herbert G. Göpfert 等学者所编八卷本《莱辛作品集》（*Gotthold Ephraim Lessing. Werke*，Hanser，1970—1979）卷八"神学、哲学著作"（*Theologiekritische Schriften III/ Philosophische Schriften*，1979，第563—575页）译出，并参考了前东德学者 Paul Rilla 所编十卷本《莱辛文集》（*Gesammelte Werke*，Aufbau，1954—1958）卷八"哲学与神学著作"（第616—634页）注释和 Klaus Hammacher 等人所编《雅各比作品集》卷一"斯宾诺莎论争作品"（*Friedrich Heinrich Jacobi. Werke. Gesamtausgabe. Schriften zum Spinozastreit*，Meiner/ Frommann-Holzboog，1998）。

《莱辛与友人的泛神论之争》是绍尔茨（Heinrich Scholz）为《雅各比与门德尔松泛神论之争主要作品》（*Die Hauptschriften zum Pantheismusstreit zwischen Jacobi und Mendelssohn*，

Heinrich Scholz 编，Reuther & Reichard，1916）撰写的导言，该文详细梳理了泛神论问题。施特劳斯为《晨时》和《致莱辛的友人》撰写的导言可以作为有益的补充。

译者在附录中编译整理了一个莱辛年谱，可以方便我们更好地把握莱辛及其作品与同时代思想之间的关系。

如果没有刘小枫老师的悉心指导，这部译文集恐怕很难结集并与读者见面。译者二十五岁而志于学，与国内诸多青年学子一样，一直把刘老师当作求索途中的路标，不过译者自知天资愚钝难成大器，仅能作为德语文学爱好者，为穷究西学贡献绵薄。

这里微不足道的劳作献给刘老师。

2019 年春
于德国比勒费尔德

· 目录 ·

| 莱辛的意大利之旅 | ·············· 001
意大利之旅手记·············· 莱辛 003
意大利之旅中的书信·············· 莱辛 064
　［附］莱辛的意大利之旅·············· 奈斯伯特 073

| 关于青年维特 | ·············· 088
青年维特之欢愉　维特君之烦恼与欢愉
前后各附对话·············· 尼柯莱 090
《耶路撒冷哲学文存》编者前言、后记·············· 莱辛 125
《更好的维特》残篇·············· 莱辛 139
关于《青年维特之烦恼》的通信·············· 莱辛 141

| 泛神论之争 | ·············· 148
致莱比锡莱辛硕士先生的公开信·············· 门德尔松 150

关于斯宾诺莎学说的对话 ……………………… 雅各比　182

书信往来 …………………………………… 莱辛/雅各比　215

［附］莱辛与友人的泛神论之争 ……………… 绍尔茨　233

［附录］
　　莱辛年谱 ……………………………………………… 300

莱辛的意大利之旅

意大利之旅手记

莱辛

8月23日,都灵

[德文版编者按](简称"编按")莱辛于8月4日至9月8日在都灵驻足,其中,8月13日至28日其他一行人一起前往日内瓦(并且绕远路造访了费尔内)。至于什么原因促使莱辛一人留在此地,不甚清楚;无论如何,他在此与当地意大利学者建立了紧密联系(如德尼纳,维尔纳扎)。

[685]意大利人对巴莱蒂多有不满,此人信夏普之说,而与国人——至少是他最亲近的皮埃蒙特乡人——抵牾。

[莱辛注]夏普(Sharp)于1765、1766年游览意大利,于1766年便出版了《意大利书简》(*Lettres from Italy, describing the Customs and Manners of that Country*)。巴莱蒂(Baretti)反对此书简的作品以大八开本形式于1773年出版于日内瓦,题为《意大利人或意大利风俗、习俗考》(*Les Italiens, ou Moeurs et Coustums d'Italie*)。法译本以初版为底本,虽然1769年已有第二版,巴莱蒂在

这个版本里也对反对自己的夏普做出回应。第二版是大八开本两卷本，题为《意大利风俗、习俗考》(An Account of the Manners and Customs of Italy; with Observations of the Mistakes of some Travellers with regard to that Country, by Joseph Baretti. Voll. II. The second Edition corrected with Notes and an Appendix added in Answer to Samuel Sharp)。

［编按］由夏普和巴莱蒂在18世纪60年代末引发的关于当代意大利风俗和品质的文学论战，在英国和意大利影响深远，对此有诸多一流注家的评说。夏普的作品所描述的意大利形象对意大利极为不利而且有失偏颇，很明显仍蹈循的是英国人习以为常针对意大利的反天主教启蒙运动传统（德意志为人所知的例子是 Johann Wilhlem von Archenholz,《英国与意大利》[England und Italien. 3 Teile, Leipzig 1785]）。斯特恩（L. Sterne）在《多情客游记》(A Sentimental Journey Through France and Italy, 1768) 中讥讽其为"盲目的"行者蒙顿格斯（"他完全不四顾"）。莱辛所使用的导游手册福尔克曼（J. J. Volkmann）著《意大利历史批评见闻录》(Historisch-kritische Nachrichten, 1770/1771) 也同样给出的是毁灭性的评价。相反，巴莱蒂为反对夏普所作的两卷著作获得肯定性的批评（如约翰逊[S. Johnson], Boswell, Volkmann），并被译为多种语言。莱辛脚注中提到的法文版是在旅途中为图书馆所购，今藏于沃尔芬比特图书馆。德文版1781年在布雷斯劳出版（《意大利风俗与民情观察》[Beschreibung der Sitten und Gebräuche der Italiener], Johann Gottlieb Schummel 译）。莱辛可能是通过福尔克曼的作品，《罗马文学大事记》卷三（Efemeridi letterarie III, 1774, 第78、135、312页），尤其是维尔纳扎的提醒而注意到此论争。维尔纳扎男爵（Giuseppe Vernazza, Baron von Freney, 1745—1822）为自由学者，发表了大量有关皮埃蒙特历史和文化的作品。［译按］《罗马文学大事记》以下简称《大事记》，下文不再做说明。

巴莱蒂是都灵人，他的一位兄弟长居于此，生性好赌，在一次赌博时刺死了某位名叫卡尔利（Carli）的爵爷。巴莱蒂父亲是我们所说的木匠师傅，而巴莱蒂本也曾习此业。他在威尼斯主办过一份名叫《文学鞭策》（*Frusta litteraria*）的文评周报，因此小有名气，但并不受欢迎，1750 年他远走英格兰，在异国勾留达十年之久。虽然 1760 年曾返回意大利，但只是短暂停留，很快又返回英格兰。因此，他在如此长的时间之内学会了令人满意的英语并且［686］以英文书写并非奇事。但正如人们所说的，他也依靠友人约翰逊的帮助。

［莱辛注］谈到 1773 年在伦敦出版的三卷大四开本《英国史》（*Istoria dell Inghilterra del Sign. Vincenzio Martinelli*）——该书作者马蒂奈利同为离国去境的意人——《大事记》（1774，第 312 页）说，"马蒂奈利和巴莱蒂二人是伦敦的意大利学院成员，其中巴莱蒂任秘书长，二人都居住在首都伦敦，不像其他国家，无知在这里不是贵族的特权"。

［编按］对巴莱蒂其人不利的表达一定来自莱辛同维尔纳扎的谈话以及维氏对新英国人巴莱蒂沙文主义式的批判，而这些看法多有不公（参 Carlo Segre, Il Lessing a Torino, in: *Nouva Antologia*, Bd. 354, Rom 1931, 第 21—41 页）。

维尔纳扎于 1770 年在米兰发表了书简，题为《皮埃蒙特人致沙勒蒙伯爵书》①，其中总结了皮埃蒙特人对巴莱蒂在作品中针对他们所发表的看法的不满。收信人沙勒蒙伯爵即巴莱蒂题献作品的那位伯爵。我想在此解释其中最为精到的内容，并附上我亲自从维尔纳扎先生那里得到的进一步解释。

维尔纳扎先生在一些细节上的注释与巴莱蒂的不同，以

---

① 维尔纳扎《皮埃蒙特人致沙勒蒙伯爵书》（*Lettera di un Piemontese al Sig. Conte di Charlemont sopra la relazione d'Italia del Sig. Baretti*）一书当时匿名发表。

便让人们知道，巴莱蒂先生离国日久，有许多事物已经沧海桑田。比如，与巴莱蒂在卷二第 228 页行 29 处所说的不同，皮埃蒙特并没有 roccolo，不过，

> 在蒙卡列里的丘陵上的确有个 roccolo，俗称公爵的 roccolo，原因在于它是如今的萨伏依公爵在其幼年时为了休闲而建的。

依愚所见，所谓的 roccolo 不过是我们这里一般所说的捕鸟场。此外，说雪在都灵会有两个月之久不消融也是错误的，因为，

> 在雪还未见消停之际，人们便把朵拉河的水引入所有的城区，而清洁工在政府命令下很快就把城区打扫干净。

[687] 在李树门那里被引入市区的朵拉河，也可以通过所有街道被引进来，因为这个城门以及旁边的塔楼是整个城市的制高点。另外，作为银行家的商人都不允许佩刀［也不正确］：

> 布料商、书商、珠宝商、金匠、理发师、造纸匠等等皆为商人，但是许多从事这些职业的人都可以佩刀。

还有，"皮埃蒙特破产的商人不允许在教会得到荫庇"

[也不正确]，[因为]骗子当然不可以，但是有些遭遇不幸的当然可以；还有，阿奎并不是蒙费拉托的首府等等。维尔纳扎信札里的皮埃蒙特人反对巴莱蒂的两个主要关键点，其一是缺乏欢乐；其二是没有教养。

一、尤其值得注意，巴莱蒂与其他旅行者在第一点上都有出入，后者都认为皮埃蒙特人是欢快的。尽管如此，就我所见，与其他意大利城市相比，都灵的民众至少要更为严肃和拘谨。在他们挤满唱歌者、杂耍艺人、即席演奏者的集市上虽然人们相聚而视，但是并不参与其中，而其他意大利人则相反。星期日以及节假日，他们外出散步的人甚多，不过一切也不熙熙攘攘人声嘈杂，人们只看到人头攒动但不闻其声。维尔纳扎和德尼纳先生都承认这一点，但是他们也说了，这只是都灵这里的状况，靠近宫廷、官人众多（尤其上一届政府治下）都使得这里的人小心翼翼、战战兢兢，可能以后也会如此。

[编注] 德尼纳（Carlo Denina, 1731—1813）：意大利启蒙运动时期史家，1782年起被选为柏林科学院成员，莱辛访意期间为都灵大学语文学教授。据德尼纳的说法，他和莱辛当时曾多次会面，参《普鲁士文学》（*La Prusse Litteraire*, Berlin, 2 [1790]），"我们在都灵常常看到他，不得不承认，他令我们所有人经常被他广博的知识所折服，包括意大利文学。在谈话中他也未忘记告诉我们，他有多么看重高贵的肃剧，以及自己多么重视改变工作地。他说自己很少能在某个地方超过三年"。

二、[688] 维尔纳扎先生以巴莱蒂所引证或可能引证过的许多学者为依据来极力反对第二点。但我不认为引用这些学者的说法在这里能有什么助益,因为说上智下愚永远都是有道理的。

8月24日

比如,大多数皮埃蒙特人,即便许多上层人士,都无法理解意大利语。他们使用自己的皮埃蒙特方言,或是说一点法语。

关于皮埃蒙特方言:我还注意到,博卡尔第先生潜心著述一部大部头作品经年矣①。

蒙田在其游记中记载:

只有常人所说的话还有些意大利语的腔调,而其他词语都是来自我们的法语。

对蒙田氏游记意大利部分详加考辨并附有自己注解的巴尔托利先生对此有如下看法:

皮埃蒙特语是许多不同语言的混合,除了法语,它还有许多古意大利语来源,如人们从博学的博塔里先生出版的僧侣兄弟会成员阿莱佐的作品所看到的。比如,maraman 一词就来自 a mano a mano, chioenda 来自

---

① 博卡尔第(Boccardi)的作品未详。

chiudenda。该方言也有来自拉丁文的词语，如用 fidei 表示的 vermicelli（在指面条或者通心粉时），可能来自拉丁文的 fides 或者 fidiculae，指的是竖琴或者小提琴的琴弦，很类似 vermicelli 一词。还有一些词的词源是希腊文，如表示 Wollte Gott［希望如此］意思的 Magara 就来自 makario（即幸福的），意为"幸福如我"抑或"幸福的人"。

［莱辛注］在法语译文中不是"从博塔里先生出版的"，而是"在本笃会僧侣阿莱佐的作品中，此人于 11 世纪初写过论音乐的作品"，但博塔里所编的他的作品是哪一部？

［编按］这里提到的蒙田（1533—1592）作品是《1580 年与 1581 年意大利、瑞士、德意志旅行日记》（*Journal du voyage... en Italie, par la Suisse & l'Allemagne en 1580 &1581. Rom, 1774*），附有注释的意大利文节译本出自都灵的学者巴尔托利（Giuseppe Bartoli, 1717—1788）之手。阿莱佐（Guido von Arezzo）为中世纪音乐理论家，约生活在 1000 年至 1050 年之间。博塔里（Giovanni Gaetano Bottari, 1689—1775）为博物学家、梵蒂冈图书馆主管，1745 年编辑出版了《阿莱佐兄弟书简附注》（*Lettera di fra Guittone d'Arezzo con le noti*）。

［689］尽管如此，如今也有一些知名的皮埃蒙特语言学家。首屈一指的便是索李希神父①，"此人天资聪慧、博学多艺，尤工诗作，为文质彬彬之士"，此君之《托斯卡纳语研究》1772 年在米兰已印行 6 版。第二人即维拉诺瓦的阿尔伯

---

① 索李希（Pier Domenico Soresi），不可考。对其作品《托斯卡纳语研究》（*Erudimenti di lingua Toscana*）的评论见《大事记》（1773），第 19 页。

蒂神父，此君著有意大利语-法语词典，题中称"新增逾3000词条，非其他已出版字典所能及"（arrichito di piu di trenta mila Articoli sovra tutti gli altri Dizionari finora publicati），此书是两卷四开本，1772年在马赛印行，颇受欢迎。

[编注] 阿尔伯蒂（Francesco di Alberti di Villanuova, 1737—1801），著名语文学家，其颇受欢迎的词典原名为《新法意词典，依法兰西科学院和秕糠学会词典汇编而成》（Nouveau Dictionnaire francois-italien, compose sur les dictionnaires de l'Academie de France et de la Crusca），两卷，1771年出版于马赛。见《大事记》（1772，第331页）。

8月25日

撒丁岛新驾崩的国王命人创立两家学园，一为卡利亚里，一为萨萨里，对于这片土地而言有些过多。斯特方尼纽斯为卡利亚里学园的修辞学教授①，此君有教会教育背景，他于1773年发表了《论古代撒丁岛颂歌》演讲，附有大量注释，其中一则详注：

> 谈到了Noraghe［塔状建筑］，即在撒丁岛极为常见的古老建筑，建于山丘顶部或也建于山脚。它们朴实无华，并且只是用未开凿的石块或者粗大的岩石所砌，不用石灰黏合。这些建筑内部中空，有一道狭窄的走廊，

---

① 斯特方尼纽斯（Stanislaus Stephaninius），未详。对其《论古代撒丁岛颂歌》（De veteribus Sardiniae laudibus）的书评见《大事记》（1774），第207页。

有些在内部建有神龛，另有一些以小的塔状建筑环抱起来用来装饰的神龛。其墙壁之厚度亦不过五步之宽，内室直径为七步之宽。人们至今还未曾在这些建筑发现任何碑铭，因此，此建筑之目的仍不为人知，虽然这位作者在演讲中试图来确定其目的。在他确定了其与自己先前在科尔托纳研究的山洞，即"毕达哥拉斯山洞"之间的相似性之后，便视其为撒丁岛人所建造的胜利纪念碑。

[690] 萨萨里有位优秀的拉丁语诗人，此君名为卡尔波尼①，著有《论撒丁岛之疾风骤雨》一诗，在诗中谈到了"一年之中好几个月盘踞在撒丁岛多个区域的疾风骤雨"的原因，以及它的标志和辅助手段。

与其说萨萨里是个大学不如说是团体，即便此处也只能听到神学博士们的侃侃而谈。

8月26日

古物博物馆坐落于大学教学楼之内，甚为敞亮，可以放下以后不断到来的新藏品。

[莱辛注] 至少萨伏依亲王王宫的古代半身塑像，皇宫台阶上的古代雕塑等

---

① 卡尔波尼（Francesco Carboni, 1746—1817），耶稣会士，语文学家。关于《论撒丁岛之疾风骤雨》（*De Sardona Intermperie*）可见《大事记》（1774），第167页。

都值得被移入博物馆,其中的确有不少精品。按,据说尼德姆(John Turberville Needham, 1713—1781) 在被认为是埃及的半身塑像上发现了中国的风格。

[编按] 尼德姆为英国博物学家和考古学家,莱辛提到的作品是《论一种发现于都灵、由埃及和中国符号组成的埃及文字》(*De inscriptione quadam Aegyptiaca, Taurini inventa et characteribus olim Aegyptiis et Sinis communibus exarata.* Rom, 1760),评论见《哥廷根学人报》(*Goettingische Gelehrten Anzeigen.* 1763),第 333 页及以下。

伊西斯石板(Tabula Isiaca)如今陈列其中,而不在先前的档案馆内,吕戈里乌斯的手稿估计之后不久也会置于此处[①]。不过眼下人们仍在犹豫是否将其移至此处,理由颇为稀奇:因为花费甚巨。我看到并翻阅了其中的五到六卷,内容涉及钱币、古代名人的半身塑像,它们全部清晰可辨,并且大多都在解释中给出证据吕戈里乌斯大概从何处得来。除了伊西斯石板之外,展室也有丰富的埃及古物,这都是多纳蒂从其旅行中获赠的,[②] 上一位国王虽只让多纳蒂君以自然研究者身份旅行,但是此君也颇识古物和钱币之学(两尊大于真人大小的伊西斯石雕坐像,大大小小的[691]木乃伊,以及其他神物的木乃伊)。多纳蒂死于前往印度途中波斯湾的航船上。

[编注] 伊西斯石板:一幅嵌有埃及神像和象形文字的铜版画,据说是本波(Pietro Bembo)的藏品。莱辛本人关于该版画的论文(《论伊西斯版画残稿》

---

① 建筑师、画家吕戈里乌斯(Phyrrus Lygorius)的手稿具有考古学纲要的特点。
② 多纳蒂(Vitaliano Donati, 1717—1762)为都灵大学植物学教授,知名东方旅行家。他的考古收藏是都灵埃及博物馆的奠基。

[*Fragment ueber die Isische Tafel*]）见遗作，该残稿写于意大利之行许多年前，很可能是 1765/1767 年间对温克尔曼《论古代艺术》（*Geschichte der Kunst des Altertums*）批判性说明。莱辛在文中怀疑基尔谢（Athanasius Kircher）所称的该作品的古埃及来源，后世研究证明莱辛是正确的，该作品是罗马帝国时期的作品。亦参莱辛《文钞》（*Collectaneen*）中关于伊西斯版画的说法，同样，《文钞》亦在 1775 年之前，但是晚于上述论文。

　　这里旁边的一些从印度发掘出的古物甚为奇特，只是人们早已停止在印度搜寻了。然而，这位国王只有这一处能够随心所欲用来丰富博物馆藏品的宝藏。遗憾的是，长久以来，农人在土地上发现一些物品并不能被送至其所应送到的地方，一旦这些东西值钱的话，总会被转卖给金匠。正如人们确知的那样，这些人从事此业已有百余年，因为此业，四面八方可观的金币宝藏都汇聚此地。原因在于，曾为哥特人所毁的殷都斯德里亚城①的居民似乎曾将所有值钱的物什都埋在井中，他们希望再次返回故土。

　　另外，也有其他撒丁岛出土的古物，其中有一整块镶嵌画地板，它展示了用音乐把动物吸引到身旁的俄耳甫斯，画中的动物惟妙惟肖。

　　［编注］这一段关于都灵艺术和古物藏品的描述意在对福尔克曼（卷一，第 185 页及以下）作补充，这是莱辛少有的几次从亲身经验来审视的例子。

---

① 殷都斯德里亚（Industria）为波河沿岸的古代城邦（今利古里亚），早期的文物发掘地。

8月27日

我在此地结识的学者有：德尼纳、维尔纳扎、安萨尔蒂、博卡尔第、植物学编外教授达纳（Dott. Dana）、解剖学编外教授奇尼亚、伯顿伯爵、巴乔迪、图书馆馆长贝尔塔（Berta）、博物馆监管人塔里诺（Tarino）骑士、玛祖奇（Mazzucchi）修道院长、布雷斯伯爵、兰弗朗奇伯爵（Fr. Ant. Lanfranchi）、蒂迪耶（Didier）骑士、拉尼亚斯克（de Lagnasque）修道院长、注疏者杰罗索（Geloso）、图书馆副馆长孔达（Cunda）、大学校长瓦尔贝尔加（Valberga）伯爵。

［编注］莱辛所列举的人名中不乏一流的学者，除了先前提到的德尼纳和维尔纳扎之外，还有古代研究者安萨尔蒂（Casto Innocente Ansaldi, 1710—1780）、解剖学家和医生奇尼亚（Giovanni Francesco Cigna, 1734—1790），18岁凭借一部以贝卡里亚精神写成的作品而脱颖而出的法学家、政治家伯顿伯爵（Ugo Vincenzo Giacomo Botton Graf Castellamonte, 1754—1828），古董商、温克尔曼（在巴松奈主教处任职时）的前任巴乔迪（Paulo Maria Paciaudi, 1710—1785），此人与莱辛会面时正任帕尔马大公图书馆馆长并且以古代文字行家而知名，以及军旅作家布雷斯（Gioachino de Breze, 1727—1796）。

8月28日

［692］关于大学。福尔克曼在第187页所说并不确切，可参《都灵导游手册》（*Guida per Torino*），第52页。学院在6月24日关门，这一天之后至8月14日颁发学位，自8月

14日开始真正的假期开始,整个大学于这一天在神慰朝圣所齐唱庄严的《感恩赞》(*Te Deum*),我同样参与了这场盛典①。

大学校长选拔方面,该校有着一个独特的惯例:他们一直以来都从去年刚刚取得博士学位的年轻博士生中选出一位[做校长],并且选取的是这些博士生中最为富足和优秀之人。借口是因为校长收入并不高,而且校长应该具备自愿支出的能力。站在这群年高德劭的先生的高处来看一位年轻的阿多尼斯,真是个奇怪的视角。今年选拔出来的是年轻伯爵瓦尔贝尔加②。

8月29日

关于都灵的建筑。最可观的是尤瓦拉和古阿利尼的作品③,后者被称为"直线之敌",所言非虚,他的建筑外墙蜿蜒逶迤,窗户的雕饰几近离奇,就连楼梯的阶拾也是凹陷与突起错落有致的造型——只需一览卡里尼亚诺王子宫殿便可得而知。我认为,尤瓦拉所建苏佩尔佳圣殿的顶端过于狭长,因为它的穹顶之高度一定三倍于其直径,该教堂所用之

---

① 莱辛未能在此对福尔克曼做出订正,只能有所补充,细微的批评另见下一则手记。
② 选举有学养的贵族为校长的惯例在18世纪的德意志也极为普遍。
③ 古阿利尼(P. Guarini, 1624—1683)和尤瓦拉(Don Philipp Juvara, 1676—1736),二者皆为都灵巴洛克建筑的代表人物。莱辛是从古典主义艺术观的立场来批评的,参福尔克曼(卷一,第187页及以下)。

大理石外部风化腐蚀极为严重，不久的将来亟须用新的廊柱来抵托（这里的 12 位牧师并不［像福尔克曼在第 197 页中说的那样］都隶属于都灵大主教，相反，只有当这位大主教同时也是国王的福利会大部长时才如此）。

［693］谈到军事建筑技艺时，巴莱蒂说道：

> 皮埃蒙特在建造堡垒上的技艺十分高超，他们的贝尔塔洛和品托堡与沃邦以及科赫堡一样，都表现出异禀天才，当有些需要建得难以攻克的地方，一般建造师只会去加厚墙体。

我从博卡尔第致葛朗日先生书简中读到，曾任撒丁岛驻军将军的贝尔塔洛（Bertola）伯爵建有拉·布吕奈塔、埃希莱斯以及菲尼斯特莱拉三座堡垒，而品托（Pinto）则建有库内奥和德蒙泰两座。

8 月 30 日

维尔纳扎先生用诗人巴塞洛尼的例子推翻了巴莱蒂声称皮埃蒙特没有出过一位诗人这个说法①。其实上溯较早时期，

---

① 巴塞洛尼（Gian Carlo Passeroni，1713—1803），尼斯人，后卒于米兰，在米兰发表过许多诗歌和寓言作品。

维氏还可引称诗人杰拉图斯①，他是位来自阿尔巴的很优秀的拉丁语诗人（参斯卡里格《诗学七论》，1561，第 295 页）。维尔纳扎先生本人在其《18 世纪之前阿尔巴城诗人掌故》（*Notizie degli Scrittori Albesani*）第 28 至 56 页详述过此君，他在那里提到的作品有《威廉与安娜·猛蒂斯费拉托侯爵夫妇婚礼诗作》（*Epithalamium pro Nuptiis Gulielmi et Annae Montisferrati Principum*），1524 年印行于罗马的四开本《致科里乔》（*Coryciana*）中有其三首为科里乔（Giano Coricio）所建的祈祷室所作的箴言诗，该书收录不同诗人的拉丁语诗歌，1528 年印行于巴黎八开三卷本《论贞洁》（*De Virginitate*），该书标题不是盖斯纳所称的《论神圣贞洁》（*De sacra Virginitate*）②。

同样，还有卡梅拉诺伯爵③，他的肃剧《唐克雷特》散见于多处④，并被认为是塔索的作品而被一同出版⑤，另外，他手稿中的大量诗歌见于当地的大学图书馆，维尔纳扎在威尼斯也搜集到一些，并由其维尔切利的友人兰察出版（参都

---

① 杰拉图斯（Paulus Cerratus, 1485—1538），皮埃蒙特阿尔巴（Alba）人，人文主义时期诗人，维尔纳扎于 1778 年将其诗歌重新编校出版，并辅以注疏。
② 据 PO 版莱辛全集，在盖斯纳（Conrad Gesner）的《万有文库》（*Bibliotheca universalis*, 1545）未见杰拉图斯之名。
③ 卡梅拉诺伯爵（Federigo Asinari Conte di Camerano）的肃剧《唐克雷特》（*Il Tancredi*）于 1588 年出版于贝尔加莫。
④ 法国人伏尔泰亦著有同名肃剧一出（1760），后经罗西尼改编（1813）为歌剧。
⑤ 在塔索（Torquato Tasso）的诗歌体叙事诗《解放的耶路撒冷》（*La Gierusalemme liberate*, 1580）中有一位主人公名为唐克雷特。

灵图书馆手稿目录，卷二，第438页）①。

8月31日

皮埃蒙特，赌徒。法国人舍福里耶②在其《文艺爱好者年鉴》中称："《希腊史》（*L'Histoire des Grecs*）的作家称，萨克森人与皮埃蒙特人首次在赌博中引进了出老千的危险手段。我虽不知晓古达尔（Ange Goudard）先生是否能证实这一点，但是私以为，若将其书中这个虽然有用但引起不悦的叙述隐而不发，是更为明智的做法。"

如果舍福里耶先生本人不采说这一谤言的话，这段批评便再好不过了。因为，他若在自己的讽刺诗集《是非精》要借filer一词解释赌徒，就只在脚注中说道：

> 在一本译自萨克森语（？）的皮埃蒙特字典中可以读到这样一句，filer la carte 意为"熟练地转败为胜"。③

---

① 作为卡梅拉诺诗歌出版者的兰察（Giovanni Antonio Francesco Maria Ranza）不可考。
② 舍福里耶（Francois-Antoine de Chevrier, 1721—1762）为法国作家，其《年鉴》（*Alamanach des gens d'esprits*）1762年出版，最为著名的作品是《是非精》（*Le Colporteur*, 1761）。
③ 亦参莱辛《明娜》（DKV版卷6，第75页），里库说道："我洗牌的时候做手脚（Je file la carte avec une adresse）。"［译按］中译参《莱辛戏剧七种》，李健鸣译，华夏出版社，2007，第282页。

9月1日

我在图书馆只能查到极少的手稿,并且是拉丁文的。

第602号:标记为 Incipit quidam liber seu volumen, in quo multa pulcherrima exempla continentur et appellatur contentio sublitatis et liber de animalibus [这里开始的书本或文章包含了极为优秀的典范,其题目是:论对崇高的追求,以及论造物]。我认为它就是古老的"教育对话录(Dialogi moralisati)"或者正如其题目所示的那样,沃尔芬比特博物馆有一份印刷稿,从句首可以清楚:

Cap. 1. De Sole et luna, incipit: Sol est secundum philosophum oculus mundi [第一章,论日月,首句为:在哲人看来,太阳便是世界的眼睛]云云;

Cap. 72. de Qualia et lauda, incipit: Qualia est quaedam avis sic dicta a voce [第七十二章,论品质与歌唱,首句为:阿玛莉亚是某种鸟,据其叫声得名]云云;

Cap. 123. et ultimun. De muliere romana, quae vocabatur Flos, incipit: Refertur olim Romae pulcherrima [第一百二十三章即末章,论被称为花朵(不可亵玩)的罗马妇女,首句为:据称,罗马曾有位靓丽的]云云。

第947号:Peregrunus de Magnete edente Gassero [佩雷格里诺斯:《论磁铁》,伽塞编]。亦见于沃尔芬比特图书馆,这也是布鲁克在伽塞生平中疏漏的①。

第 968 号：Distigion Garlandi［加尔兰度斯双行联句］。似乎亦见于图书馆。首句联句是 Gespitat in phalaris ypos blactaque supinus / Glossa velut themelo labat…in falerato［大意为：过重的甲胄和语言修辞装饰易入歧途］，尾句是 Ydria dat lattices, oleum cadus, amphora vinum / Sed telum pharetra corioque reconditur arcus［大意为：陶罐施予水，油壶施予油，双耳陶瓶施予美酒，然而箭镞则藏于箭套，弓则藏于皮套］。

［编注］加尔兰度斯生平不可考。该作家使用极度矫揉造作的词汇，几乎所有的用词都不属于古典拉丁语，许多词在词典中无法查考。用 Distigion 一词来表示双行联句就很鲜见，不过也有可能是抄写错误。

第 1184 号是阿尔伯蒂论绘画的作品，人们本应附上他的姓氏。不过，能亲眼看见这部抄本我甚为欣喜，因为我从中发现了阿尔伯蒂论绘画的一部全新的作品。除了达·芬奇之后出版的为人熟知的三卷本，这里也有讲到绘画诸要素的第四卷，是阿尔伯蒂用意大利语所著，而在某位名为忒奥多罗斯（Theodorus）的友人要求下被译为拉丁文的。

［编注］阿尔伯蒂（Leon Battista Alberti, 1404—1472）为意大利早期文艺复兴时期的建筑师和一流的艺术理论家。主要作品有《绘画三论》（*Della pittura*, 1435）、《论雕塑》（*Della statua*, 1435/1436）、《建筑艺术十论》（*De re aedificatoria*, 1452）等。意大利之行前，莱辛已经在《文钞》中（见关键词"阿

---

① 布鲁克（Jakob Brucker），《伽塞生平与著述》（*De vita et scriptis A. P. Gasseri*, 1748），伽塞（Achilles Pirmin Gasser）是 16 世纪的新教学者。

尔伯蒂")致力于搞清此人艺术论的出版史。手记中所说的"达·芬奇之后"暗示的版本是1735年在那不勒斯出版的,将阿尔伯蒂的理论论文与达·芬奇的论文结为一册。莱辛所猜测的论绘画的卷四并不存在,只有拉丁文和意大利文的三卷本。

卷四题献给这位忒奥多罗斯,献辞如下:

由于您坚称我的这三卷论绘画的作品总能带给您愉悦,并且要求我将这起先是照顾本国读者以意大利文发表的作品也译为拉丁文,并令您目睹此书,于是,我竭尽全力来满足您的期望以及我们的伟大友谊。

9月2日

撒丁岛国王与教皇因教皇的宗教裁判权和豁免权引发的争执最终由本笃十四世与以马内利三世所签协约得以解决。人们在被自由市教会革除权利的人中未能提及叛教者,因而,当地的叛教行为多发且易发。从事哲学的法学学者对这些协约丝毫不满意,原因在于,执政者默许的优先权会由于协约而受到滥用和侵犯。

9月6日,9月9日,罗马

［编注］此处地名有误。莱辛9月22日才到达罗马。不过也有可能是,这些从都灵出发前的手记到罗马才记下,详注见LM和PO版全集。

从都灵动身经亚历山德里亚而至帕维亚,一行人于11日亦在此停留。在此地参观了:一、藏于博罗梅奥学院祖卡里①的画作(1604);二、下午(切尔托萨岛)卡尔特修道院,在这里看到一幅精美的窗框,带着锁链的撒旦跪在圣哲罗姆面前,下书"克里斯托弗作品"(Opus Cristofori de Motis,1477)。

从亚历山德里亚至帕维亚途经托尔托纳和沃盖拉,在托尔托纳的大教堂我有幸一睹萨宾努斯②的墓碑,在一侧窄边上可以看到观斗鸡的爱若斯和安忒洛斯。碑上的铭文在长的一侧可能是两个希腊词 Ουλεις Αθηναιος。这块碑文无疑已经收入格鲁特编《古代碑铭》,有待查索。

[编注] Ουλεις Αθηναιος 不知何解。LM 版莱辛全集编者在格莱维斯版(Johann Georg Graevius,Amsterdam 1707)格鲁特(Janus Gruter)著的《古代碑铭》(Inscriptiones antiquae)卷二第1120页查对之后发现,这里应该是四个字:ΘΑΡΣΕΙ. ΕΥΓΕΝΕΙ. ΟΥΔΕΙΣ. ΑΘΑΝΑΤΟΣ [大意为:胸怀高贵勇气;你我终将离去]。莱辛在观看碑文时应该未曾仔细查看。

演员萨奇③与一队来自都灵的戏班此时也在帕维亚,他晚上才演一出笑剧,我们等不到那个时候。剧院很漂亮,

---

① 祖卡里(Federico Zuccari,1540—1609;[译按] 莱辛原文为 Zuccheri)。
② 《罗马帝王记》(Historia Augusta)中提到马克西姆皇帝之死时引用了某位名为萨宾努斯(P. Aelius Sabinus)的作家。
③ 萨奇(Giovanni Antoni Sacchi,1708—1788),意大利演员、剧团经理,出身演艺世家,最初以饰演特鲁法金诺(Truffaldino;[译按] 人物出自谐剧《一仆二主》),后来以饰演戈尔多尼(Goldoni)和戈齐(C. Gozzi)作品中的人物而知名。

1771 年才落成，是比比纳①的收官之作。

亚历山德里亚如今也快有一座崭新的剧院，同样，是根据比比纳遗稿所建造，它还没有完工，据说 10 月 8 日会在这里上演首部歌剧。

9 月 12 日

从帕维亚经皮亚琴察（我们一行人在这里有时间观览亚历山大大公以及马背上的法尔内泽雕塑）到帕尔马，13 号在此地逗留。我们在帕尔马游览了：

一、画家学院，此时有位年轻的英伦画家寇珀②正忙于摹制科莱乔的作品。有些房间也［697］摆放了维莱亚的古物，其中有一幅壁画的下半部分，上面画有秀色可餐的将玫瑰花畦围起来的栅栏墙。此外，是一些巨大的古老铜版画，穆拉托里③在一部小书中有过解释。

二、图书馆，巴乔迪已经开始集书，如今已经很可观。

---

① 比比纳（Antonio Galli da Bibiena, 1700—1774）为出身名门的剧院建筑师。
② 寇珀（Cowper），此人不详，此人正临摹的科莱乔（Correggio）作品是《与圣哲罗姆一道的圣母》。
③ 穆拉托里（Ludovico Antonio Muratori, 1672—1750），著名神学家、古代研究者、史家，1695 年起出任米兰盎博罗削图书馆（Biblioteca Ambrosiana）馆长。文中提到的作品是他发表于 1749 年的《论 1747 年发掘于皮亚琴察地区的图拉真皇帝喂儿图铜版画》（*Dell'insigne tavola di bronzo spettante ai fanciulli, e fanciulle alimentari di Trajano Augusto nell'Italia, disotterrata nel territorio di Piacenza l'anno 1747*）。

注意：这里有考斯塔①著的三大本维莱亚古物手稿本；古代航海舆图，扎奈蒂②在威尼斯有过耳闻并在其《论威尼斯发明》(delle Invenzioni Veneziane) 中有记载；彭巴度夫人铜版画；凯吕斯③根据巴尔托利素描所绘的古画④；其他维莱亚地区的铜像，比如醉酒的赫尔库勒斯。

巴乔迪在各部手稿前面附有手写的论文，他在论文中谈及手稿的价值或者与之相关的材料。另有一篇油印的有关手抄古兰经的论文。

三、大剧院和小剧院，其中大剧院引人称奇之处在于，人们无论在最后排还是最前排都可以轻松地听到最美妙的声音；原因无疑是因为前排被一排排座位包围起来，而且声音不会因包厢而消失。

四、大教堂，圣乔万尼教堂，圣塞波尔克罗教堂，在这里欣赏了科莱乔的画作。

结识并拜访了皇家石膏师兼学院绘画艺术教授波西先

---

① 考斯塔（Antonio Costa, 1703—1765），古代研究者，尤以发现维莱亚古代手稿而闻名。
② 扎奈蒂（Antonio Maria Zanetti, 1706—1765），威尼斯古董商和图书馆馆长。莱辛《文钞》中有大段关于扎奈蒂及其作为宝石行家所作贡献的记录。
③ 凯吕斯（A. C. Ph. Comte de Caylus, 1692—1765），著名古代研究者，是温克尔曼之前的开先河者。
④ 巴尔托利（Pietro Santi Bartoli, 1635—1700），罗马画家，他临摹并镂刻了35幅古代壁画。其子弗朗奇斯科（Francesco Bartoli）重新编辑了其作品，题为《巴尔托利父子临摹镂刻罗马岩洞和纳松墓古代图画》（*Le pitture antiche delle grotte di Roma, e del sepolcro de´ Nasonj disgnate ed intagliate da P. S. Bartoli e F. Bartoli Rom*, 1704）。

生①，他是米兰人，也在德国待过几年，特别钟情莱比锡。我们购得一些铜版画，有待查阅。

9月14日

从帕尔马经摩德纳至博洛尼亚。

从帕尔马前往摩德纳途经莱乔，我在此地找到一家摩德纳印刷厂书店，购得《坎培伯爵肃剧目录》②。在摩德纳除了宫殿园林和马场之外什么也没参观，公爵命一位英国人制了标本，后者先前在布拉格附近的战场服过役。

9月26日，罗马

今天同莱芬施泰因先生一起游览了：

一、圣彼得大教堂。它最先是被造成希腊十字的"⊗"，后来由于加长而变成了拉丁十字，这样使得人们进入教堂时不会感觉它比本身的体制突兀的大。有关施瓦本人的逸事一则：此君只看到整个教堂的大厅部分便心满意足地打道回府了。

其中最佳的雕塑有：1. 弗兰德人的圣安德里亚；2. 勒

---

① 波西（Benigno Bossi, 1727—1792），其父彼特罗（Pietro Luigi Bossi）曾在胡贝图斯堡、纽伦堡、德累斯顿以及莱比锡等地做石膏师。
② 《坎培伯爵肃剧目录》（*Bibli. Tragedia del Conte P. E. Campi*），1774年出版于摩德纳，为沃尔芬比特图书馆所购。

格鲁的圣多明我；3. 阿尔伽蒂表现阿提拉溃逃的浅浮雕。

［编注］莱芬施泰因（Johann Friedrich Reifenstein, 1719—1793），1762 年以来长居罗马，以艺术代理和导游而知名，与温克尔曼、蒙斯、歌德等人交好。

"弗兰德人"（Fiamingo），本名为盖诺瓦（Franñois Du Quesnoy, 1594—1642），"圣安德里亚"是圣彼得教堂十字交汇处壁龛中的四大巨雕中的一座，1640 年完工。

勒格鲁（Pierre Legros, 1666—1719），其 1706 年的作品"圣多明我"处在右翼。

阿尔伽蒂（Alessandro Algardi, 1602—1654），是巴洛克盛期与贝尔尼尼齐名的罗马一流雕刻家。与"弗兰德人"和勒格鲁一样，他也同属于古典主义流派。值得一提的是，莱辛忽略了贝尔尼尼在罗马更具巴洛克风格的作品。

祭坛如今几乎所有都用上了镶嵌画，其中最可观的有：1. 雷尼的复仇天使；2. 多米尼奇诺的圣哲罗姆圣餐仪式；3. 谷尔奇诺的圣女彼得罗尼拉葬礼。

［编注］雷尼（Guido Reni, 1575—1642），罗马和博洛尼亚的画师，晚期作品具有古典主义风格。

多米尼奇诺（Domenichino），本名赞皮埃利（Domenico Zampieri, 1581—1641），与雷尼一样，都属于有古典主义风格的伽拉奇（Caracci）学派。文中提到的绘画是其宗教性的代表作（1614）。

谷尔奇诺（Guercino），本名巴尔比里（Giovanni Francesco Barbieri, 1591—1666），以用强烈的光线效果著称的画师。文中提到的画作（Petronilla）后来从圣彼得教堂中移除。

二、圣彼得教堂后面的镶嵌画画坊①。常常是二至三人共同处理一件作品,这样的作品要达到中等水平需要三到四年。色块的变化为每米十二种。一幅已经开始制作的巴托尼②画作被搁置一旁,蒙斯③先生的画作将会取而代之。

福尔克曼在第637页所描述的工作方法完全错误。一位艺术家怎么可能把装有所有颜料的小盒子摆在面前?他只把就近需要的几个放在跟前便足矣,因为这是件［699］慢工活。而且并不是所有Stifte［角料］都被裁成四角形,镶嵌块是来自被拉长的角料,人们可以将这些嵌块裁成多个。

第64页亦有舛误,福尔克曼称拱顶的镶嵌画由于抛光的石块的微光于是光线很差。而实际上,人们不会去抛光拱顶的镶嵌画。

三、美第奇别墅。

四、克莱芒博物馆④。这座博物馆由上任教皇所建,而未见有人描述。唯一提及过它的是今年在蒙蒂出版社新出版的《古今罗马新述》⑤。

---

① 这种制作镶嵌画的作坊在18世纪已失去往日的荣光。
② 巴托尼(Pompeo Battoni, 1708—1787),并非如莱辛所说的镶嵌画艺人,而是当时极受欢迎的古典主义画家,与温克尔曼和蒙斯交好。
③ 蒙斯(Anton Raphael Mengs, 1728—1779),自1741年断断续续(除了在西班牙)居于罗马。绘画中德意志-罗马古典主义的大师。
④ 以克莱芒十四世命名,今属梵蒂冈博物馆。莱辛在这里能看到拉奥孔及观景殿的阿波罗。
⑤ 原题为《对古代和现代罗马以及所有宗教和世俗重要古迹的新近描述》(*Nuova Descrizione di Roma antica e moderna, e di tutti li liu nobili Monumenti sagri e profani* 〈...〉 Roma, 1775)。

9月27日

梵蒂冈图书馆。

极古老的维吉尔与特仑茨手稿。某位名为乌尔比诺的公爵所著的慕齐奥故事①，配有克罗维奥制作的插图②。

上任教皇要求用来放手稿的房间的画作出自蒙斯先生之手。

9月28日

参观了

一、圣彼得教堂的其他部位，墓室，顶部，以及穹顶。

9月29日

古罗马元老院，以及该处的博物馆。

关于天使与殉教者圣母大殿，"它早先是戴克里先温泉池的主要部分"，也是一条经线。描述见于《学人杂志》（第4部分，第64页）③。

---

① 似乎指的是传奇的罗马解放者穆丘斯（Gaius Mucius Cordus Scaevola），为了证明自己的无畏，他烧掉了自己的右手。
② 克罗维奥（Giorgio Giulio Clovio, 1498—1578），当时最为著名的微缩画大师之一。
③ PO版莱辛全集编者在所给出的《学人杂志》（*Giorn. de'Letterati*. T. IV.）中未能找到引用的话。

10月2日、3日、4日

[700] 在弗拉斯卡蒂和阿尔巴诺度过。画师哈科特①先生夏天住在阿尔巴诺并在这里工作。他是柏林人，经苏尔策引荐投奔施特拉尔松德的奥尔特霍夫男爵，男爵带他一起前往斯德哥尔摩，并且给他游学法国的机会。

关于意大利人的风俗

Baldória 意为一团急速燃烧的稻草火球，或易燃物烧出来的火，是一堆篝火，"民众出于喜庆的缘故——无论是眼下还是过去——所点燃的"。这是我在佛罗伦萨的约翰之夜所见，人们燃起一堆堆某种苇秆的篝火，烟雾很少，火光却甚明。Far baldoria [燃火] 因此也指的是"某人欢快地花钱来过舒坦的日子，但由此而坐吃山空"，与拉丁文的 proterviam facere [浪荡]，即烧尽余下的燔祭，同义。

*

意大利人的适度大概可以从下例得以说明：他们没有哪个可以表示 saufen [痛饮] 的词，只使用德文的 trinken [饮

---

① 哈科特（Jacob Philipp Hackert, 1737—1807），风景画师，自1768年成为罗马人，与歌德交好。哈科特生于普伦茨劳，而非柏林。可参歌德根据哈科特文章所勾勒出的传记《哈科特小传》（*Philipp Hackert: biographische Skizze, meist nach dessen eigenen Aufsätzen entworfen*. 1811）。

用］来表达 bere assai［多饮］。Trincare，因而 Trinca 或 Trincone 意为酩酊大醉者，而非 Cramer 所说的 Trincatore 一词。

意大利人的饮食、酒酿

Gnoccho、Gnocchi 是一种面丸，较普通面丸而言的上乘者多是由米粉和牛奶和成，然后用汤汁煮熟。秕糠学会词典的释义"拌有茴香磨碎的面包渣"是错的（参比舒尼①对《修复的玛尔曼提宫》②的疏解，章 I. 3）。同样，该词典还说该词［701］是那不勒斯语，是由"津津有味大快朵颐的人所发出来的"声响。关于那不勒斯人，它说道，"这个民族对吃食十分讲究，他们调笑自己在这些事物上的殷勤"。

关于 gnocchi，需要记住里皮在上述诗文中使用的一则谚语：Chógnun può far aella sua pasta gnocchi［人人都可用自己的面团做面丸］。

*

佛罗伦萨的酒家只卖两种红葡萄酒，一种是便宜的，他们之所以称之为"下等酒"，概因其产自下佛罗伦萨，这里所产的酒质量差酒精度低；另一种是昂贵

---

① 比舒尼（Antonio Maria Biscioni, 1674—1756），佛罗伦萨的图书馆馆长和语文学家，里皮作品注疏版（1731）的编者。
② 《修复的玛尔曼提宫》（*Il Malmantile racquistato*, 1676），是里皮的诙谐英雄诗歌，"玛尔曼提宫"是一处沦为废墟的古代皇宫名字。

的，他们称之为"上等酒"或者好酒。

比如，佛罗伦萨的 il vin di Brozzi［布劳奇的酒］便是所谓的差酒，因布劳奇位于下佛罗伦萨。

［编注］据 LM 版莱辛全集编者 Muncker 称，"关于意大利人的风俗……"这几段文字的语文学注解来自著名的《秕糠学会词典》（*Vocabulario degli Accademici della Crusca*）和注疏家比舒尼对里皮《修复的玛尔曼提宫》（Venedig, 1748）。

罗马

Scagliola 指石膏镶嵌画，罗马有不少优秀的匠人，比如萨比尼，他藏有温克尔曼的石膏作品，是主教阿尔巴尼所赠。

*

被称为"夜景师"的洪特霍斯特①，夜景画。

那不勒斯

Rapilli 指维苏威火山喷发时落下的小块浮石和灰烬。
Mustaccioli 是那不勒斯地方一种通心粉。
Turrioni d'Aversa 是当地特有的一种坚果甜点。
那不勒斯人说 I primi moti non son nostril［我们还不习惯

---

① 洪特霍斯特（Gerrit Honthorst, 1590—1656），荷兰画家，被称为"夜景师"（Gerhardo della Notte）。

开始],来对他们的持械斗殴表示歉意。

*

[702]维尔纳扎伯爵告诉我,两年大概至少会发生两百起谋杀,但没有人被送上绞刑架。如今刽子手们一天天地离开人世,但后继无人。

*

当意大利的店家算错东西时,他们会说 Gli inglesi lo vogliono cosi [英国人愿意这样]。

*

伽里亚尼①修道院长谈到一位喋喋不休者,此人比他还要厉害,并且不给他接话的机会,他说道:"我伺机而动,等到他吐痰时,他就输了。"

"就如国王那样的节俭",当今的教皇会如此回答,当人们问及应该如何给他制版画以击败他的前任。那位前任将版画降到了25个保禄(最终降到更少),而这些只耗费了前前任一些无花果。

维也纳的雕塑师梅塞施米特②先生,虽然只用木头雕像,但是极精美。

---

① 伽里亚尼(Fernidano Galiani, 1728—1787),是意大利语和法语作家,世界主义者,箴言作家。
② 梅塞施米特(Franz Xaver Messerschmid, 1736—1783),他的意大利之行是1775年前许多年的事情了。

那不勒斯画师

提耶斯是一位风景画师①；沃莱尔同样如此②，二者都是法国人。前者不过尔尔，后者稍佳，是费尔内的门徒③，但他不愿承认。

安东尼尼的那不勒斯市景④。

*

Lavoro di Tartaruga 是镶嵌的龟壳作品，那不勒斯人尤擅之。

*

伽里亚尼修道院长的《论钱币学》中有一枚雕刻极精美的珀斯图穆斯钱币，上有升腾的维纳斯。人们常常将其误认为是马西尼萨，而将其他钱币上的马西尼萨误认为是珀斯图穆斯。⑤

---

① 提耶斯（Jean-Papste Antoine Tierce，1737—1790）是法国画家，但在意大利长期工作。
② 沃莱尔（Pierre-Jacques Volaire，1729—1792），1769 年之后生活在那不勒斯，以表现维苏威火山喷发的画作而闻名。
③ 费尔内（Claude Joseph Vernet，1714—1789）为法国画家，尤以法国海景画著称。
④ 安东尼尼（Carlo Antonini），约生于 1750 年，卒年未详，主要以版画作品著称。
⑤ 伽里亚尼的作品《论钱币学》（Della Moneta）1750 年问世。珀斯图穆斯为公元 3 世纪古罗马将领和篡位者，其形象多见于钱币。马西尼萨（Massinissa）则是公元前 3 世纪（或前 2 世纪）的努米底亚国王，亦以婚约事件（索福尼斯芭）而闻名。

*

汉密尔顿爵士所藏的奥古斯都精美的头像①。[703] 可能出自狄奥斯克里德斯之手②，应该发现于诺拉。

温克尔曼的遗产，委托人为阿尔巴尼主教。

铜版画师莫伽利，得 350 威尼斯金币。

院外教士皮勒麦，得 100 威尼斯金币，此人在铜版画师皮拉奈奇那里创作过 25 种巴约齐钱币，而且得教后者的孩子。

[编注] 莫伽利（Nicolò Mogalli），他曾为温克尔曼的《古代文物》（Monumenti antichi）出过力；皮勒麦（Piremei）为温克尔曼的意大利文作品多次修改。莱辛的相关信息大概得自于莱芬施泰因。[译按] 皮拉奈奇（Giovanni Battista Piranesi, 1720—1778）为意大利铜版画师、考古学家、建筑师、建筑理论家。另，巴约齐钱币（Pajochi; Baiocco）是流通于教皇国的一种钱币，12 克巴约齐铜币相当于 1/100 的斯库多。

温克尔曼在罗马先后住在：主教阿尔钦拖、主教帕松奈，以及阿尔巴尼处。

斯托帕尼主教赠予温氏 100 斯库多金币，以此例向他说明他不应去为普鲁士服务。斯托帕尼不久便丧命，此人在罗

---

① 汉密尔顿（Sir William Hamilton, 1730—1803），那不勒斯的英国的使者，古代专家、收藏者、美学家。歌德在《意大利之旅》中不断提到他（见 1787 年 3 月 16 日和 5 月 27 日）。
② 狄奥斯克里德斯（Dioskorides），古希腊珍宝雕刻师，普林尼在作品中称此人曾栩栩如生地雕刻了奥古斯都皇帝的塑像。

马的宫殿是拉斐尔建筑风格①。

关于赫库兰尼姆古城,那不勒斯的扎里洛修道院长曾对他有微词②。

温氏曾任梵蒂冈图书馆文秘,薪俸 120 斯库多。任教皇的罗马文物研究主席(1763),薪俸 300 斯库多。任阿尔巴尼主教图书馆馆长,薪俸 100 斯库多。

而普鲁士国王所支薪俸不过 1000 塔勒,他不愿前往赴任,以离开温和的宗教政府为代价去投身军事政府③。

他的肖像由马龙所画④,原作在柏林的师庹氏处⑤。巴塞尔的米谢有一幅马龙作品的头像⑥。

关于意大利文学

1772 年或 1773 年的《欧洲文学报》某期有一则来自帕尔马的《关于意大利人的研究的书简或曰讽刺诗》,意大利

---

① 主教阿尔钦拖(Archinto),帕松奈(Passionei),阿尔巴尼,斯托帕尼(Stoppani)皆为温克尔曼在罗马时期的赞助者和上级。
② 扎里洛(Matteo Zarillo, 1729—1804),那不勒斯皇家铸币厂主管,1765 年与伽里亚尼一道撰文批评温克尔曼有关赫库兰尼姆古城(Herkulaneum)的文章。
③ 此处暗示 1765 年普鲁士国王召温克尔曼任普鲁士铸币厂监理人,但由于薪俸太低而未应召前往。
④ 马龙(Anton von Maron, 1733—1808),肖像画、湿壁画画家,蒙斯的门徒和妹夫,1768 年曾为温克尔曼画一幅。
⑤ 师庹氏(Wilhelm Muzell, genannt Baron Stosch),为艺术品藏家菲利普·封·师庹氏的侄子,亦是温克尔曼的友人。
⑥ 米谢(Christian von Mechel),巴塞尔铜版画家和艺术品商人,是著名铜版画大师维勒(Johann G. Wille)的门徒,自 1766 年与温克尔曼定交。

人对此颇为不满。维斯巴西亚诺先生是一位来自那不勒斯的讼师，在巴黎生活了18年之久，并且以附注形式出版了福伦勾斯的谐谑英雄诗《奥兰多》，[704] 可能在序言中回击了上述书简，对法国人不依不饶。

［编注］《欧洲文学报》（*Gazette littéraire de l'Europe*）创刊于巴黎，1764年至1784年在阿姆斯特丹发行。莱辛对此的提示是来自《大事记》（1773年11月13日）的一则书评。［译按］《关于意大利人的研究的书简或曰讽刺诗》（*una lettera, o piutosto una satira sugli studj degl' Italiani*）作者不详。

维斯巴西亚诺（Carlo Vespasiano）回应的出处亦出自上注中的书评文章。

福伦勾斯（Teofilo Folengos）的瘪脚拉丁文叙事诗《奥兰多》（*Orlandino*, 1526）1773年由匿名编者重新出版，但没有莱辛所提到的笔战。维斯巴西亚诺是编者这一提示的出处同是《大事记》（1773年11月13日）。

*

当意大利人抱怨如此多的"据说是对意大利的描述，都是一些中欧人与其说认认真真不如说走马观花地旅行之后便随意发表的东西"时，这一弊端部分程度上也归咎于他们自己，之所以如此，是因为还未有意大利人做过类似的工作，更不用说愿意做了。就连西班牙人在这方面也比他们夺得先机，西班牙人在他们的意大利之旅中详细描绘了一切奇特的事物。《走遍西班牙》的作者名为普恩特，前两部分1772年已在马德里出版，兴许值得期待的是德国人译出个德文本。

［编注］《走遍西班牙》（*Viage de España*），作者为普恩特（Pietro Antonio de la Puente），对此书的评论见《大事记》（1773年）第23、311、317页，实际上，18世纪突然大量出现的有关意大利的旅游文学几乎都由外国人所撰。

*

关于意大利语的学习。蒙田曾说(《随笔》卷二,第12章[译按]中译见《蒙田随笔集》中卷,潘丽珍等译,译林出版社,2001,第229—230页):

> 在意大利,我劝一个结结巴巴说意大利语的人说,他若只要人家听懂而不求精通,可以想到什么字就说什么字,拉丁语、法语、西班牙语,或加斯科涅语都可以,只是加上意大利语的词尾;他总会碰上意大利境内托斯卡纳、罗马、威尼斯、皮埃蒙特或那不勒斯的方言,跟这个词是吻合的。

出于这种目的的建议是不错的,但是对于那些真正想学托斯卡纳语的人毫无助益。当他在前往卢卡途中(参其《游记》)想要研究托斯卡纳语的缘由时,尽管他付出了努力,但只得出了糟糕的结论,这或许得归咎于他自己了。

*

意大利人也并没有不关心德意志的近代文学:

1. 德尼纳在其《关于文学现象的对话》。
2. 卡米讷在其《近代戏剧作品集》①。
3. [705] 盖斯纳的《舵手》和维兰德的《塞利姆与塞

---

① 卡米讷(Elisabetta Caminer)的《近代戏剧作品集》(*Nuova raccolta di compositioni teatrali*)自1774年起出版于威尼斯,此女将大量英文、法文以及德文戏剧译为意大利文。莱辛为图书馆购得此书。

利玛》,见1772年8月,佩里尼修道院长编译《德语诗歌》。

4. 米兰的修道院长费礼亦翻译了盖斯纳的田园诗歌,以及弗里茨①的《科德洛斯》。

5. 克洛普施托克《救世主》和盖勒特寓言的翻译②。

6. 1774年威尼斯出版的曼德礼所编《科学与语文学作品新编》③卷26中有一篇《试论德意志诗歌》。

[编注]这里提到的只有德尼纳和卡米讷是一流译者,其他如([译按]《德语诗歌》 [*Poemi tradotti dal Tedesco dal Sig. Ab. Giulio Perini Nobile Fiorentino. Venezia*]的编译者)佩里尼(Giulio Perini)、费礼(Domenico Ferri)以及科尔尼亚尼等人皆不可考。此外,这里所列的可能不是全部,巴莱蒂论意大利的作品德译者舒默尔在德译本前言中提到了其他一系列作家和作品,如卡尼茨(Canitz)、克莱斯特(Ewald von Kleist)、哈格多恩(Friedrich von Hagedorn)、克罗内克(von Cronegk)等。《试论德意志诗歌》(*Saggio sopra la Poesia Alemanna del Sig. Giovanni Battista Corniani*)作者科尔尼亚尼不可考。

一、数学家④

1. 阿斯科莱皮,曾是罗马的耶稣会士和出色的天文学家,写过《论地轴的摆动》,尤以其新发明的气压计而闻名,见施帕格尼《论人类精神的理念》,他本人也对此有过描述,

---

① 据LM版编者Muncker称,弗里茨(Andreas Fritz)为耶稣会牧师和戏剧家。
② 克洛普施托克《救世主》两卷意大利文版,1776年出版于维琴察,1782年修订版,《救世主》前两歌1771年已有译本。另外,《大事记》(1774)第21、31、39页有对1772年法译本的评论。盖勒特寓言译本1775年出版于米兰。
③ 曼德礼(P. Mandelli)在18世纪70年代一度是《科学与语文学作品新编》(*Nuova Raccolta d'Opuscoli Scient. e Filologici*)的编者。
④ 接下来所列的学者名册几乎都出自《大事记》(1772—1774)。

或许在其《论液体的均衡》。

[编注] 阿斯科莱皮（Asclepi）不可考，文中《论地轴的摆动》（de Axis Terrestris nutatione）1772 年发表于罗马，见《大事记》（1772），第 353 页；四开本《论液体的均衡》（de aequilibrio Fluidorum）1771 年发表于罗马，见《大事记》（1772），第 225 页。施帕格尼（Andrea Spagni）的作品《论人类精神的理念》（de Ideis humanae mentis）1772 年出版，见《大事记》（1772），第 329 页。

2. 贝提，罗马的皮亚李斯特会士，是一位年轻的分析家，1771 年发表了论文《论想象形式的探索性功能》①。

3. 莱基②。

4. 米凯洛蒂，都灵的数学教授，先后于 1767 和 1772 年出版了两卷四开本《液压试验》③。

5. 弗里索④。

6. 在此处应居首的博斯科维奇⑤。

---

① 皮亚李斯特会士（scholarum piarum）贝提（Aloys. Betti）的《论想象形式的探索性功能》（de evolvendis functionibus formae imagginariae）1771 年发表于罗马，见《大事记》（1772），第 33 页。
② 《大事记》评论了莱基（Antonio Lecchi）的作品《流体静力学－历史注解》（Memorie idrostatico-storiche），该书 1773 年于摩德纳出版，见《大事记》（1773），第 372、380 页。
③ 米凯洛蒂（Francesco Micchelotti），其《液压试验》（Sperimenti Idraulici）1767 和 1772 年先后出版于都灵，见《大事记》（1773），第 4 页。
④ 弗里索（P. Friso）见于上注的米凯洛蒂书评中。
⑤ 博斯科维奇（Ruggiero Giuseppe Boscowich, 1711—1787），著名数学家和天文学家。其作品《论具折射能力的望远镜》（Memorie sulli canocchiali diottrici）1771 年发表，见《大事记》（1772），第 165 页；《君士坦丁堡－波兰行记》（Journal d'un voyage de Constantinople en Pologne）1772 年发表，见《大事记》（1774），第 72 页。

二、物理学家

1. 帕维亚的斯巴兰扎尼修道院长,此君将伯内的《论自然》译为意大利文并辅以重要注解①:

> 关于动物繁殖的新发现、对蚯蚓和蜗牛的独特观察以及由此得出的系统性视见都为 [706] 自然史开拓了崭新和极为有趣的领域,而这几乎只能归功于斯巴兰扎尼先生的细致和天赋。他人无法追及斯巴兰扎尼先生观察的细致程度。在意译本前言中他旁征博引以证明伯内先生的正确性,来打消因这部大作而可能出现的种种疑惑,并回击诸多自然研究者尤其是瓦特尔和德波马尔先生提出的批判性异议。他展示了动物的特性及其繁殖的最佳时节,并给该领域提出了新问题,十分值得激发伟大自然科学家的勤奋和探究精神。

他1773年在摩德纳出版的论血液循环的论文同样包含了许多新发现。

2. 那不勒斯的伽里亚尼修道院长于1773年在伦敦发表

---

① 斯巴兰扎尼(Lazzaro Spallanzani, 1729—1799),自1769年起为帕维亚自然史教授,是实验生物学创立者之一。伯内的《论自然》(Contemplation de la Nature)意大利译文1771年出版于摩德纳,见《大事记》(1772),第3页。

了 12 开本的《维苏威火山岩石种类编目，附几点观察》①：

> 多年前他受享有盛名的已故教皇本笃十四世委托，汇编一本维苏威火山岩石种类的集子，伽里亚尼修道院长先生言听计从，为博学的大祭司寄去一箱大量精选的自然珍奇，并附有一句高雅的请求："请吩咐，让这些石头变为饼"。这一娴熟的诀窍非常成功，这位修道院长的工作和贡献获得教会丰厚的赏赐。伽里亚尼是那不勒斯王国最有学识的作家之一，法国人惊赞其《论谷物贸易的对话》中的思想、哲思、智慧的不羁以及这位意大利人娴熟的高卢语。

3. 罗马的米拿西是一位伟大的自然学家，他尤其对莱乔众人皆知的现象做过解释，[707] 即 1773 年在罗马出版的"论海市蜃楼"，我必须找到这本书。

[编注] 米拿西（Antonio Minasi）的"论海市蜃楼"全名为《第一篇论一般称作海市蜃楼现象的论文或长久以来诱导人们并使学者思考的诸多不同、先后相继以及奇特画面的现象》（*Dissertazione prima sopra un fenomeno volgarmente detto fata Morgana, o sia apparizione di varie, successive, bizzarre immagini, che per lungo tempo ha sedotto i popoli, e dato a pensare ai dotti*），1773 年出版于罗马，见《大事记》(1773)，第 201 页。

---

① 伽里亚尼的《维苏威火山岩石种类编目，附几点观察》（*Catalog del Vesuvio con alcune Osservazioni*），见《大事记》(1773)，第 261 页。

4. 都灵物理学教授贝卡里亚，此君因解释并丰富了富兰克林电学学说而出名①。

5. 那不勒斯教会学校皇家学院哲学与数学教授慕肖，1774年在那不勒斯出版了论文《答珀力博士〈论闪电效应〉中对富兰克林理论表达的几点疑惑》②。

6. 冯塔纳③。

7. 波西埃里④，二者（按：即冯塔纳与波西埃里）都是帕维亚人。

三、哲学家

将哲学家与数学家和物理学家区分开来，是因为我所理解的哲人是形而上学家及道德学家。

其中，最主要的哲学家是：

1. 苏阿维教授，其论文《论社会和语言的自然状态以及二者对人类知识的影响》在柏林科学院"论语言的起源"有

---

① 贝卡里亚（Gian Battista Beccaria, 1716—1781），物理学家、测绘师，1748年起为都灵物理学教授，发展出了摄影的雏形，主攻大气电学，《大事记》（1772）第221、342、348页等对其1772年发表于都灵的作品《人类电学》（*Elettricismo Arificiale*）做了评述。

② 慕肖（Gian Gaetano del Muscio）不可考，其作品《答珀力博士〈论闪电效应〉中对富兰克林理论表达的几点疑惑》（*Dissertazione, con cui si responde a varj dubbj promossi contro la teoria dell Elletricismo del Franklin dal dottor Giuseppe Saverio Poli nelle sue Riflessioni intorno agli effetti di alcuni fulmini*）见《大事记》（1774），第314页。

③ 冯塔纳（Pater Gregorio Fontana, 1735—1803），著名数学家，1763年起为帕维亚大学教授。

④ 波西埃里（Giambattista Borsieri de Kanilfeld, 1725—1785），著名医学家。

奖征文中获二等奖，1772年在米兰发表①。

［莱辛注］这些研究应该包含了许多新的内容，《大事记》的作者称其为"精通现代形而上学家作品，同时也是位具有清晰思想的人，观念上极为细致，并擅长将它们交织起来"，而我自己对他更为感兴趣的是他1774年在罗马出版的12开本的《对建立普遍语言的思考》，它研究了卡尔玛的方案，并认为它空洞无用。

［编按］卡尔玛（Georg Kálmar），匈牙利贵族和自由学者。这里的"方案"应指的是其《关于哲学性语言的语法指南》（Precetti di grammatica per la lingua filosofica），见《大事记》（1773），第153页。

2. 卡西纳，帕尔马皇家大学道德哲学皇家教授，他所撰的精彩的《关于同情的分析性尝试》1772年在帕尔马以八开本形式发表②。

3. 贝卡里亚。

4. 同样属于哲人的博斯科维奇，二者（按：即贝卡里亚和博斯科维奇）对于我们而言都很熟悉。

［莱辛注］关于前者，我要说明的是，他于1771年在帕尔马发表了《歌剧计划》，据说叫作"论友人、论人、论社会"，内容包括他对"道德、经济以及政治等最为有趣的对象"观察和研究的结果。该计划早已被用在这一有特殊诉求的方案中，好像有人说他的主要观点窃取自某个我不熟悉的作家。而贝卡里亚在这里所回应的内容是什么，我不太清楚，不过可以确定的是，他的作品没有出版。

［编按］贝卡里亚的《歌剧计划》（Prospetto di un' Opera），可参《大事记》

---

① 苏阿维（Francesco Soave, 1743—1816），教育家、多产的作家。与其论文相关的见《大事记》（1773），第19、30、45页。柏林科学院的有奖征文1769年放出题目，赫尔德1771年的《论语言的起源》获得一等奖，该文1772年发表于柏林。

② 卡西纳（Ubaldo Cassina, 1736—1824）所撰作品《关于同情的分析性尝试》（Saggio annalitico sù la compassione）见《大事记》（1772），第140页。

(1772),第100页。

5. 沃尔耶,撰有两篇论快乐和不快乐感觉的论文,文章并不差,里面有许多他本人独特观点。文章分别题为《愉悦和痛苦的自然》(1772),八开本;《论愉悦的自然》(1773),八开本①。

6. 斯巴尼,1772年在罗马发表了四开本的《论人类精神的观念》,他在第七章讨论了"对依赖于感官的观念的改善和增加",并在气压计中述及了阿斯科莱皮气压计,这是阿斯科莱皮教授早在1767年就已发明的气压计,"人们可以借其证明与空气相比更稀薄,但又极重的液体的存在","斯巴尼很早就以其他在罗马出版的作品而知名,比如《论动因》,他在其中批判了偶因论,并指出人们如何必须抓住并测量无论是生还是死的固态与液态的身体的力。[709]论文《论善、恶以及美》中的'论恶'引起特别的反响,因为它极出色地解决了恶之根源的棘手问题。第三篇作品《论世界》,它尤其强调了被莱布尼茨所重复的乐观主义的冒险"②。

7. 都灵的巴尔纳比得教徒杰尔蒂勒教授,他的哲学作品

---

① 沃尔耶(P. Vogli),不可考。提及的两部作品《愉悦和痛苦的自然》(*La Natura del Piacere e del Dolore*)、《论愉悦的自然》(*Idee sull' Indole del Piacere*),分别可参《大事记》(1772),第276页;《大事记》(1773),第398页。
② 斯巴尼(Andrea Spagni),不可考,《论人类精神的观念》(*De ideis humanae mentis*)相关章节可参《大事记》(1772),第329—330页。

也足够有名。

[编注]杰尔蒂勒（Giacinto Sigismondo Gerdil Barnabite 1718—1802），米兰的巴尔纳比得团契成员，都灵大学哲学教授、皮埃蒙特太子傅，《大事记》（1773）第4页评论了其1772年发表于威尼斯的《论教育的理论与实践；驳卢梭先生〈爱弥儿〉中的原则》(*Riflessioni sopra la teoria, e la pratica della educazione contro i principj del signor Rousseau nel suo Emilio*)。

8. 米兰的德拉格托，我认为他于1772年在米兰发表的《心理学概要》中不乏珠玉。比如，他将连续性规则也延伸到我们的感觉，并用博斯科维奇教授的某条曲线对其进行了解释；亦如他称连续性规则也会发生在音域中，以此来反对萨奇教授的观点①。

9. 那不勒斯的吉诺维希修道院长，前不久刚去世。他的两卷《家书》1774年在那不勒斯出版，此人毫无争议地是意大利最为出色的新派哲人和作家，尽管如此，他的晚期作品：

> 富有充满感情的博学和深刻的思想，披着饱含激情、柏拉图式的，同时也令人迷惑的风格的面纱，而这常常令其作品难于理解。(《大事记》1774，第322页)

他的《论无知者或有知者更为幸福问题的学术书简》充

---

① 德拉格托（Andrea Draghetto），关于其《心理学概要》(*Psychologiae Specimen*)，可参《大事记》（1773），第180、189页。

满欢乐和苏格拉底式的讽刺，1772年重新与《附有为作者去世而作的诗歌》在威尼斯出版，其中也包括作者的一些信息①。

关于第4点，贝卡里亚即帕斯卡里，他在那不勒斯出版了一部题为［710］《立法补遗》的著作，参《大事记》(1772)，第219页②。

四、史家

我在这里指的并非文献的搜集者，这样的人在意大利不计其数，因为他们都近乎热烈地从事祖国的古物和历史的研究，相反，我指的是真正的史家，他们毫无疑问是名列前茅者。

1. 都灵的德尼纳修道院长

［编注］关于德尼纳本人，见前注。《大事记》中有两篇对德尼纳两部历史作品的书评：1769—1771年出版于都灵的《意国鼎革廿四书》(*Delle Rivoluzioni d'Italia Libri ventiquattro di Carlo Denina. Volume I*)，见《大事记》(1772)，第109、117、125页；1773年出版于都灵的《1773年6月26日阿梅狄奥陛下生辰拔魁颂诗》(*Panegirico primo alla Maestà di Vittorio Amedeo Re di Sardegna recitato nel giorno della sua Nascita 26. Giugno 1773*)，见《大事记》(1773)，第286页。

---

① 吉诺维希 (Antonio Genovesi, 1713—1769)，启蒙哲人，与伽里亚尼交好。
② 帕斯卡里 (Romualdo Silvio Pascali)，不可考，《立法补遗》(*Supplemento alla legislazione*) 出版于1770年，一则《致〈大事记〉作者书》(*Lettra scritta agli Sigg. Autori delle Efermeridi letterarie di Roma*)，见《大事记》(1772)，第219页。

2. 古阿斯科,《穆拉托里〈编年史〉续集作家》①

这部虽然名气不大的续集,1770 年出版于卢卡,是一部与穆拉托里《编年史》(1750-1766) 相称的很有意义的续作,其作者是一位精于写作的人,十分博学,并敢于凭借其理性和技巧冒天下之大不韪。(《大事记》1773, 第 61 页)

不能把这部作品同另外一部 1772 年出版于里窝那的续作(题为《意大利编年史 1750—1771——穆拉托里〈编年史〉续》,马希 [T. Masi] 等编)混淆,后者不过是"一位报刊撰稿人肤浅、缺少品味的汇编"。

3. 提拉博斯基也是一位优秀的文学史家②。

4. 而博纳斐德则是哲学史家,他以古朴的名字克罗马希亚诺,在卢卡出版了《论一切哲学的历史和本质》,1771 年已经出到第五卷。此外他还撰有其他值得重视的作品,比如对征服者权利的哲学研究,以及《新近作家诗歌、历史及批评事略》(第二部分,威尼斯,2 版,1760)。此君曾与巴莱

---

① 古阿斯科 (Francesco Eugenio Guasco),不可考。关于《穆拉托里〈编年史〉续集作家》(*Autore della continuazione degli Annali Muratoriani*),可见《大事记》(1773), 第 61 页。
② 提拉博斯基 (Gerolamo Tiraboschi, 1731—1794),当时意大利著名文学史家,耶稣会士,摩德纳和米兰的图书馆馆长。《大事记》连续几期评论了他 1772 年之后先后在摩德纳发表的《意大利文学史》(*Storia della Letteratura Italiana*),见 1772 年卷, 第 242、254、269、323 页; 1773 年卷, 第 251、259、271 页。

蒂有过激烈论战①。

五、[711] 诗人

除了戏剧诗人，简列如下：

1. 巴塞洛尼，尼斯人，在米兰生活，是《论向导》的作者②。

2. 贝蒂奈利，曼托瓦人。

[编注] 贝蒂奈利（Saverio Bettinelli, 1718—1808），耶稣会士、肃剧诗人、文学批评家、史家。《大事记》中有两则关于其作品的书评：其 1771 年出版于巴萨诺的《耶稣会士贝蒂奈利肃剧集；附伏尔泰〈被解放的罗马〉译文，另有欢迎皇帝驾临罗马康塔塔一首》（*Tragedie di Saverio Bettinelli della Compagnia di Gesù con la traduzione della Roma salvata di Mr de Voltaire e una cantata per la venuta dell' Imperador a Roma*），见《大事记》（1772），第 106 页；1774 年发表于克雷莫纳的《纸牌游戏；贝蒂奈利修道院长诗歌附注》（*Il Giuoco delle Carte, Poemetto dell' Abbate Saverio Bettinelli con Annotazioni*），见《大事记》（1774），第 389 页。

3. 巴里尼，同样是米兰作家，撰有《早晨、中午、晚上》③。

---

① 博纳斐德（P. Bonafede），不可考。作品《论一切哲学的历史和本质》（*Della Istroia e dell'indole di ogni Filosophia*）卷五 1771 年出版于卢卡，参《大事记》（1772），第 52 页；其古风式的名字克罗马希亚诺（Agatopisto Cromaziano）是作者在"古风社"（Accademia degli Arcadi）的希腊名。
② 巴塞洛尼（Gian Carlo Passeroni, 1713—1803），讽刺诙谐诗人，莱辛在旅途中购买了巴氏 1764 年出版于威尼斯的四卷本代表作《论向导》（*Il Cicerone*）。
③ 巴里尼（Giuseppe Parini, 1729—1799）因其 1767 年发表于威尼斯的诗歌体讽刺作品，《早晨、中午、晚上》（*Mattino, Mezzogiorno e la Sera*）而出名，诗中对意大利的社团极尽讽刺。莱辛在旅途中购得此书。

4. 拉斐尔伯爵，皮埃蒙特人，1772 年在都灵发表《诗选》，另有诸多英译作品，以及一首三阕诗歌《意大利》，同时，据说他"在晦涩的分析学和几何学的奥秘上极为博学"，也是位优秀的哲人，"他能够把诗歌的美妙同严谨哲学的思想和论证融合起来"①。

5. 拉尼亚里，以古朴的名字劳里希奥，于 1772 年在切塞纳发表了《论茴香的种植》。这位诗人"是梅尔多拉高贵的公民，人们在梅尔多拉大量种植这种芬芳且实用的香草"（Ef. lett. 1773，第 27 页），他给自己的诗歌附有大量有用的注释②。

6. 伽佩里，那不勒斯人，1772 年在那不勒斯发表了教诲性的诗歌《论自然的法则》③。

7. 罗贝蒂修道院长，"杰出的散文和诗歌作家，曾以罗贝蒂神父之名闻名学人共和国"，其《伊索寓言 70 则；附论文》1773 年发表于博洛尼亚④。

---

① 拉斐尔（Benvenuto di S. Rafaele），不可考。关于其《诗选》（*Versi sciolti*），可见《大事记》（1773），第 22、23 页。
② 拉尼亚里（Luigi Ranieri），为"古风社"成员，名为劳里希奥（Arnerio Laurisseo）。作品《论茴香的种植》（*La coltivazione dell Anice*），可参《大事记》（1773），第 27 页。
③ 伽佩里（Antonio Cappelli），不可考。《论自然的法则》（*Della Legge di Natura*）可参《大事记》（1773），第 10 页。
④ 罗贝蒂（Giovanni Battista Roberti, 1719—1786），耶稣会士、传教士、学者。《伊索寓言 70 则；附论文》（*Favole Settanta Esopiane*），可参《大事记》（1774），第 4 页。

关于意大利戏剧史

巴莱蒂对戈尔多尼的确过分。对戈尔多尼比较温和的评价见《大事记》(1773)，第285页，如下：

> 顺道提一提戈尔多尼。呜呼，这位非凡的人要是少写一些，的的确确精通了意大利语，并且写得不那么崇高多好啊！他的天性本来可以使他成为莫里哀第二——而且事实也如此，不容否认的是，他上千部资质平平的作品中的两部完整的《盛装游行》谐剧，会蓦地出现一个举动、一些场次、一个纠葛以及某种滑稽，其中，剧中人和作者以幸福的方式被证明更多的是受天性而非艺术的影响。在这里增加一点对我们十分看重的、著名的戈尔多尼先生的观察，当他用威尼斯方言写作时，便十分纯粹和新奇，方家也会带着无尽的乐趣去欣赏，但是——不幸啊——假如他是用意大利语写作的话！此外，我们的看法可以从如下事实得到证明，曾撰出无人能及的几部夸张谐剧的策尔隆尼①，这些谐剧几乎使人联想到极富纠葛的小说情节，每当他用那不勒斯方言写作时，便会给读者以无限的乐趣，他随着天性描画着新奇事物，让我们忘记他在谐剧中采用的所有浮华，这些

---

① 策尔隆尼（Francesco Cerlone, 1722—1778 或之后），那不勒斯谐剧作家。

浮华夸张几乎可以写成一部多卷本的小说。不过，这位作家并不令一些读者反感！所以呢？只有少数人有好的品味，而且尤其在谐剧方面它更多要求人们能在胡闹中看到对真正的明朗活泼的热爱、对构思巧妙的讽刺的热爱、对自然描写的道德的热爱、对风趣漫画的热爱，而非对鄙俗、过度、自吹自擂等的癖好。①

*

除了公认为最佳的萨奇剧团之外，据说还有另外一家极出色的剧团，"其剧团经理是某位叫喇匹（Lapi）的先生"（《大事记》1774，第259页）。萨奇剧团此时正在都灵，我从他们那里得来节目单：

太太们（*Donne*）

[713] Teodora Ricci/Chiara Simonetti/Angiola Sacchi（剧团经理之女）/Madalena Ricci/Teresa Zanoni

情人（*Morosi*）

Petronio Cenerino/Luigi Benedetti/Domenico Menghini/Giouanni Vitalba/Francesco Bartoli

面具（*Maschere*）

---

① 这段文字是对玛鲁奇（Francesco Marucchi）谐剧《盛装游行》的评论，见《大事记》（1773），第285页及以下。

Antonio Sacchi 饰 Arl［ecchino］/Atanasio Zanoni 饰 Brig［hella］/Gio. Batt. Rotti 饰 Pant［alone］/Agostino Fiorilli 饰 Tart［aglia］

*

耶路撒冷团契成员普拉奈里①1772 年在那不勒斯出版过一部八开本的《论音乐歌剧》的出色作品，我必须找到这本书。他在文中讨论了歌剧历史，以及歌剧的所有成分，如舞蹈、绘画等。格鲁克为卡尔察比吉的《阿尔刻斯特》剧本所写的序言完全刊登了出来②。

*

1772 年米兰《文学报》第七期中有言："本市印书商巴托莱蒂（Domenico Bartoletti）先生祈请戏剧诗作爱好者惠寄肃剧与谐剧作品，他许诺分成印书所得利润之半，并且依据作品品质分等颁发优厚奖金与作者诸君。此次活动由德高望重者主持。主办方许诺作品在印刷时的精良。"［714］至于这次征文究竟如何，是否确有作品送寄，我不得而知。

---

① 普拉奈里（Antonio Planelli），不可考，关于《论音乐歌剧》（*Dell'Opera*），参《大事记》（1773），第 28 页。
② 卡尔察比吉（Ranieri di Calzabigi, 1714—1755）为格鲁克（Christoph Willibald Gluck, 1714—1787）主要歌剧的脚本作者，比如 1762 年的《阿尔刻斯特》（*Alceste*）。格鲁克在该剧出版前言中（1769）中提出了著名的歌剧改革方案。

*

威尼斯的卡米讷是《欧洲文学杂志》主编多米尼克（Domenico Caminer）先生之女，1772年在威尼斯开始发表译自英文的戏剧作品集，即四开本自印《现代戏剧集》。该作品集已经扩充为四卷，而且译者仍在准备第五卷，我在威尼斯购得其中二卷，卷三仍在印刷。敝作《萨拉小姐》见于卷二。卷一是德语戏剧集，如果我所记不错，应该是约翰·伊利亚斯·施勒格尔的《好妇凯旋》。

六、古董商

1. 罗马的拉菲教授，1772年在罗马出版《关于阿尔巴尼主教别墅的阿波罗研究》，此外，还有《论巴库维奥的〈危机〉》（1772）和1773年的《关于阿尔巴尼别墅浅浮雕的几点观察》。

[编注] 拉菲（Steffano Raffei, 1712—1788），罗马的耶稣会士、文学研究者、修辞术教师，在温克尔曼故去后继续主持《未刊古代文物》（*Monumenti antichi inediti*）。三部作品《关于阿尔巴尼主教别墅的阿波罗研究》（*Riecerche sopra un' Apolline della Villa dell' Emo Albani*）、《论巴库维奥的〈危机〉》（*Sopra il Crise di Marco Parcuvio*）和1773年的《关于阿尔巴尼别墅浅浮雕的几点观察》（*Saggio di Osservazioni sopra un Bassorilievo della medesima Villa*），前两部见《大事记》1772年卷，第321页；后一部见1773年卷，第193页。

七、语文学家即文体学家

如今，意大利公认的三大拉丁语文体学家是费拉拉的费礼（详见下文）和蒙卡达教授以及布奇，此三君"维护了意大利人能如书写一门活语言那样纯粹且娴熟地书写拉丁语的名声"。

[编注] 费礼（Girolamo Ferri, 1713—1786），费拉拉文物研究者。《大事记》有关于其作品的文评：关于 1771 年发表于法恩莎的《费礼对使用拉丁语言的辩护；驳达朗贝尔》（*Hieronymi Ferrii ⟨…⟩ pro linguae Latinae usu adversus Alambertium*），见《大事记》(1772)，第 251 页；1774 年发表于费拉拉的《费礼在 1773 年 11 月午祷演讲中的发言》（*Hieronymi Ferrii ⟨…⟩ Oratio habita pridie nonas novembris anni MDCCLXXIII*），见《大事记》(1774)，第 147 页。蒙卡达（Domenicano Moncada），不可考，名字见于布奇的文评中；布奇（Antonio Bucci, 1727—1793），法恩莎的教育家和哲人，在《大事记》中评论了《三论思想的安排和调节》（*De instituenda regendaque mente Libri tres*），见《大事记》(1772)，第 369 页。

此外这里也不乏优秀的拉丁文诗人，比如：

1. 诗歌《重力，或论天体之于中心的自然倾斜》的作者，我在博洛尼亚已购得此书（第 122 号），这本书亦在博洛尼亚出版，据这里的人们称，该书作者是位耶稣会士。

2. 萨萨里的卡尔波尼，他著有《论撒丁岛的疾风骤雨》一书。

❖ 还须洽购的书籍

1.《无与伦比的象棋，新玩法》（威尼斯，1773，八开本）。

这部作品可能不错,因为它也附有关于菲利多尔的注解①。

作者在第一部分结尾处谈到了有关象棋的最重要的几位作家,葡萄牙人达米阿诺(Damiano)居首,他发表的一本小书名为《象棋习得》;接着是西班牙人洛佩兹(Rui Lopez),那不勒斯人法学家萨尔维奥(Alessandro Salvio),西西里人卡莱拉(Don Pietro Carrera),希腊人耶阿西诺(Gioachimo;以卡拉布莱瑟[Calabrese]之名为人所知),都灵的皮亚琴察(Francesco Piacenza),英国人博廷(Joseph Bertin),摩德纳的无名氏,阿勒颇的施达玛(Filippo Stamma),菲利多尔(A. D. Philidor),此君作品1749年出版于伦敦,摩德纳的洛礼(Giambatista Lolli)等,这些都是我们的作者所提及的象棋作家。不过作者疏忽了几位其他的作者,他们有的谈过象棋历史的,如那不勒斯的赛维力诺(Marco Aurelio Severino),有的谈过其规则的,如福松布罗内的阿奇奥(Tommaso Azzio),有的写过诗歌作品,如克里摩纳的维达(Monsignor Girolamo Vida)。

2.《诙谐英雄诗集》(两卷,佛罗伦萨,1773),其中第一卷包括布拉乔利尼的《渎神》,人们一般视其为此类诗歌

---

① 莱辛在《文钞》(第 534 号)中提到菲利多尔(Franñois-André Danican Philidor, 1726—1795)的《象棋分析》(*Analyse des Echecs*, 1754)。

的滥觞，因为它比《木桶遭劫记》早四年，即 1618 年发表。尽管如此，卷二中也有一些较早的诗歌，比如 1547 年弗拉博斯科（Forabosco）的《巨人之战》（*La Gigantea*），据称此诗人真名是匹萨的驼背阿梅龙吉（Girolamo Amelonghi）；1548 年的《侏儒之战》（*la Nanea*）是"拉斯卡（Lasca）所作，他为了讥讽《巨人之战》"，以及《诸魔之战》（*la Guerra dei Mostri*）①。据说卷三会收入《绝望的托拉奇奥诺，一部在意大利寂寂无闻但颇可嘉勉的同类戏剧》（*Il Torrachione desolato, Poema di molto merito nel suo genere, ed all' Italia ancor poco noto*）。

3. ［716］《解放的耶路撒冷》，塔索著，由巴莱斯特里耶拉译为米兰语，1773 年已收在米兰出版的卷一中，据说附有十分精彩的批评性注解②。

4. 《里昂妇女》（阿姆斯特丹，1771）被里昂作家巴吉当作阻止大人物之间争端的武器，不过笔下的她们只是防御性的而非攻击性的。可与冯·比克伯格伯爵的构思对观。

［编注］巴吉（Zacharie de Pazzi de Bonavilla），作品全名为《捍卫主权阶层和保卫人类的里昂妇女或论治国技艺和战争技艺中重要的新发现》（*Les lyonnaises protectrices des états souverains et conservatrices du genre humain ou traité d'une découverte importante & nouvelle sur la science militaire et politique*）。

---

① 事实上，布拉乔利尼（Francesco Bracciolini, 1566—1645）的《渎神》（*Lo Scherno degli Dei*）是对塔索尼（A. Tassoni, 1565—1635）的《木桶遭劫记》（*Secchia rapita*）的模仿。
② 巴莱斯特里耶拉（D. Balestriera, 1714—1780），米兰作家和语文学家。

5.《梅塔斯塔西奥赞歌》(那不勒斯,1771)。虽然很糟糕,但在我看来由于激烈反对克鲁斯卡而值得注意,以及"对德意志人和意大利人在诗歌和音乐方面所臆想的近亲或一致在天性和道德方面所做的夸张观察"①。

6. 玛泰的《散论拉丁语和意大利语诗歌,附有著名的〈后发座哀歌〉译文以及天文学批评注释》(两卷,那不勒斯,1774,四开本),因为该书对古希腊肃剧博学的注解。

[编注]玛泰(Saverio Mattei 1742—1795),学者、语文学家,见《大事记》(1775),第66页;《散论拉丁语和意大利语诗歌,附有著名的〈后发座哀歌〉译文以及天文学批评注释》(*Saggio di Poesie Latine, ed Italiane, colla Traduzione della famoso Elegia sopra la Chioma di Berenice con osservazioni critiche, ed astronomiche*),可参《大事记》(1775),第50、58、66页。

皮亚琴察

车行皮亚琴察和帕尔马之间时一定会经过一段古时的艾米利亚大道②。

帕维亚

斯巴兰扎尼修道院长在此地,他是位自然史教授。

此外,帕维亚大学的冯塔纳教授亦在此地,1771年他的

---

① 梅塔斯塔西奥(Pietro Metastasio, 1698—1782),著名歌剧剧本作家(尤其为莫扎特),《梅塔斯塔西奥赞歌》(*Elogio di Piet. Metastasio*)可参《大事记》(1772),第74页,此作品为图书馆购得。
② 艾米利亚大道(Via Aemilia),为前往博洛尼亚方向的罗马大道,公元前187年由雷必达(M. Aemilius Lepidus)所建。

杰作《论气压表压力以及与此相关的一些特别的悖谬》在帕维亚的波尔扎尼出版①。

[717] 同样还有波西埃里,他是"帕维亚大学的一朵奇葩",写过一部新的《牛奶化学分析中的新发现》(1773年于帕维亚出版),他在文中说明"施塔尔、布尔哈夫以及众人寻而未得的挥发性碱盐"存在于牛奶②。

帕尔马

雷佐尼科伯爵

以两卷本《普林尼研究——论大、小普林尼的祖国、二者的生平、作品、版本以及注疏者》而闻名的雷佐尼科伯爵应该就在此地③。帕尔马的出版社去年出版了他的两封书简,一封是致厄尔奈斯替的拉丁文书信,一封是致德·拉·朗德的法文书信。这两通书信都涉及普林尼,其中第一封提到近代的法语译者非常错误且可笑的一处翻译(Catapultam Syrophoenicas, ballistam et dundam: aeneam tubam Piseum

---

① 冯塔纳《论气压表压力以及与此相关的一些特别的悖谬》(*Delle Altezze Barometriche e di alcuni insigni paradossi relativi alle medesime*),可参《大事记》(1772),第58页。
② 波西埃里《牛奶化学分析中的新发现》(*Nuovi fenomeni scoperti nell' ananlisi chimica del latte*),见《大事记》(1773),第206页。
③ 雷佐尼科(Carlo Castone Gaetano della Rorre di Rezzonico, 1742—1796),学者、诗人,福禄格尼密友。《普林尼研究》(*Disquisitiones Plinianae, in quibus de utriusque Plinii patria, rebus gestis, scriptis, editionibus atque interpretibus agitur*),可参《大事记》(1774),第132页。

Tyrrhenum invenisse, *la Balliste et la fronde par Aenee, aeneam*），另一封有关战神广场的方尖塔，朗德在《学人杂志》中认为其不过是日晷，而雷佐尼科伯爵则认为是日晷的天文标志。两封信中偶尔也谈及其他内容，比如论普林尼作品的不同版本，1468 年维罗纳版是个不经之物，1472 年的威尼斯版许多章节与 1470 年的罗马版不符云云，还谈及晚近优秀的意大利拉丁文作家。

［编注］提到的书信为《雷佐尼科伯爵致鼎鼎大名的神学家、莱比锡大学修辞术教授厄尔奈斯替先生；致皇家科学院数学家、审查官德·拉·朗德先生；云云》（Viro celeberrimo Joh. Augusto Ernesto Theologo, atque Eloquentiae in Lipisiensi Academia Professori Antonius Joseph Comes a Turre Rezzonico S. P. D. – A Monsieur de la Lande Lecteur Royal en Mathematique, Censeur Royal, de l'Academie Royale de Schiences etc.），可参《大事记》（1774），第 132 页；这两通 1774 年发表于帕尔马的书信明显出自另外一位雷佐尼科伯爵之手。厄尔奈斯替（Johann August Ernesti, 1707—1781）为德意志著名古代语文学家、神学家；德·拉·朗德（Joseph J. de la Lande 1732—1807）为法国天文学家。

*

这位伯爵的一位公子是位出色的诗人，以古风名字达芙妮尤在去年发表过《无韵和押韵诗》（帕尔马，1774），其中有一首盖斯纳田园诗的意译。他曾寄给普鲁士国王一本诗集，国王在回信中［718］表达了感激，并将其选为科学院成员①。

*

这位小伯爵似乎目前也是皇家艺术科学院常任秘书,应该是福禄格尼修道院长的继任者,② 1772 年在帕尔马发表过一本八开本《学术论集》,应购买一本。

*

巴莱蒂(卷一,第 213 页)只提到帕尔马唯一一位学者巴乔迪,目前不在帕尔马,而是在都灵。

*

帕尔马大学道德哲学教授卡西纳,撰有《试论同情》的作品。

关于帕尔马戏剧奖

这些奖项何时开始?

1772 年,卡利尼伯爵的肃剧《策琳达》获得肃剧一等奖

---

① 达芙妮尤(Dorilo Dafnejo),是该公子在"古风社"的化名,《无韵和押韵诗》(Versi sciolti e rimati)在莱辛所购书籍之中。
② 福禄格尼(Carlo Innocente Frugoni, 1692—1768)为帕尔马法尔内塞宫廷诗人,古风派人物,雷佐尼科伯爵密友(若莱辛猜测不错的话,应是其子之密友)。

(这也是第一次竞赛)①。

奥塔维奥侯爵以肃剧《科拉多》获得二等奖②。

1773年,卡巴柴里侯爵的《囚徒》获得谐剧头奖,此剧为诗体③。

玛鲁奇修道院长的《盛装游行》获谐剧二等奖,这是一部十分一般的作品④。

1774年只有两部肃剧获奖,由于提交的两部谐剧未达标而没能获奖。

米兰人帕拉波先生的《苏格兰英雄》获肃剧头奖⑤。

[719]特仑塔修道院长的《高潮》获二等奖,此人亦为博洛尼亚最高教廷法院院长⑥。

关于头等奖的作品有些问题。有人称作者的作品此前已经在米兰和威尼斯上演过,这与竞赛明确提出的条件相冲突,我不清楚最后结果如何,以及该作品是否得到

---

① 肃剧《策琳达》(*La Zelinda. Tragedia del Signor Conte Orazio Calini*)为卡利尼伯爵(Calini,1742—1783)的作品,参《大事记》(1772),第300页。
② 奥塔维奥(Francesco Ottavio Magno Cavallo Conte di Varengo di Casal-Monferrato)的作品《科拉多》(*Corrado Marchese di Montferrato*),可参《大事记》(1772),第306页。
③ 卡巴柴里(Francesco Albergatti Capacelli,1728—1804)为博洛尼亚议员,与许多著名诗人交好(如戈尔多尼、伏尔泰、阿尔菲利 [Alfieri] 等),《囚徒》(*Il Prigionero*),可参《大事记》(1773),第283页。
④ 玛鲁奇的谐剧《盛装游行》(*La Marcia*),可参《大事记》(1773),第285页。
⑤ 帕拉波(Dott. Antonio Parabo)的肃剧,《苏格兰英雄》(*L'Eroe Scozzese*),可参《大事记》(1774),第259页。
⑥ 特仑塔(Filippo Trenta,1731—1795)的作品肃剧《高潮》(*L'Auge*),可参《大事记》(1774),第259页。

奖项。

此外，卡巴柴里侯爵呈递的谐剧虽未得到肯定，但是他仍将其付梓，该剧名为《不义之客》，是部中规中矩的作品，它同《囚徒》一起收在作者作品集卷三①。

1775年，奥塔维奥侯爵以肃剧《罗萨那》获得头等奖，该剧已在帕尔马出版。作者是1772年获得二等奖的那位先生②。

摩德纳

摩德纳公爵图书馆馆长提拉博斯基是位耶稣会士，撰有《意大利文学史》一部，该作品已经扩充为〔三卷（1773）〕。

*

已故巴尔德蒂教授同为耶稣会士，其遗作《论意大利土著语言》1772年在摩德纳出版③。他在文中引用了几种古代北欧语言来辅助解释伊特鲁里亚语，意大利人对此表示怀疑，不过它倒是值得德国人参考的。用古北欧语言来说明伊

---

① 卡巴柴里的谐剧《不义之客》（*L'Ospite infidele*），可参《大事记》（1774），第259页。
② 奥塔维奥的肃剧《罗萨那》（*La Rosana*），可参《大事记》（1775），第342页。
③ 巴尔德蒂（Stanislas Bardetti, 1688—1767），耶稣会士、古董商、史家，可参《大事记》（1772），第252页。其作品《论意大利土著语言》（*Della lingua de' primi Abitatori dell' Italia*），可参《大事记》（1772），第252页及以下。

特鲁里亚语这个路径，［720］《伊特鲁里亚文字新释》（1751）的作者已经采用过此法，作者据说是威尼斯的扎奈蒂，不过我不清楚是否是玩笑话。

*

蒙特的曼佐利伯爵在摩德纳出版了肃剧《碧昂卡与亨里克》（1771），该主题取自《吉尔·布拉斯历险故事》，索朗、汤姆逊以及卡利尼等人都处理过①。

*

摩德纳也有《近代意大利文学杂志》一种，1772年创刊，反响很不错②。

*

巴莱蒂（卷一，第212页）只提到当地唯一一位学者万戴利③，我未曾耳闻。

---

① 曼佐利（Vincenzo Manzoli）的肃剧《碧昂卡与亨里克》（*Bianca e Enrico*），可参《大事记》（1772），第316页；据说，索朗（译按：Bernard-Joseph Saurin，1706—1781）的《布朗施与吉斯卡》（*Blanche et Guiscard* 1763）是对汤姆逊（译按：James Thomson，1700—1748）《唐克雷特与西吉斯梦得》（*Tancrede and Sigismonde*）的模仿。
② 《近代意大利文学杂志》（*Nuovo Giornale de' Letterati d' Italia*），是1773年至1790年期间在摩德纳出版的杂志，《大事记》定期评论此杂志。
③ ［译按］这里提到的应该是科学家、绘图学家、数学家万戴利（Domenico Vandelli，1691—1754）。

意大利之旅中的书信

莱辛

1. 1775年5月7日，米兰，致卡尔·莱辛

亲爱的弟弟：

我在维也纳没有给你写过一封信，而眼下却从米兰写信给你，难道你一点也不奇怪？这可够我本人惊奇的。且听我细细道来。

我在维也纳待了十天左右之后（我处处都受到礼遇，而且前几天也同皇帝和皇后促膝长谈），布伦施威克的小王子也来到维也纳，他打算前往威尼斯旅行。由于他热切盼望我可以陪他同行，并保证在他父王那里摆平一切，于是我最终决定同往——考虑到这既不会影响我自己的事情，而且以此方式（前提是最远旅行到威尼斯）也至少可以获得意大利的最初印象。

这个印象——我只能对你说一点感受——重新刷新了我先前要生并且死在意大利的想法，就我在这里的所见所闻，都令我极为满意。除此之外，我目前无法详述。我写信要请

你速办的一件事是，请暂时问候布拉赫修道院长①并通过他向范斯维滕男爵②送上我最为恳切的感激，多谢他们的精心接待，以及他们的引荐。至于这对我的前程有何裨益，下次我得空再详细告诉你。

我在威尼斯一定还会写信告知我何时取道何地返回。我决定，不再想要留在如今驻足的沃尔芬比特了，这件事在谈到S先生③时我重复过一次。如果他的引荐无论如何被接受的话，那么比起维也纳这边的引荐，我更愿接受他那边的。

就写到这里，恭祝安好，亲爱的弟弟，顺问候其他友人。

莱辛

2. 1775年5月8日，米兰，致爱娃

亲爱的：

请您原谅我未能在萨尔斯堡和布雷西亚给你写信！因为我们一行人只在这两个地方待了一天，而且这一天在一次次造访中很快过去。昨天我们才到米兰，我一切都好，只是由于阳光和途中常常扬起的尘土，眼睛颇受其害。我们会于12

---

① 布拉赫（Melchior Blarer, 1729—1808），1755年在康斯坦茨接受神职，约1775年出任奥地利使团在柏林的教堂牧师。
② 范斯维滕（Gottfried van Swieten, 1734—1803），外交官，音乐爱好者，莫扎特和莱辛的友人。1770年至1777年出任位于柏林的帝国使节，后来出任维也纳皇家图书馆馆长。
③ 即Wilhelm Muzell-Stosch，人称师庹氏男爵。

日动身前往威尼斯,估计 20 日抵达。因为回程也是从威尼斯,所以一切都会如预想的顺利。关于我就说这么多!

只要我能尽快确定下来,您,亲爱的,就会不用忧心。只要有闲暇,我没有一刻钟不在后悔未能与您一起出行,原因在于,此次旅行对我而言实为无益,我们与王子无论到哪里都会受到邀请,所有时间都在造访和宴席中流逝。今天我们刚赴过费迪南大公的宴席。此次旅行唯一会让我以后在沃尔芬比特受益的,可能就是使我能够忍受这样的礼节。

亲爱的,您是否、何时、如何动身,请在回信中简单告知。如果不能立刻知道您是否安然无恙,我会惴惴难安。我希望其他的一切都会给我们带来欢乐,无论何时何地。请保持您对我的爱,——对于这一点我一点儿也不怀疑,但也无法不恳请您这样做,因为唯有您的爱意能给我带来今生今世的幸福。

我千万次地拥抱您。我热切地期待您的来信,如果您还在维也纳的话,可直接寄至福克尔先生处①,否则的话就寄至维也纳的葛普勒枢密先生处。此外我希望可以收到比这封信更为详细的您的旅途见闻。如果我的眼睛能好些,一切都好了。我在思念中亲吻您千万次,永远属于您的

莱辛

---

① 福克尔(Friedrich Wilhelm Freiherr von Vockel,卒于 1789 年),帝国议会代理,1764 年任布伦施威克-沃尔芬比特公使参赞,1768 年起负责总督事务。

3. 1775年6月2日，威尼斯，致爱娃

亲爱的！

很幸运，我们一行人上个月23日刚抵达威尼斯。我之所以今天才给您写信，与其说是由于精力无时无刻不被分散，不如说我自己最近在威尼斯身体欠佳。前天我刚刚做过静脉放血（您应该还记得我在维也纳也做过这样的诊疗），昨天和今天感觉清爽许多。我也希望可以完全康复，因为我们明天就要离开威尼斯，可以呼吸更新鲜的空气。——亲爱的，您可以抱怨这最最糟糕的事情。我们不会立刻返回维也纳，而是一直前往佛罗伦萨，据我粗略估算的最快时间，我们最早七月中旬才能返回维也纳。直到王子的事情在维也纳都办妥当之前，他不能也不愿立即现身①。然而谁要跟王子们打交道，就得言听计从呀！永远都估计不到他们下一步的计划，一旦被他们攥到手里了，那么，无论愿不愿意，就都得忍着。

如果如您在信中所说的（我刚在威尼斯收到4月29日您的来信）您不想在海德堡久留，那么我别无选择，只能在我回来之后立刻去汉堡探望您。多么希望一切都如我为我们俩所期待的那样如愿以偿！

您在信中说，长远来看，沃尔芬比特更适合我，而且比起热闹的维也纳或者其他地方而言，沃尔芬比特适中的环境

---

① 利奥波德王子想要在意大利等待特雷西娅女皇是否决定接受他加入奥地利军队的消息。

对我们更为有利，您完全在理。无疑我也打算让我们待在沃尔芬比特。只不过我不可能再走此前的老路了。因而，回头看时，我甚至想把人们在维也纳提议我担任的所有［职务］统统抛弃——是的，我说的是提议我担任——因为我当然不会去坐等垂青，而是得在维也纳的四处继续投书，就像我开始的时候那样。

对于未能造访正直的海恩先生①，我已经自责过多次了。不过我会尝试补救，等我返回之后，我会花心思处理和他结交这件事。另外，我也会让 D 男爵的女婿来引荐我②，因为他肯定能说上话。

我在威尼斯最先造访的几个地方之一就是圣克里斯托弗墓园，为的是看看我们的朋友③在何处安息，为的是在他的墓前洒上真诚的泪水以示纪念。他去世时陪伴在一旁的先生告诉我——我也从他那里得到了确证——我们的朋友是自自然然地去世的。我深知您对此事从来都充满狐疑，而且也希望能够安心，那么如今您大可放心了。关于托人在墓前奠立一座小碑石的事，我们见面详谈。

我希望您已经收到我在米兰寄出的信，可是它可能还在维也纳。多么希望您在汉堡看到此信，健健康康，与孩子们一起处在一片祥和之中。我翘首以待您的详细行程，一路上

---

① 海恩（Anton de Haen，1704—1776），荷兰医生，自 1754 年起，任维也纳大学医学院教授，并出任太医之职。
② 未详。
③ 即爱娃前夫 Engelbert König，由于染伤寒于 1769 年 12 月 20 日在威尼斯病逝。爱娃一开始怀疑前夫被人投毒而死。

我更是同您一道旅行而非与王子,请您一定相信。如果我不能以另外一种方式重新替代为王子做出的牺牲,那么我今生今世都将后悔。因为我从这次旅行中既不能得到太多乐趣,也不能获得太多益处。

我也希望您写的信如今也在途中。此外,我还会在意大利寄出书信一封。那么,亲爱的,请让我在思念里千千万万次拥抱您,请您为我保存好你的心意,我知晓它的全部价值,余生我期待它为我带来幸福。谨祝安好,请您在我的思念里替我亲吻您的孩子们。

您的 G. E. L.

4. 1775 年 7 月 12 日,佛罗伦萨,致爱娃

亲爱的:

极为窘迫的是,直到今天除了您 29 日从维也纳寄出的信之外,我再也没有收到其他书函。也不清楚您是否和如何启程的,甚至不敢想象您由于身体抱恙而不能动身或者写信。您应该已经收到了我先前在米兰和威尼斯寄出的两封信了吧?第一封我托付给年轻的鲁茨先生①,第二封则寄往屈内特先生的老地址②。我写这第三封信是想告诉您,我终于

---

① 鲁茨(von Lutz),未详。
② 屈内特(Johann Jacob von Künert),维也纳银行家,1773 年一度宣告破产。

可以认为我们要踏上回程了①。因为我们今天就从这里前往都灵,如果途中不幸得在某地耽搁一段时间,我到时候会再写信明确告知您,我可能何时会返回维也纳。说实话,我热切地盼望返回德意志,在意大利的热浪里四处参观至少晚上无法看到的东西,这着实让我苦不堪言。虽然我现在已见康复,但总感觉这种状况不会持续太久。我无数次地后悔自己和您再次遥遥无期、山长水远的分离。而如今这一期许也要成为泡影——您察觉到我眼下是在忧郁中给您写信吗?如果我最终收到您的回信,但愿不是令人难过的内容。我现在聊以自慰的想法是,您可能把信交给了葛普勒而非福克尔,葛君带着信在意大利四处找寻而不知道我们的下落。因为您在动身前任何消息都没有留下,这让我难以想象。难道是说,您是由于其他原因,而非嗔怪于我?对吗?无论如何我还是一再地抱着您生病了而且是重病的可怕想法。这个想法太让我不知所措,以至于只能在此搁笔。我千万次地拥抱您。如果允许我得到您的爱意的话,那么就请您让我至少回到维也纳时知道您的状况。

L.

[5. 1775 年 7 月中旬,致爱娃,散佚]

---

① 一行人在佛罗伦萨从 6 月 17 日待到 7 月 9 日,10 日动身前往都灵,8 月 4 日到达。

[6. 1775年8月或9月初，都灵，致卡尔，散佚]

[7. 1775年9月末或10月初，罗马，致冯·昆驰，散佚]

8. 1775年12月26日，维也纳，致爱娃

亲爱的！

我以所有神圣的一切向您发誓，自从在威尼斯收到您4月29日的来信之后，我在整个意大利之旅中再没有看到您的任何只言片语。除了认为——不能冤枉您——您已经病殁或者病入膏肓而无法寄来有关您的任何消息之外，我还能做他想？带着这些阴暗的想法，我一直强撑到本月的7日，那天，我在返回途中的博洛尼亚收到一封昆驰先生的信件，从他那里我获悉，您不知何时已经安然无恙地经过布伦施威克了，于是我在慕尼黑——我在这里同王子分道扬镳——立即决定径直取道维也纳，并心想在那里一定可以收到您的信件。前天夜里我抵达维也纳，谢天谢地，的确找到您的书信，由于极不负责的疏忽大意，他们把您的信完全压在这里没有发出去。6月5日和7月2日的信在葛普勒先生处，8月3日的信在鲁茨先生处。二位只是一味空洞地表示歉意说不知道我人在何处；您其实可以把信件寄给福克尔，他会把信交到收信人手上。

亲爱的，如果我没记错的话，我最后一封信是从里窝那寄出的，在信中告诉您由于一些状况，王子无法返回，其间我们会前往科西嘉，并从科西嘉经热那亚前往都灵。当我们到达都灵之后，王子的事情还没有着落，于是我们从都灵经

博洛尼亚和洛雷托前往罗马，接着从罗马前往那不勒斯，又从那不勒斯再返回罗马，这次他终于收到他父王要求立即返回的命令。事情的来龙去脉只能面谈，为了赶上今天的邮车，我只能用所剩不多的时间略谈对我们更为重要的事情。我会在维也纳待几日稍做停留，为了避免某些问题和周折，我不会去搅扰那些卑劣之徒，只会去见一下与我意气相投的熟人。您从话里应该可以清楚，我会放弃在这里的一切打算，尤其是因为布伦施威克的人们已经给我许下最佳的保障——至少老公爵愿意向我示好。而且，我还略去了最不济的情况，即我不久前刚得到德累斯顿给出的可观的机会。我实在不能像以前那样继续在沃尔芬比特待下去了，即便我也希望可以一直留在那里，而且即便由于那里是您——亲爱的——最中意的地方。

  我最晚元旦从这里经过布拉格和德累斯顿前往柏林，估计月底之前一定可以返回沃尔芬比特[①]。亲爱的，其间请您把书信寄往柏林，收件人就写弗斯书店。我迫不及待地想要知道您如今是安然无恙的，而且，尽管此次出行糟糕，但您仍会一如既往地施舍给我您的爱意。收到您来信的维也纳友人告知我您一切安好，不过，听说玛尔馨生病了[②]？可怜的母亲！我多么替您感到惋惜。明天的邮差离开之前，我一定，肯定还会再写信给您。千万次地拥抱您，永远属于您的 L.。

---

① 莱辛于 1776 年元月 5 日离开维也纳，10 日到达德累斯顿。元月中旬回到家乡卡门茨（Kamenz），与十一年未曾谋面的母亲和姐姐重逢。
② 玛尔馨（Malchen），即爱娃的女儿 Maria Amalie König。

[附]

莱辛的意大利之旅

奈斯伯特（H. B. Nisbet）

莱辛想要前往意大利旅行的愿望最早可以上溯至布雷斯劳时期，甚或追随老师克里斯特在莱比锡求学期间，当时，克里斯特授课的目的部分程度上是为了让一些经济条件较好的学生为游学（Grand Tour）做准备。当莱辛就任沃尔芬比特图书馆馆长之后，这一愿望更加强烈，以至于他产生了这样的想法：无论别人是否能促成他这一愿望的实现，他都会毅然前往。因而，极为讽刺的是，当这一机会最终送上门时，他却不仅不乐意，甚至被迫无奈无法推辞。莱辛上司卡尔大公的小公子利奥波德王子以正式请求的形式提供了这个机会，这位小公子当时抱着在奥地利军队谋职的想法来到维也纳。

特蕾西亚女王是卡尔大公的表妹，她本来对此事完全赞同，但是，布伦施威克一方行事不周详，以至于在这件棘手的事情上展开了漫长的计议，因为，布伦施威克的公爵们此前一直站在奥地利的宿敌普鲁士一边对抗奥地利。于是，趁父母还未给他谋划好未来之前，利奥波德王子决定前往威尼斯游玩一番。正在此时，他巧遇莱辛，而且他了解并尊崇莱辛的学识，因此，便促请莱辛作为向导和顾问陪同前往威尼斯，并向莱辛保证一定会同父王商妥这件事（而正如人们知道的，此前莱辛已经恳请过大公准予前往维也纳额外的假期)①。与未婚夫莱辛三年未曾谋面的爱娃此时刚与莱辛重逢，已经迫不及待想立即返回德意志与孩子们团聚，并为他们两人的婚事做准备。她满心希望威尼斯之行不要拖得太久，但是无论如何都得接受莱辛 4 月 25 日就得前往威尼斯这个事实。爱娃随后独自启程返回故乡海德堡。其间，长子特奥多腿部负伤之后正在接受医生的治疗，而她则在家乡等待莱辛的归来。

　　对爱娃和莱辛来说，一开始可能只是短暂的小别，从现在开始却成了持久的折磨。由于还未收到来自布伦施威克的回复，利奥波德王子在威尼斯勾留的最后几日决意继续向佛罗伦萨前进，在一次次推迟之后，出行变成了一次几乎持续到年关的意大利游学。更糟糕的是，莱辛与爱娃之间的通信被中断了，爱娃请求葛普勒以及其他一些维也纳的熟人把信转达给莱辛，但这几位先生并未照办，借口是他们无从知晓莱辛人在何处，而且，他们疏忽了向布伦施威克使者打听，

---

① 致 Karl Lessing，1775 年 5 月 7 日。

后者或许知道莱辛的下落①。莱辛的一封书简丢失在途中，由于没有得到回复，他以为爱娃身患重病，甚或已经去世，于是从7月份开始就放弃通信。直到年终，当时爱娃回到汉堡已经很久，当通信得以继续时，莱辛的这些担忧才烟消云散②。

因此，莱辛从意大利寄给爱娃的书信充满了担忧和后悔。他深受南方热浪的折磨，偶尔还会生病。尽管王子（同其兄长先前一样）化名"布兰肯堡公爵"出游，之所以借用化名的主要目的是，尽量降低店主、仆从以及匠人们索要的小费；所到之处凡是获悉他们身份的国家要员和身居要职的贵族都以隆重的宫廷礼节接待他们，莱辛对此极为反感③。如莱辛后来给海讷说明的那样，他也很后悔行前未做准备，否则的话，他本可以带着专门的问题详细考察意大利的文物④。总而言之，这次突如其来、不合时宜、未经计划的旅行并不是他梦寐以求的意大利之旅。

尽管如此，一切并不像莱辛信中所暗示的那般糟糕。虽然他很抵触同王子一起进行过于正式的旅行，但是他的抱怨和这位23岁的年轻王子毫无关系。因为莱辛和年轻人在一起时感觉融洽（18世纪70年代时期，莱辛周围亲密的友人从艾申伯格到莱泽维茨、从雅各比再到大卫逊都比莱辛年

---

① 参 Lea Ritter Santini 编, *Eine Reise der Aufklärung. Lessing in Italien* 1775（两卷），1993，卷一，第180页。
② 致 Eva，1775年12月26日。
③ 致 Eva，1775年5月8日。
④ 致 Heyne，1776年5月4日。

轻），而且许多迹象都表明，利奥波德不仅聪慧有教养，而且较其兄长而言，天生就善于交际而且讨人喜欢（因为这个原因，他的伯父腓特烈在较早的一次会面中甚至怀疑他是否适合行伍生活）①，而且利奥波德人性的品质才是他悲惨的死亡以及身后享有名气的原因：1785年，当奥德河泛滥时，他试图拯救一位平民而溺水身亡。另外，与王子随行的两位仆从之外的副官冯·万恩施台特也是一位干练和有教养的年轻人，七年战争期间，他曾在费迪南大公军中战斗，之后在布伦施威克军队中军阶很高，晚些时候在许多场合都与莱辛往来甚欢②。

借助万恩施台特一丝不苟的账簿③，我们得以悉知出行路线、造访的宫廷和有名望的头面人物，以及文物、剧院和景点。一行人常常日行百余公里，经萨尔斯堡、茵斯布鲁克、布伦纳隘口至加尔达湖，接着继续前往曼托瓦、维罗纳、帕多瓦和威尼斯，5月22日至6月3日，他们在威尼斯稍做休整，然后从这里出发，经费拉拉和博洛尼亚到达佛罗伦萨，一行人在此待了三周，在热浪来袭时，他们又前往匹

---

① 参 *Allgemeine Deutsche Biographie*（56 卷），Leipzig，1875—1912，卷 XVIII，第 377 页，"Leopold von Braunschweig" 条；亦参 Santini，卷 I，前揭，第 95—104 页。

② 参 Walter Deerters，"Des Prinzen Leopold von Braunschweig Italienreise. Ein Beitrag zur Lessing-Biographie"，载 *Braunschweigisches Jahrbuch*，第 52 期，1971，第 141—142 页；亦参 Richard Daunicht 编，*Lessing im Gespräch. Berichte und Urteile von Freunden und Zeitgenossen*，1971，第 491，534—536，546—548 页。

③ Santini 卷 I，前揭，第 207—281 页；亦参 Deerters，前揭；Santini 卷 II，第 518—587 页。

萨和里窝那的海岸，他们从这里乘船前往科西嘉岛。返程时，先到热那亚，继而到都灵，从都灵出发前往日内瓦和费尔内，并且拜访了伏尔泰，此时莱辛很知趣地在都灵单独待了三周，以避免同先前的对手碰面。由于一直没有收到布伦施威克的回复，王子一行人又启程前往罗马，在这里从9月22日一直逗留到10月15日，最后前往那不勒斯，消息终于传来：在王子母亲的请求下，伯父腓特烈为利奥波德提供了一个在奥德河畔法兰克福驻扎的普鲁士步兵团指挥职务。11月9日，他们再次回到罗马，逗留了将近三周才踏上返回奥地利和慕尼黑的近路，莱辛在慕尼黑与前往布伦施威克的一行人分道扬镳，独自前往维也纳，并于圣诞节前夕抵达。

王子一行人在这次穿越北部意大利未经准备的曲折旅途（单在博洛尼亚就停留过三次）中游览了一般会到达那不勒斯的"游学"所观看的大多数景点，此外，他们还去了其他几个景点，如科西嘉岛。从账簿可以清楚看到，一行人在途中有许多事情要做：参观了无数的剧院、歌剧、演奏、画展，并且绕道游览郊外的景点并过夜。花销方面毫无禁忌，王子的此次出行花费逾一万两千塔勒，约占布伦施威克年收入的百分之一①。莱辛本人很少提及参观的地方，下面仅对几次重要的地方做一说明。

5月25日，王子一行人参加了升天节庆典，该节日是威

---

① Deerters，前揭，第156页：旅行花费12306塔勒；根据WB版卷八，第1123页，花费13324塔勒。

尼斯最为重要的节日，他们也出席了威尼斯总督盛大的婚礼，紧接着是两周的贸易博览会，五湖四海的商人云集此地。因为约瑟夫二世本人亲自莅临盛会，另外到会的还有马克西米利安、费迪南大公（他在米兰宴请了王子一行人）[1]以及托斯卡纳大公和帕尔马、摩德纳公爵，所以较之往年，今年的庆典和活动更为华丽[2]。有节日礼拜仪式、宴会、大游艇、海军礼炮、演奏会、舞会、戏剧首演、节日灯火，观众多达20万人。在唯一一封从威尼斯寄出的信中，莱辛一如既往地简洁：他所提及的唯一事情只具有个人意义，即拜访爱娃前夫恩格尔伯特位于圣·克里斯托夫墓园的坟墓；此外这个消息可以让爱娃安心，因为她丈夫是自然死亡，而非其他原因[3]。

与佛罗伦萨相关的是，一行人参观了所有的知名景点。而在自由港里窝那（这里聚居了多语言和多宗教的居民）的逗留，可以得知王子一行人参观了犹太教堂，而且莱辛结识了一位（抑或两位）当地的犹太学者[4]。后来利奥波德王子回忆道，当时他是如何屏息凝神专注地听着莱辛和其中一位学者关于哲学问题的讨论（Santini 卷I，前揭，第98页）——可以确定的是，此人正是拉比卡斯特罗，他以诗人、塔木德学者以及

---

[1] 致 Eva，1775年5月8日。
[2] 详见 Stefan Ostwald，"Lessing in Venedig. Eine Rekonstruktion"，载 *Lessing Yearbook*，18期，1986，第77—86页。
[3] 致 Eva，1775年6月2日；Deerters，前揭，第148页；Ostwald，前揭，第82—83页。
[4] Santini 卷I，前揭，第238页。

哲人而闻名。或许，他们还认识了耶路撒冷的使者阿祖莱，此君是一位希伯来传统的圣灵赋能论阐释者。然而谈话的内容并没有流传下来（同上，第442—452页）。无论如何，此次的犹太社区之行对于这样一次旅行而言是不同寻常的，其提议无疑来自莱辛。如上文提到的，他早在1769年已经打算从汉堡经水路前往里窝那，有可能当时卫斯理或者其他汉堡犹太社区的成员为他写过致当地头面犹太人的引荐信。

关于科西嘉岛上的参观，我们只知道接待王子一行人的是法国的军事总督马伯甫，科西嘉不久前刚窃取了热那亚的统治权，但旋即又落入法国人的治下；在此意义上来讲，莱辛在此次绕道远行中对法国的接触比生平中任何时候都要近。到了都灵，他终于有足够的时间来满足自己的兴趣，于是，他——或许在图书馆做研究时——结识了多位当地学者（他所谓的"日记"标注的日期大多是在都灵的时日）。学者中的一位就是文物学家、史家维尔纳扎，莱辛同他畅谈了皮埃蒙特的风情和大学图书馆的藏品（同上，第123页）。

而另外一位就是史家、神学家和修辞学教授德尼纳，此君后来被腓特烈大王召往柏林，并被吸收为科学院院士。被莱辛的学养深深折服的德尼纳后来传下来一则关于莱辛同情伊斯兰教的逸事，这令人浮想联翩。德尼纳说，自己想要写一部乌托邦未来小说，内容是一支国际军队占领了希腊并且随后把这个国度分为了不同的政制形式，莱辛立即插了一句：

以上帝的名义，不要动我的土耳其（Au nom de

Dieu, ne touchez pas à mes Turcs)!

于是，德尼纳也放弃了自己的小说计划①。

在罗马期间，一行人住在斯图亚特酒店，该酒店位于游客核心地区的西班牙广场旁边。莱芬施泰因由于延长了自己的文物之旅，此时正在罗马做导游。作为温克尔曼的后继者，他继续做重要（尤其是德意志）游客的向导。他们参观了弗拉斯卡蒂、阿尔巴诺和蒂沃利。罗马古代研究的圈内人士对莱辛的熟悉程度远超王子，因此，一俟莱辛来到罗马，德意志的报章便已沸沸扬扬，说莱辛是"温克尔曼第二"，并且称"不仅老耄的阿尔巴尼主教，而且甚至教皇都向他咨询"②。至于莱辛参观了梵蒂冈图书馆并且拜访了阿尔巴尼主教，倒是确有其事，万恩施台特的账簿对此有记述；而且，刚被选上的庇护六世在奎里纳莱宫以非官方的形式接见了一行人③。不过，莱辛肯定没有时间去研究中世纪的手稿——如舒巴特在《德意志编年》中所称的那样，此外，"教皇与莱辛用德语交谈了两个小时"，同样与这份杂志的报道相悖，这简直是痴人梦呓④。后来一则可信的说法是，莱辛否定了这些可笑的说法，并且解释道，他与教皇的谈话时间很短而且无关紧要⑤。尽管如此，德意志报章的各种消息也具有意

---

① 见 Daunicht, 前揭，第367—368页。
② 同上，第369—371页。
③ Santini 卷 I, 前揭，第93—94, 258, 261页。
④ 见 Daunicht, 前揭，第369, 371页；参 Deerters, 前揭，第152页。
⑤ 见 Daunicht, 前揭，第371—372页。

义，因为它们反映了德意志公众对莱辛的意大利之行抱有极高的期待。后来人们可以看到，众人的期望则与所希望的未得满足带来的失望，充斥了关于莱辛意大利之行的报道和时至今日的文字记载。

绕行前往那不勒斯：参观戏剧和歌剧首演，受西西里亚国王费迪南和王后玛利亚·卡罗琳娜的接见，哈密尔顿做向导一同前往波佐利、庞培、赫库兰尼姆古城以及攀爬（当时正活跃的）维苏威火山——可能再没有比这次更适合的高潮了[1]。返回罗马时，王子一行人见证了新教皇的加冕仪式，莱辛也整理了大量为沃尔芬比特图书馆邮寄的图书[2]。不过所有关于罗马和那不勒斯流传下来的印象只有两张简短的手记，它大多是简洁的关键词或者是对当时流行的德语导游手册中客观错误的纠正[3]。

这些手记见于常被称为莱辛意大利"日记"的册子中，它更像是一本旅行笔记[4]。虽然前三分之一的内容都标注了日期，但是这些日期大多指的是录入时的日期，而不是当日发生时的日期。它们的跨度只是这次四月到十二月的旅行中六周时间的记载（即八月末到十月初）。除了偶尔有关意大

---

[1] 参 Santini 卷 I，前揭，第 266—277 页；Deerters，前揭，第 154 页。
[2] Santini 卷 I，前揭，第 279 页；卷 II，第 587 页。
[3] LM 卷 16，第 268—271 页。
[4] LM 卷 16，第 256—288 页；参 WB 版卷八，第 685—720 页；Santini 卷 I，第 121—176 页；以及影印本 G. E. Lessing, *Tagebuch der Italienischen Reise*, Wolfgang Milde 编, Wiesbaden, 1997。

利风情、机构、著名建筑的记录（主要是对福尔克曼导游手册①的纠正或补遗）之外，所有内容基本上是语文学、文物学或者文献学式的记录。换句话说，它是一份学术性的杂录，更接近于莱辛的《文钞》，而不是一般意义上的日记或者旅行报告。其余的都是意大利学人的文献目录，几乎毫无例外都来自意大利语评论杂志《罗马文学大事记》（1772—1774）的前三卷②。

这一切都与莱辛同时代人的期待有着天壤之别，他们本希望《拉奥孔》和《古代书简》的作者至少可以说几句有关古代雕塑的权威话语。当后世把莱辛干巴巴、不正式的汇编和歌德《意大利游记》中溢彩流光的意大利形象做对比时，对于后来人来说也是大失所望③。即便莱辛写作的不利环境——闲暇和自由受到宫廷应酬的干扰、心灵上的安适受未婚妻沉默和不回信的干扰、旅行计划因不期而至的旅行邀请而泡汤——也无法完全消除其作为一种错失的机遇的印象。在试图抵消这一缺憾的热心尝试中，迄今对莱辛意大利之旅最为彻底的研究——1993年出版的翔实且附有精美插图的意大利之行展览目录——再次直观、生动地再现了旅行的细

---

① J. J. Volkmann, *Historisch-Kritische Nachrichten von Italien*, 3 卷, Leipzig, 1770—1771。
② LM 卷十六, 第 274—288 页；参 Franz Muncker, Eine Hauptquelle für Lessings Tagebuch seiner italienischen Reise, 载 A. Heusler 编, *Germanistische Abhandlungen Hermann Paul zum 17.03.1902 dargebracht*, 1902, 第 181—194 页。
③ 参 Waldemar Oehlke, *Lessing und seine Zeit*（两卷）, 1919, 卷二, 第 248 页；G. E. Lessing, *Tagebuch*, 前揭, 第 137 页。

节。尽管它极为丰富地陈述了莱辛可能参观、可能想过、可能会去写的一切，但只能更强烈地使人们意识到，莱辛本人对于如此丰富的经历却惜字如金。

公平起见，不能不提的是，人们在莱辛的遗作目录中，除了看到留传下来的笔记之外，还看到与意大利之行主题相关的一些散佚的手稿①。鉴于笔记几乎完全没有记述古代艺术作品，这事实上暗示了丢失的手稿可能包含有这类内容的手记。莱辛致尼柯莱的一封书信也证实了这一点，他在信中表达了自己想要"基于一些意大利旅途中做的诸多说明"来扩充《古代书简》②。不过，从这一提示也可以看到，所谓的"说明"几乎不可能是连续性的旅行报告，或者相互关联的个人印象的记载：类似于笔记，它们只可能是特别关于文物的零散思考的汇总③。尽管有些文学研究者试图在《智者纳坦》和其他作品中探寻意大利之旅的余响，不过总之，这些余响最多也只是假设性的，无足轻重的④。

熟悉莱辛个性的人，并不会讶异莱辛从书本博览意大利之胜景，然而主观上却未做出反应的做法。首先，他所属的

---

① WB 版卷八，第 1125 页。
② 致 Nicolai，1777 年 9 月 20 日；WB 版卷八，第 1125—1126 页，1132。
③ 参 Karl S. Guthke, Berührungsangst und - lust. Lessing und die Exoten, 载氏著, *Der Blick in die Fremde*, 2000, 第 66 页；Grimm, 1985, 第 117—118 页。
④ 参 Stefan Matuschek, "Lessing, Soave, Vivo", 载 Santini 卷 I，前揭，第 395—409 页，亦见第 452—464 页。

那一代人更为看重理性分析和书面证据，而不是个人的经验①，他的态度类似于1689年造访意大利研究布伦施威克韦尔夫家族统治谱系的莱布尼茨，他的大多数时间都在图书馆和与学者的对话中度过②。其次，如莱辛保留下来的书信所证明的那样，他的天性就是不喜欢自传性和认信性的表述：自从小学期间对普鲁士攻击梅森城的描述之后，莱辛整个作品中再也找不到详细描述的大事件、印象深刻的景象，甚或特别的个人交往。如常常有论家称，原因是因为莱辛缺乏适合表现生动的个人表达的语言，这并不正确③。莱辛曾翻译过狄德罗《私生子》对话中歌唱自然风景的叙事歌谣④，他读过卢梭在《新爱洛伊斯》中对日内瓦湖和葡萄丰收时的精彩描述，他也知晓歌德刚刚出版的小说中维特对于季节更替所表现出的澎湃心潮，但是，这些都没有给他留下深刻的印象。

莱辛并不太重视个人的观感，在古代艺术的研究中，他常常强调书面的论证而非个人的亲眼所见，他甚至曾说，比

---

① 参 C. Wiedemann, Lessings Italienreise, 见 Barner/Reh 编, *Nation und Gelehrtenrepublik*, 1984, 第 154 页; Gunter E. Grimm, "'Ich sehne mich herzlich wieder nach Deutschland' – Lessngs Italienreise von 1775", 见 *Lessing Yearbook*, 17 期, 1985, 第 117 页; Guthke, 前揭, 第 43 页。
② 参 E. C. Hirsch, *Der berühmte Herr Leibniz. Eine Biographie*, 2000, 第 232—244 页。
③ 参 G. Mattenklott, "Lessings Grenzen. Anmerkungen zum" Tagebuch der italienischen Reise, 见 *Germanisch-Romanische Monatsschrift*, 第 47 期, 1997, 第 233 页。
④ D. Diderot, *Das Theater des Herrn Diderot*, G. E. Lessing 译, K-D. Müller 编, 1986, 第 104—106, 139—140 页。

起罗马之行，参观曼海姆的石膏模具藏品要更为有效，尽管在罗马可以看到展出的原作①。这种态度因为青年"狂飙突进"一代刺耳的热情澎湃而更甚，它也表现在莱辛缺乏对风景的兴趣，对于"如果没有了灌木丛和树木，我将不久于人世"这样的自白，莱辛如是回答："这些已不属于我生命的一部分。"有人曾在早春时节盼着很快就会绿意盎然，莱辛回答说："噫！绿意早已处处可见，我倒希望漫山红遍。"②他的意大利之行手记没有记述维苏威火山、科西嘉岛、阿尔卑斯山或者大运河，正是由于这个原因，而非其他。

因而，值得玩味的是，莱辛在意大利最重要的收获就是为沃尔芬比特图书馆所购的大量书籍，一共二百六十四种，其中多种是多卷本。大多数书籍与莱辛本人的兴趣相合，很大一部分是关于意大利文学、语文学、文物，也有一些意大利导游书籍，许多作品的作者都出现在莱辛笔记所列的意大利当代学者和艺术家名册中③。

莱辛列出了私下结识的自然科学家、哲人、史家、诗人、文物学家、语文学家，甚至专辟一栏系统地罗列演员名字，那么一个有趣的问题就是：为何莱辛花大力气汇总这些看似无意义的信息？毕竟它看起来像是为在意大利工作所做的准备，而

---

① LM 卷 10，第 273，311 页；卷十一，第 209 页；Daunicht，前揭，第 427 页。
② Daunicht，前揭，第 541，526 页。
③ 参 Santini 卷 II，前揭，第 677—851 页；P. Raabe/B. Strutz 编，*Lessings Bucherwerbungen. Verzeichnis der in der Herzoglichen Bibliothek Wolfenbüttel angeschafften Bücher und Zeitschriften 1770—1781*，2004，第 145—216 页；WB 版卷八，第 1131 页。

非回国之后进一步研究或者书写文稿的材料。对这一问题的回答为莱辛在旅途中很晚才开始记"日记"的真正原因提供了依据。在5月份时,莱辛已经从米兰致信卡尔:

> 这个印象……刷新了我先前要生并且死在意大利的想法,就我在这里的所见所闻,都令我极为满意。(致Karl Lessing,1775年5月7日)

当然他不能对爱娃如此描述,这只会令后者不安,因而,他后来的意大利书信——无一例外都是寄给爱娃——的基调是消极的。他返回德意志不久就拜访了卡尔,卡尔回忆道:

> 他说,如若在维也纳还没有促成那桩婚事,即便他和王子一道返回德国,他也只会尽可能短地停留,以便永远地留在意大利。①

莱辛返回维也纳之后所拜访的葛普勒也称:

> 他极为中意意大利,尤其是罗马,他也许会再做一次更长时间的旅行。②

---

① K. G. Lessing, *G. E. Lessings Leben*,1888,第200页。
② E. Dvoretzky 编,*Lessings Dokumente zur Wirkungsgeschichte* 1755—1968(两卷),1971—1972,卷一,第56页。

也许这也正是 8 月末未曾收到爱娃回复之后,莱辛便渐渐着手为这一可能性做准备的原因。即便在他幸福地成婚之后,他也向穆勒——诸多青年中的一位,直到去世前莱辛同这些年轻人一直保持着紧密联系——保证,他希望可以和穆勒一同"在意大利(穆勒后来定居于此)或者其他地方"安度晚年①。

因此,莱辛之所以未曾留下有关意大利之旅的重要记述的主要原因就是,他打算长时间地再次造访意大利,以便更为熟悉之后再做记述。那么,他会写什么样的一本书呢?如上文提到的,1777 年,他告知尼柯莱想要扩充《古代书简》,也许他指的是曾在意大利看到并且想进一步研究的古代作品。另外,众所周知的是,返回途中,莱辛在德累斯顿与温克尔曼的出版人临时商定出版新版的温克尔曼《古代艺术史》②,新版一定会附上莱辛发表《拉奥孔》时所保留的一些订正,当然,毫无疑问还会有其他订正。数月之后,他还表示希望编一套温克尔曼全集③。换句话说,他还会采取重要的手段来实现长期以来众人寄予他的厚望:成为温克尔曼的继任者。

---

① Daunicht,前揭,第 427 页;G. Karpeles,"Lessing in Rom",见 *Magazin für die Litteratur des In - und Auslandes*,第 58 期,1889,第 19 页。
② LM 卷十五,第 7 页,注释 1。
③ 致 Dassdorf,1776 年 9 月 26 日。

关 于 青 年 维 特

青年维特之欢愉
维特君之烦恼与欢愉

前后各附对话

尼柯莱（Friedrich Nicolai）

[译按]尼柯莱在阅读《青年维特之烦恼》（*Die Leiden des jungen Werthers*, Leipzig 1774 年第 1 版）时按照原书页码随文做了批注。为了方便查阅，译者在方括号中注明了歌德"法兰克福版"（DKV）全集卷八（*Sämtliche Werke, Briefe, Tagebücher und Gespräche*: Abt. 1, Sämtliche Werke Bd. 8. *Die Leiden des jungen Werthers*; *Die Wahlverwandtschaften*; *Kleine Prosa*; *Epen*, Waltraud Wiethölter 编, Frankfurt, 1994）和卫茂平《维特》译本（歌德：《少年维特之烦恼》，卫茂平译，北岳文艺出版社，第 3 版，2010）的页码。

对话

人物：

汉斯（Hanns）：某青年

马丁（Martin）：某男子

[5] 汉斯：嘿，《青年维特之烦恼》，那个家伙举着的这本书，让人叫苦不迭，令人血脉偾张，让人头上青筋闪闪，身下如坐针毡……

马丁：当然，就是这么一本书！写书的人大可以无忧无虑，并且无须忧心，百年之后某个书呆子会喋喋不休："喂，读者诸君，这本奇书，百年来难得一闻一见！"

[6] 汉斯二十一岁，马丁四十二岁。

汉斯：维特是个多好的青年，善良、高尚，而且坚强。人们真是误解了他呦。你看那绿头苍蝇成群结队叮在上面，对他的所作所为大加挞伐。就连他的朋友阿尔伯特也错怪他，也对他充满妒意。唉，这个阿尔伯特可真有能耐！我可不要成为阿尔伯特，无论如何也不要成为他这样的人！

马丁问道：你不要成为阿尔伯特这样的人？汉斯，听着，当你成了阿尔伯特，那就是迈出了一大步。他难道不是绿蒂一心所爱的最耿直、最正派、最有用的男子？难道他应该眼睁睁看着，第三者在他的妻子跟前扮演致命的情敌，[7] 让她神魂颠倒，并因此让人说三道四？究竟阿尔伯特做了什么，让你不想成为他这样的人？

汉斯：惨不忍睹，你是没有读呦。当他看到可怜的维特毫无恶意地在她那里时，便醋意大发，对绿蒂说了多少刻薄话。

马丁：是这样吗？你头脑发热的时候，没有对任何人说过风凉话？难道维特没有过脑热的时候？难道他没有在心生恶意的时候，想要杀掉阿尔伯特以及绿蒂？难道维特怎样都可以，而阿尔伯特如何都错？维特自己也不愿这样。不是的，汉斯！你的英雄可能是维特，而我的则是作者本人。

[尼柯莱注] 第184页：维特开始了一段无关紧要但很快便结束的对话，阿尔伯特随后向他的妻子询问一些事情，当他听说还未解决的时候，便朝她说了一些刻薄的话，让维特觉得特别扎心。［DKV 222/223，中译第93页］

第187页：哦，天哪，在这颗破碎的心中怒不可遏地到处游走，不时闪现过这样一个疯狂的念头——杀死你的丈夫！——杀死你！——杀死我！——但愿真的如此！［DKV 224/225，中译第94页］

第147页：每当我沉入梦幻，会禁不住产生这么个想法：如果阿尔伯特死了，那会怎样？［DKV 158/159，中译第65—66页］

第73页：我现在知道的一切，阿尔伯特回来前我已知悉；我早就知道，我不能对她提出什么要求，也不曾提出——也就是说，尽管她那么可爱，我尽可能

地不去追求她。而现在另一个人真的到来，夺走了他的姑娘，这个傻瓜只能干瞪双眼。[DKV 86/87，中译第 33 页]

汉斯：[8] 瞧瞧吧，你真是个老于世故、冷血、精明的家伙，你无法对维特和维特的烦恼感同身受。你不会喜欢充满激情和生机、年轻勇敢的年轻人，而只会去夸赞像阿尔伯特那样呆板、乏味、斤斤计较的人。

马丁：我真的这么冷血吗？我说了，我赞赏的是作者。难道不应该赞叹作者大手笔下的维特其人了吗？谁不赞许，谁不喜爱这个充满激情、高尚的人，并且对他的命运——尤其当它如此精彩地被叙述出来、如此生动地被呈现出来时——流下泪水？当读到他与阿尔伯特并肩而行，"摘着路边的花朵，精心编成一个个花环，然后——把它们抛入路旁流经的河水，[9] 眼看着它们缓缓地向下游漂去"，难道你认为，我内心深处就不会热血沸腾？

[尼柯莱注] 第78页：我和他并肩而行，摘着路边的花朵，精心编织成一个个花环，然后——把它们抛入路旁流经的河水，眼看着花环缓缓地向下游漂去。[DKV 90/91，中译第 35 页]

汉斯：你若真喜爱维特，难道看不到，要是我们大家都像维特那样，都能意识到自己的力量，有多少力量便使用多少力量；不受制于法度和财富的规制。这样该多好！

马丁：汉斯，你瞧，如果我没看错的话，作者写青年维特之烦恼可不是为了达到这样的目的，再说这也不是你或你那一伙人的烦恼。作者很了解你们，你们这群翅膀刚刚长硬的小伙子（汉斯，你也是其中的一分子），就蠢蠢欲动，腾空而起去窥探大千世界①。你们这些愣头青什么都看不惯，你们比谁都清楚什么对这个世界有用，[10] 但是偏偏不学，只因为这是糊口的营生。你们不愿意顺从前人建立的良好秩序，因为这是束缚。你们不愿做别人正在做的，你们想要标新立异，想要特立独行。长久以来，你们不在乎什么是律法、秩序、国家、王国、国王以及君主。你们想要罗马禁卫军②，想要些许武力自卫权，想要武器和民族大迁徙。

在人类身上还有一丝独立性，也那么缤纷多姿。哎！这难道不是可以引起你们注目的生活么？你们眼睁睁看着一切如何发生，渺小的心灵为之一振，然后就可以振臂欢呼了：嘿，这才是力量和行动！所以说，你们这些小青年除了的的确确在观望，并为此呼喊之外，便无所事事！即便这个世界上在发生什么，你们也无动于衷，你们松垮的小胳膊肘上没有弹性，[11] 空洞的精神中也缺乏坚强。在那里夸口什么力量和坚韧，实为软绵绵、女子气、扭扭捏捏的小姑娘。信誓旦旦地谈什么约束、规制、打磨和模仿，却不舍得从自己

---

① ［译注］此处"腾空而起"（hohe Schule，英文：airs above the ground 或 school jumps）为马术术语，指一种高难度动作。
② ［Grützmacher 注］"罗马禁卫军"：罗马皇帝个人防卫的精英部队，他们偶尔也染指政治事务。

的安乐椅去掉一小块软垫,或者从发兜撕去一条饰带①,以做出改变。当武力自卫权发挥效力时,你们这些公子哥可好,一定会逃离国家。你们这些愣头青要成为维特,倒没什么难的,不过你们却没有这能耐。从这位善良的维特身上也可以进一步看到,就算有顶好的头脑和最高尚的心智,却总要离群索居,费尽力气,并且一心要离经叛道的人,会有怎样的后果。即便心灵里有力量和耐性(不过实际却没有,[12]这真是天大的滑稽),而种种不幸阻滞了本来会产生安慰和决心的来源,最终也不一定会有,正如作者一语道破的那样:

> 这个忧心忡忡,寂寂一身,不断坠落的创造物,奋力向上却徒劳无功,用尽内心的最后心力发出了这声叫喊。

这对你们没什么好处,你们这些小马驹,时机还未到,就想成为骏马!静静地随着套在你们身上的缰绳走吧,让人们喂给你们草料,不要天真地以为,其实在森林里会更好。

[尼柯莱注]第160页:这难道不是他的声音:"我的上帝,为什么离弃我?"这个创造物忧心忡忡,寂寂一身,不断坠落,奋争向上但徒劳无功,用尽内心的

---

① [译注]发兜(Haarbeutel),18世纪兴起于法国(路易十四时期),流行于欧洲的一种系头发或者假发的袋子。可以在骑马时起到防止乱飘的头发影响骑马动作或者破坏发型的作用,另外也可以防止头发上的粉末弄脏上衣。类似于我国古人使用的须囊。

最后心力发出了这声叫喊。［Grützmacher 按］引文出自马太福音 27：46。［DKV 180/181，中译第 76 页］

汉斯：布完道了吗，道学先生？你一定认为，每个人都像蒙着眼睛在磨坊打转的马，却没有想过：溜之大吉，彼岸是光明和自由的跳跃。维特就是这样想的，就如同再也无法为继，就远离了这个世界。［13］这难道不是一大壮举吗？

马丁：一大壮举？汉斯，我说过，你要是真这么做了，那你就真的突破了自己。

汉斯：走开吧，你这心灵不健全的人，在你褊狭的心胸里，神圣的火焰只闪动着极微弱的火光。你尽管嘲讽这高尚之举好了。

只要我愿意，我能随时脱离这个牢狱。

这难道不是一种自由的甜蜜感觉？你能否认吗？
［尼柯莱注］第 19 页：尽管他身受束缚，心中却始终怀有自由的甜蜜感觉，只要他愿意，他能随时脱离这个牢狱。［DKV 24/25，中译第 7 页］

马丁：如果说身体对于心灵是座牢狱、是个不必要的工具，就算是吧，不过——

汉斯：不过，你真是心肠硬若磐石啊。难道你不惋惜维特，不从内心深处替他惋惜？

马丁：[14]惋惜？是的，又爱又惋惜！如此多的高尚力量被全然用于不安分的懒散，没能发挥，日渐衰萎——而他本来能够去观察和达至多少目的——却听从了疯狂不止的激情，以致天性在精疲力竭中耗尽，谁不惋惜！——但仅仅是惋惜吗？维特碰到那位身着破旧绿外套在崖石间寻找鲜花的疯人的时候，假若此人不是手里拿着鲜花，而是拿着手枪，并且正把枪口对准自己右眼上方的脑门，这时候他应该静静等着此人完成射击，然后耸耸肩说："人忍受不了自己痛苦的程度。"

［尼柯莱注］第96页：我那充沛的精力用完后成了一种不安分的懒散。我不能游手好闲，但又无事能干。[DKV 108/109，中译第43页]

第14页：……只是我不免要想起，我身上还潜伏着其他许多力量，没有发挥，日渐枯萎，不得不异常小心地藏匿起来。[DKV 20/21，中译第5页]

第100页：你难道不是在自我欺骗？这种疯狂不止的激情有何益处？[DKV 112/113，中译第44页]

第163页：我看到远处有一个人，穿一身破旧的绿色外套，在山石间爬动，像是在找草药。[DKV 184/185，中译第78页]

第80页：他利用这个机会话越说越长，我终于不再听他讲些什么，陷于胡思乱想，以一个果断的动作，把枪口对准自己右眼上方的脑门。[DKV 92/93，中译第36页]

第85页：这里，问题不在于一个人软弱还是坚强，而在于他忍受痛苦的程度。[DKV 98/99，中译第38页]

汉斯：[15] 唉，当然……

马丁：当然是这样！维特归咎于他人的，反过来讲，难道不是更要归咎于自己吗？

汉斯：你站在那里，滔滔不绝如同一本智慧书！好像维特在烦恼泛滥之时还能谨慎行事似的！那会儿要是有人眼看死于高烧，你就不会像谐剧中的卢卡斯那样说一句吗：为何不请人救治呢？那个笨蛋不能等吗，他死得太快啦①。

马丁：很好，你承认了，想摧残躯体的人是处于一种不自然的状态，就如同得了热病的人。不过，我没有对病人说，别急，等[16]你的液体好转，血液降温，力量恢复了，再去死吧。我说的是：朋友！你眼下正蜗居在乌烟瘴气的斗室，开开窗子吧，外边是亲爱的上帝的明净空气，它使万物精神焕发。饮一口给你血液降温的朱利酒，斟一杯防止怠惰并能给人增添力量的金鸡纳酒。维特在这一点上也该责备自己，因为整个世界就在他面前。他难道是众多高尚者中某一位不用为世界做出贡献的人？他为何要孑然一身？当人们需要他，想要依恋于他时，只能与他同行一小段路。为何他不与众人再同行一段呢？这些人都是很好的人，仅凭这一点，他的心绪就会好得多。

---

① [译注] 此处的卢卡斯为莫里哀喜剧《屈打成医》中的人物。

[尼柯莱注]第88页：这正像有人这么说：傻瓜，竟死于热病！他应该等待，等他力量恢复，液体好转，血液循环稳定后，一切都会正常，他会一直活到今日。[DKV 102/103，中译第40页]

第14页：我不知道，自己究竟有什么吸引人的地方。他们这么多人喜欢我，依恋我，正因为这样，我为我们只能同行一小段路而感到悲伤。[DKV 18/19，中译第5页]

[Grützmacher注]"朱利酒"（Julep），（波斯的玫瑰果，意味玫瑰浆）由烧酒、糖、绿薄荷以及冰块做成的冰镇饮品。"金鸡纳酒"（Chinatrank），南美金鸡纳树树皮熬制的浆液。

[17]如果他参与其中并这样想：他们同我一样，都是人啊，那么，对当时沉浸在自我和激情当中漠然的维特来说，曾只不过是多彩奇观的各式人物、各路新人，就会变成疗效甚著的降温和滋补剂。要是他把那些未能发挥的力量得以发挥并利用起来，那么他至少会在很短时间内喜欢上这个世界，就像他无所顾忌亲吻的那个鼻子上挂着鼻涕的小家伙一样。世界就如同那位大大方方的小男孩，也会接纳他。

汉斯：一切都很好很美妙，不过，在维特这里于事无补。事情不可能有所改变，不得不必然如此进行。

[尼柯莱注]第116页：自从我每天在众人间四处奔走，看到他们在做些什么和怎么做，我的情绪就好多了。[DKV124/125，中译第51页]

第117页：最使人高兴的，是这里有足够的事做，另外，这里有各式人物，这些各类新的人物在眼前展现出一种多彩的奇观。[译按]卫茂平老师此处的日期标记错误，应为"11月10日"。[DKV 126/127，中译第51页]

第125页：我也参加了这场游戏，不如说，我像一具木偶被人戏弄，偶尔抓

到邻人的木手,便战栗着退缩。[DKV 134/135,中译第 55 页]

第 14 页:参本版第 14 页注释。

第 31 页:"路易斯,跟这位表兄拉拉手。"小男孩非常爽快地听从了,我由衷地亲了他,根本没顾他的小鼻子上还挂着鼻涕。[DKV 40/41,中译第 13 页]

马丁:[18] 我懂得。如果维特在你眼中就像陶匠手里的陶器、诗人笔下的人物,那么,的确是铁板钉钉。作者当然可以用生僻的知识将这位狂热人物的所有特点如此组合到一起,用令人称奇的细腻笔法纳入所有微不足道的事件,然后如此导引,可怕的灾难自然而然会发生,还会让我们挤出一声凄苦的叹息①。不过,你可以把维特设想为生活在社会中的人,他一旦要离群索居,并将周围的人视为异类,那就大错特错了。自从依偎在母亲怀抱起,他就享受到了社会带来的惬意,他就得为之负有责任。趋避则是不知感恩和道德败坏;负责才是美德和慰藉。

[尼柯莱注] 第 179 页:她的存在,她的命运,她对我的同情,从我枯死的心中挤走了最后的眼泪。[DKV 210/217,中译第 90 页]

[19] 想到自己会是或不得不是人子、公民、父亲、一家之主、他人之友,只要他没有猛地关上门,即便已经写好了诀别书,安慰和满足还是会从各方面源源不断流入他压抑

---

① [译按] 由于现有中译本基本以《青年维特之烦恼》二稿版本(zweite Fassung)为底本,故无对应处。"法兰克福版"《歌德全集》卷 8 为一稿版和二稿版对照的《维特》版本,两稿异同一目了然。

的心灵。

汉斯：你大概真不清楚，维特会有多幸福；照你的安排，他的烦恼永无尽头。

马丁：走着瞧。稍做改动就会大有改观，会带来欢愉、烦恼、失而复得的欢愉以及所有一切。比如，假设一下那个唯一的小细节：当阿尔伯特由于拖了很久的生意出门在外，维特最后一次拜访绿蒂。

［尼柯莱注］第 190 页：六点半，他到了阿尔伯特家，发现绿蒂一个人，绿蒂对他的到来吃惊不小。［DKV 226/227，中译第 96 页］

［20］这时阿尔伯特和绿蒂还未结婚，可以说已经订婚，婚期定在圣诞节期间。你会看到，我在想，因为场景是在沃尔姆斯附近，不像在勃兰登堡，人们说离婚就离婚了。① 地点在那里，这个我不改动。绿蒂也许与阿尔伯特住在一个屋檐下，或者紧挨着住，住在她的姨母家，或者随你想，让她住在哪里都行。

阿尔伯特回到家听说，维特昨晚瞅准时候，待了一个时辰。

那么，现在……

［尼柯莱注］第 40 页：阿尔伯特是个好人，我同他可以说已经订婚。［DKV

---

① ［译注］天主教地区的沃尔姆斯（Worms）视婚姻为神圣并且不可离婚。而勃兰登堡属新教，离婚则要更容易些。

50/51，中译第 17 页]

第 214 页：她结结巴巴地回答他，维特昨晚来了一个小时。他答道，他可真会选时间。然后就进了自己的房间。[DKV 256/257，中译第 108 页]

青年维特之欢愉

[23] 当阿尔伯特从自己的房间过来，忙上忙下收拾停当并检查过行李之后，就来到绿蒂这边，微笑着问道："维特想做什么？你清楚地知道，圣诞夜前他是不许再过来的！"

你一言我一语之后，像所有高尚的德意志姑娘一样，诚实的绿蒂承认了昨天晚上发生的一切。

[尼柯莱注] 第 214 页：参上注。

[24] 说完，她也变得惴惴不安起来，担心自己天真无邪的撒谎会让阿尔伯特咽下许多苦水。

"不，"阿尔伯特很平静地回答，"你给我的心灵抹上了香膏。你并没有悖逆自己高尚的心灵。不过，亲爱的绿蒂，你只是些微欠考虑。我记得，你之前强迫他许诺，圣诞夜之前不许再过来。你想以此来安慰我，因为你知道我得出差，亲爱的绿蒂，你也觉察到了我的醋意，虽然我自己愿意把它隐藏起来。谢谢你（他吻她的手）！但是，维特违背诺言强闯进来，你就不该那么亲昵地和他坐在长沙发上，单独在一起看书。你信赖自己纯净的心灵。

[尼柯莱注] 第 190—207 页：此处暗示维特会返回来，并一起朗读莪相的诗

歌。[DKV 226—249,中译第 96—103 页]

第 192 页：她反对阿尔伯特的奇怪想法。本想唤来女仆，但她纯洁的内心让她坚定了不要把她叫到房间来。在钢琴边弹过几支法国舞曲，舒缓些，让内心平静之后，泰然自若地坐到维特所坐的沙发上。[DKV 230/231,中译第 96 页]

［25］这对姑娘们来说是十分高尚的想法。但是那个好小子并不这么想，尤其在他的爱意受阻并且时机宝贵的时候。唉，女人呀！一旦让这个好小子知道，他就算背弃了诺言也不会受到惩罚，他就会背弃更多的诺言。亲爱的绿蒂，你就是这么做的，不假思索，以至于把自己锁在闺阁之中。——那个场面太不像话了……"

绿蒂哭得很伤心。

阿尔伯特抓住她的手，不无严肃地说："亲爱的姑娘，放心吧。你爱那位青年，他也很值得你去爱。无论是把话挑明，还是眉目传情，并不两样，你都已经传达给他了。"

绿蒂泣不成声地打断，反复承认不再爱他了，在［26］发生过的那一幕之后维特只配得到她的恨，她极憎恶他……

"憎恶？亲爱的绿蒂，这听起来似乎是你还爱着他呀。若你镇定自若地说，那个小伙子对你来说很无所谓，那么我完全无话可说了，也不会对你说，我不愿破坏这种两相情愿的爱情，我……所有的要求……"

"大能的上帝啊!"绿蒂边抽泣着喊道,边说边用手绢挡住脸面,"你怎能如此无情地嘲讽我?我难道不是你的未婚妻么?是的,如你所愿,他对我来说无论是什么都无所谓!可恶至极!无所谓,就像……"

"就像我吗?"阿尔伯特激动地反问道,"这样对我来说更好,但是对他却不是。对我来说,在这样的情况下……"

[27] 说话的当儿,侍僮走了进来,递上维特的字条,维特要借用阿尔伯特的手枪。

阿尔伯特读过之后,自言自语道:"真是个怪人!"然后走进房间,拿下来手枪,装上子弹后,递给侍僮。"给!把它带给你的主人吧!"阿尔伯特说,"告诉他,一定要小心,枪上膛了。请你转告我对他旅行的祝福。"

绿蒂觉得很惊讶。这时阿尔伯特一字一句地向她解释说,经过深思熟虑,他决定放弃对她的所有要求。他也不愿拆散一份温馨的相互倾心的爱情,不愿让他们以及自己过得都不幸福。但是他仍愿做她的朋友。他自己也愿意把维特这件事写信告知绿蒂的父亲,绿蒂自己也应该这样做,并且在她收到回信之前,先不要透露给维特。

[尼柯莱注] 第 213 页:于是,主人给了他一张没有入封的便条,内容如下:我打算出门旅行,您能把手枪借我用一下吗?再见。[DKV252/253,中译第 106 页]

[28] 经过反复思量以及女性常见的犹豫之后,绿蒂承

认了对维特炽热的爱情,并很感激地接受了阿尔伯特的忠告,回自己的屋子写信去了。

正往屋子走的时候,她又折了回来,向阿尔伯特表达了对手枪的隐忧。

"放心吧,姑娘!那些向自己情敌借手枪的人,是不会自杀的。当他万不得已……"

他俩就此分开。

这边,维特收到了手枪,将枪举到额前,扣动扳机,立即仰翻倒在了地板上。邻人赶了过来,发现他还有些生机,就把他扶到了床上。

[29] 另一边,阿尔伯特收到了维特写给绿蒂的最后两封信,还有写给他的最后一封信;与此同时,维特令人伤心的行为的消息也不胫而走。阿尔伯特对绿蒂隐瞒了这个消息;读完几封信,他毫不迟疑地赶到维特的住处。

他发现维特躺在床上,脸上和衣服上都沾满了血,身体偶尔抽搐几下,这会儿正安静地躺着,发出轻微的鼾声。

站在周围的人于是走开,让这两个人单独待着。

维特把手稍稍举起来递给阿尔伯特。"现在你胜利了,"他说,"我再不会给你添麻烦了。"

"我过来不是为了取胜的,"阿尔伯特心平气和地回答道,"而是来对你表示惋惜,

[尼柯莱注] 第185页:星期一清晨,这是12月21日,他给夏绿蒂写了下面这封信,这是他死后人们在他书桌上发现的。信已封好。有人把它交给了夏绿蒂……[DKV 222/223,中译第93页]

第 209 页：第二天早上，仆人听见他唤，把咖啡端给他时，看见他正在写什么。他在给夏绿蒂的信中又写了下面的话……［DKV 248/249，中译第 104 页］

第 218 页："阿尔伯特，我对不住你，请原谅我"云云。［DKV 260/261，中译第 109 页］

［30］可以的话，我是来安慰你的。但是，你太操之过急了，维特……"

维特用对于身受重伤者近乎暴怒的语气，说了许多前言不搭后语的骂人脏话，以便赞颂那种只要愿意就能离开牢狱的甜美的自由感。

阿尔伯特：亲爱的维特，这就同打碎一只玻璃杯的自由一样，人们无须服膺于这种自由，因为它不会有任何裨益，反而徒增伤害。

［尼柯莱注］第 19 页：参本版第 13 页注（中译第 7 页）。

维特：躲我远点吧，理性的人！你太过冷血，远远做不出这样的决定。

阿尔伯特：那好，我是冷血，而且我还相当乐在其中。估计你认为，这是高尚且伟大的决定？你天真地以为，［31］这其中兼具力量和行动？省省吧，你这优柔寡断的纨绔子弟。你好好省思一下，若从自然之母的抽屉中不知餍足地吃甜品,她一定会勃然大怒,你会想,她不再给你糖吃了。

维特:呵,多么智慧的理性思考啊!想必你也知道,那会儿无任何援助,我无法得到我所喜爱的。现在(他边说边用手拍打自己的脸),世界和自然跟我还有什么关系。

阿尔伯特:你这可怜的笨蛋,你把一切看得这么微不足道,是因为你自己如此的渺小!那会儿你无能为力吗?那会儿没有任何援助吗?你是个勇敢的青年,我那么喜爱你,难道我不会把绿蒂让给你?要有勇气,维特!我现在就打算这么做了。

[尼柯莱注]第18页:我知道你对此会说些什么,所以乐意向你承认,那些像孩子一样无忧无虑生活的人是最幸福的。他们拖着布娃娃四处乱跑,替它们把衣服脱下又穿上,要么就是乖乖地围着妈妈藏甜面包的抽屉打转,等到满心渴望的东西终于到手,便鼓着两颊大嚼起来,一边嚷嚷:"还要!"真是些幸福的宠儿。[DKV 24/25,中译第7页]

第97页:可怜的笨蛋!你把一切看得这么微不足道,因为你自己是如此的渺小。[DKV 106/107,中译第42页]

维特半坐起来:为什么?你说什么?你本能够,你本想!闭嘴吧,你这倒霉的家伙![32]——你的良药竟是毒汁。——毕竟,这又有何用?(说着又躺了下去。)不,无济于事。你这阴险的家伙。——冷血的人就是阴险。——你算计着,如何在我生命的尽头还要折磨我。

阿尔伯特：亲爱的维特，你这个笨蛋！冷静的抽象思维总比发热的幻想明智吧！——赶紧擦掉身上的血吧。我难道没看出来，你这个古怪的家伙企图践行自己的不良意图？我把一包鸡血塞进了枪膛，是一只我和绿蒂今晚要享用的公鸡的血。

维特一跃而起，大叫起来，"幸福啊！""欢乐啊！"喊个不停。他拥抱着阿尔伯特，还不敢相信，他的朋友竟能对他如此宽厚大度①。

[33] 阿尔伯特：这谈不上什么宽厚大度。至多是些许冷静的理性，另外则是我喜欢像你这样的青年，在你们身上还有很多东西亟待完成。你和绿蒂的事情早已让我气不过来。其实我早就十分不开心，当你在那幽闭的小地方，在高高的山毛榉树墙背后，扑倒在她跟前。尽管你无所顾忌，尽管此事如此浪漫和庄重，但未婚夫是不愿把这些留在脑海里的。我翻来覆去想过很多次。你一定还记得，当你周末做出不请自留的举动时，更是多么令人烦躁不安。

[尼柯莱注] 第108页："夏绿蒂！"我叫着扑倒在她跟前，抓住她的手，成串的泪珠扑簌簌地将它打湿。[DKV 120/121，中译第47页]

第184页：他欲离不能，一直挨到八点，心力愈加烦躁不安……[DKV 222/

---

① [译注]"宽厚大度"（Großmut）一词是1756年前后尼柯莱与友人莱辛和门德尔松"关于悲剧的通信"中的一个关键词。中译见《关于悲剧的通信》，朱雁冰译，华夏出版社，2010，尤参前言部分。

223，中译第 92 页]

我也思考过这些，[34]并且得出令人不快的结论：我的未婚妻对你青眼有加。维特，你认为我这个人冷漠，有的时候，我也的确会那样。但我也充满热情真心去爱，去要求对方真心的爱。我已经知道，我和绿蒂在一起不会幸福。成全你们，让你们幸福美满，这个决定我在路上就已经想好了，因为我自己并不会幸福。另外还有昨天的一幕。是绿蒂讲给我的！听着，维特，那个场景真是太过分了！我也读了你在写给绿蒂信中的描述。维特，事情是这样的……

维特喊道：你在说什么！我的爱如太阳般纯洁，绿蒂是个天使，一切妒忌在她面前都哑然失色。

［尼柯莱注］第 209 页：参本版第 29 页注（中译第 104—106 页）。
第 218 页：参本版第 29 页注。

阿尔伯特：[35] 我相信。不过，维特，你听着，在最后一封信中，你要是写了这些那该多好，而你却选择了轻生。

就这样，两人说着便去共进晚餐了。
几个月之后，维特和绿蒂完成了婚事。他们终日沉浸在爱河，温暖、光明如他们终日沐浴其中的春日。他们仍一起阅读莪相的诗歌，但不再读塞尔玛（Selma）的吟咏或明眸如水的达尔-图拉（Dar-Thula）的悲情谢世，而是关于迷人的科尔娜-多娜（Colna-Dona）爱情的充满喜乐的情歌，"她的双眸好似轮转的明星，她的玉臂洁白如浪花泛起的泡沫，[36] 她的酥胸高高隆起，宛若平静的海面卷起的浪花"。

[尼柯莱注] 第192页及以下：参本版第24页注。

十个月之后，他们诞下一子——这是难以言表的欢愉的表达。

维特君之烦恼

[39] 生产十分艰难，给绿蒂产后造成了极大的痛苦，把她推到了生死的边缘。维特也因悲痛而无法自已。但这却不是一个人因为无法企及所希冀之物，因而意欲自我毁灭的自私自利的痛楚。它是一种社交的痛楚，以同情为基础①，既欲给予亦欲获得安慰。

绿蒂这位温柔的母亲由于过度虚弱而无法哺乳婴儿，所以请来一位奶妈。[40] 一个出于兽欲、感染了隐疾的魑魅，害了孱弱的婴儿，这个无辜的小家伙继而又毫不知情地害了慈爱地爱抚他的母亲。

当维特从医生那里获知这一可怕的真相时，连连以头抢

---

① [译注] "同情"（Mitleid，张黎先生译"怜悯"），亦是"通信"中的核心概念，三位朋友之间的讨论可以说是围绕"同情"而展开的。尼柯莱在通信中的立场见《关于悲剧的通信》"编辑手记"。

地喊道："上帝啊！你还留着我做什么！以前我以为，无法拥有绿蒂，这样的痛楚即是最大的了，即是强烈到人之自然难以承受的了！"

阿尔伯特安慰他道，你能承受这一巨大的痛苦的，朋友。你以前是个懦弱的家伙，但现在已经是个男子汉了！时常被你轻视的社交也会赋予你力量。在你扣动扳机的瞬间，你只想着自己，全然不理会你的母亲会因之而心碎。

[尼柯莱注] 第 22 页：这加强了我的决心——今后仅以自然为本。[DKV 28/29，中译第 8 页]

经过漫长且痛苦的治疗，绿蒂算是与死神擦肩而过，但是孩子却没有保住。[41] 维特也经受住了这场灾难，适应了痛苦。是呀，他也得学着去承受悲戚和忧愁。维特从父亲那里得到的遗产少得可怜，而且未曾寻求开源节流。而母亲今已心力交瘁，他不忍心再向她奢求什么。妻子的患病使家里的生计变得拮据不堪。

维特不得不谋一份工作。机会不错，阿尔伯特帮他找到一份，并教他如何去经营。这里多一个连词或者少一个倒装，他现在也不关心了。他得去观照他人而不是反过来，这才是目前的正经。无论拉帆还是行船都需要力量，这样才能走得更远，这一点得到了证实，当然，这也是他早已知晓的。

[尼柯莱注] 第 119 页：任何一个"和"字，任何一个连词都不能缺少，特别对我偶尔写出的倒装句，他更是恨之入骨。[DKV 126—129，中译第 52 页]

第 117 页：相反，尽管软弱无力，但我们只要坚持不懈地紧张工作，就常常能发现，虽然信马由缰，避风躲浪，也比那有着风帆和桨橹的人走得更远……［DKV 126/127，中译第 51 页］

［Grützmacher 注］倒装句：句子中的词语倒换。尼柯莱在此讽刺天才时代和狂飙突进时期逆反的倾向，此为新生代表现性散文的标志，与唯理主义严格遵守语法规则的风格相对立（参 E. Trunz 注释，"汉堡版"卷六，第 3 版，1958，第 570 页及以下）。

此外，他还认识到先前不懂的，比起疯狂不止的激情怂恿下（漫无目的地）爬一座陡峭的山峰，［42］穿过一片无路可循的森林，穿越荆棘和灌木，并摸索出（通往虚无的）路径，承受公民不可推卸的社会关系则要耗费更大的精神力量。使尽浑身解数想要在周遭开天辟地的人，一旦发现自己只是个造物，便只有忧伤嗟叹了。那是钻心的痛苦，很少会使人有好的心绪。

绿蒂很为抑郁的维特担心，想让他与以往一样，每次注视她美丽的双眸，便可心胸开朗。而不是像眼下这样，见她怏怏不乐而不理会，这是从来没有过的。如今，维特不得不为生意而出差，整日守在他的小屋里。另外，他离开她也因为自己也有些不愉快的心事，他不想使绿蒂伤心。

［尼柯莱注］第 100—101 页：攀上陡峭的山壁，穿过无路可走的森林，在弄伤我身体、撕碎我衣裳的灌木荆棘中开出一条路径！这样，我的心中会好受些！［DKV 112/113，中译第 45 页］

第 157 页：我痛苦万分，因为我已失去了生命中的唯一欢乐，而这正是我用来创造周围世界的神圣的、使人振奋的力量。[DKV 178/179，中译第 74 页]

绿蒂是个善良的女子，只不过未能理解维特的用心，她看他总不守在自己跟前，便闹起性子来。［43］爱恨交加的绿蒂威胁说：亲爱的维特，你若是不常常伴在我身边的话，那我便自己另觅伴侣了。

就在这时候，出现了这么一位浪荡青年：饱读诗书，高谈阔论时能随手拈来，特会饶舌，扯一些最时新的、第一手的见闻，各国民歌，历代戏剧，二十年的内容他可以浓缩在三分钟讲完，真是个从魔窟里来的小精怪。他也会经常批评巴托，这方面维特自己也难望其项背。但是，这个家伙却和维特无法匹敌，既没有他脑子里的灵光，也没有腿上的脚力。他游弋在妇人中间，在这里脚没站定，又去那里蜻蜓点水，除了挠搔一下，手脚也不干净，从这里拿走一把香扇，去那边送上一副香奁。当然，他亲近绿蒂也是这样的。

［Grützmacher 注］浪荡青年似乎是影射歌德青年时代的友人棱茨（Jakob Michael Reinhold Lenz, 1751—1792）。［译按］可参看后人毕希纳所写中篇小说《棱茨》，中译见李士勋：《毕希纳全集》，傅惟慈译，人民文学出版社，2008，第243—280 页。

民歌，参尼柯莱《精致小年鉴》（*Eyn feyner kleyner Almanach*）。

二十年的内容，影射歌德的《铁手葛茨》等作品，这些作品与传统的戏剧创作手法不同，以莎士比亚为榜样，处理一生的生涯。

批评巴托，参《青年维特之烦恼》5 月 17 日日记。

巴托（Charles Batteux, 1713—1780）：法国文艺、文学理论家，其作品在德意志广为流传，被视作文学批评的准绳。贝尔特拉姆（J. E. Bertram）和施勒格尔（Johann Adolf Schlegel）将他 1746 年出版的《论美艺术》（*Les beaux-arts réduits à un mêmeprincipe*）翻译为德文（德文版，莱比锡，1770），其中，诸艺术被限制在亚里士多德式的、对美的自然的模仿原则。巴托也曾翻译贺拉斯和伊壁鸠鲁（1750，1758）。1765 年出版的《美科学导论》（*Cours de belles lettresouprincipes*）由拉姆勒（Ramler）译为德文，并附有注释，该作品在德国多次再版。歌德在《维特》中除了提及巴托，还提到伍德、德皮勒、温克尔曼、祖尔策以及海纳，这些人全部都是维特所轻视的理论家。因为对他而言，心才是最重要的感官。
[DKV 22/23，中译第 6 页]

绿蒂会喜欢上这位五陵少年，在目前来看不是难事，但她想要的是让维特痛心，[44] 他应该同以前一样去博得她的芳心，但这已一去不复返。那位浪荡子恣肆无忌，以为自己占有了绿蒂；而维特十分愠恼，绿蒂竟会喜欢上这么一个无赖。不久维特和绿蒂发生了口角，绿蒂不依不饶，二人相互嘲讽，直到事情一发不可收拾，两人彻底分开，绿蒂去了父亲那里。

绿蒂成日成夜地流泪，因为她从灵魂深处爱着维特，不想对他不公。而维特则攥紧拳头敲打着额头："唉！这种凄楚真是难以名状，非此非彼！我拥有绿蒂，却不得不说她不再爱我了。还是她爱着我，而我并不拥有她的时候让人好受些。"

维特君之欢愉

[47] 阿尔伯特因为处理侯爵的差事，在维也纳勾留了大半年。回来的时候，维特和绿蒂正好刚刚分开。

他见到了维特，维特把脸埋在沙发里——就是在这张沙发上,他曾与绿蒂一起吟诵莪相的诗歌。

"现在,同你的妻子还好吗?"阿尔伯特问道。

维特一见到是他,立刻叹息道:"唉!不要再提女人了。都是虚妄的,一切都那么阴晴不定!"说着,他咬了咬自己的指甲。

[尼柯莱注]第192页:参本版第24页注(中译第96页)。

阿尔伯特:[48]维特啊,你又要做傻事了!好像这一切都不是因你造成的!你真是个笨蛋,还把那可怜的绿蒂给骗得团团转。我太了解绿蒂了,这个善良的农家女,风趣、虔诚,会玩一些小游戏,会开心地跳舞,当然,也会给小孩子们切面包,深爱着家庭生活,似乎她老早便知道,那尽管不是天堂,但毕竟是难以言表的幸福的源泉。那时,我爱着她,想要拥有她,因为我需要的就是这样的女人。紧接着你出现了,给这种生活方式定下了不切实的高调:应该说,净是些内心的感触,强烈的神经质,不加限制,毫无顾虑。我们对待自己的心如同对待一个病弱的孩子,任其所欲,随其所为。生活在遥远的未来,在那里,一个巨大的朦胧的整体,静卧在我们灵魂前;我们渴望奉献出我们整个身心;

[尼柯莱注]第30页:她手里拿着一个黑面包,根据身边孩子们不同的年龄和胃口切成小片……[DKV 40/41,中译第13页]

第34页:我最喜欢这样的作家,在他那里我能重新发现我的世界,书中的情形就像我身边的情形,他讲的故事使我感到有趣、亲切,和我自己的家庭生活一样,当然那不是天堂,但毕竟是不可言喻的幸福的源泉。[DKV 44/45,中译第14页]

第 12 页：我对待我的心如同对待一个病弱的孩子，任其所欲，随其所为。Grützmacher 注：尼柯莱在此引用了很能代表维特的一句话。文中的前一行是"限制"（Einschränkung）一词，特伦茨（E. Trunz）说，该词指出了"整部小说的中心议题。普遍来说，维特的病灶正是人之局限，他想要抓住无限的事物，但总是碰到其界限"。（参歌德"汉堡版"卷六，第 564 页）[DKV 16/17，中译第 3 页]

[49] 让那唯一伟大且庄严的感情的全部欢乐充溢我们。温柔的女性贪婪地吞噬了它，当她沉醉于美好的幻觉时，便认定那是无上的幸福。

好极了，善良的维特，倘若虚幻绝不会停息，那么它也会好过真实。但是，它如今在你这里停止了，而那位好姑娘仍不断地沉醉着。你还纳罕，你们无法生活在一起？亲爱的维特，过度的、走了样的感触在诗歌中无伤大雅，但是它会让家务一团糟。可爱的小伙子！恋爱是人之常情，只是你必须像常人那样去爱，要考虑着你们的能力去爱，并且要把握好中道。你若一旦使姑娘有所渴望，她便会在享乐中自缚困厄。两年前也许就有人给你说过这些了，不过现在并没有什么两样。

[尼柯莱注] 第 46 页：一个巨大的朦胧的整体，静卧在我们的灵魂前，我们的感觉如同我们的眼睛在其中变得恍惚。啊！我们渴望着献出我们整个身心，让那唯一伟大而庄严的感情的全部欢乐充溢自己。[DKV 56/57，中译第 20 页]

第 61 页：……我们应该像上帝对我们那样对待孩子，当上帝让我们沉醉于美好的幻觉中时，他也就使我们得到了最大的幸福。[DKV 72/73，中译第 26 页]

第 22 页：这时来了个庸人，一个供职于衙门的男人，对他说："可爱的小伙子！恋人是人之常情，只是你必须像常人那样去爱！"[DKV 28/29，中译第 9 页]

维特：[50]你这番无关痛痒的迂阔之论，带着它见鬼去吧！

阿尔伯特：如果我所说的是虚假的话，那就当作耳旁风吧。

阿尔伯特驱车前往绿蒂那里。绿蒂哭得极伤心，呼喊道："所有的男人都那么不忠，要是我曾料想过维特会抛弃我该多好！！！"

阿尔伯特：好姑娘，镇静些，想想你自己，是否也难辞其咎呢？维特也不愿忍受乳臭未干的小姐啊。还记得当时维特追求你的时候，我心里的五味杂陈吗？绿蒂啊，你也有过错。男人是不喜欢被戏弄的，使小性子也不会让爱失而复得。你还像以前那么爱着维特，维特也爱着你，这样不好么？你还爱他吗？

[尼柯莱注]第83页：我想中止谈话，因为没有比这种论调更使我气恼了。我是敞开心扉说话，而别人却用一种不关痛痒的迂阔之论来应付。[DKV 96/97，中译第38页]

[51]绿蒂又伤心地大哭："你问我是否还爱他？上帝呦……"

阿尔伯特把维特接到了猎庄，绿蒂的父亲——那位侯爵的老管事，把维特数落了一番，绿蒂流着泪，原谅了维特。他们相互拥抱，然后冰释前嫌，一起返回住所。

吃一堑长一智，一些细小的操之过急使他们更加慎重，他们现在充分地享受着家庭生活带来的欢乐，这只可深深体味，难于言表。你侬我侬和相互信任让他们的欢乐愈加幸福。维特又——天知道有多快活——挽着爱妻的胳膊，盯着她那真诚地洋溢着最坦率、最纯净的欢乐的双眸。他打理生意，绿蒂教育孩子，他们的生活就这样，如静谧的溪流缓缓流淌——虽然不似诗情般的画卷，或汩汩的激流，但对这对眷侣而言也再相宜不过了。

［尼柯莱注］第39页：我们跳着穿过队伍，天知道，我有多么快活。我手挽着她的胳膊，眼盯着她那真诚地洋溢着最坦率、最纯净的欢乐的眸子……［DKV 48/49，中译第16页］

［52］经过勤劳肯干和精打细算，十六年后，两人过上了富足的生活。维特如今又可以脱离辛苦的工作了，于是，他买了一小块农庄。这座庄园坐落在长满高大的榆树和经年的橡树的山腰上，那里只有间小屋，四围都是肥沃的农田，还有一块花园。花园里的参天大树下是一口井，向岩石往下约莫二十个台阶那么深，一如维特所中意的那样。他就在这里落了脚，再次享受着一个人把自己亲手栽种的卷心菜端上餐桌时的那种纯真快乐；此时可不单单是这卷心菜，还有那播种的美丽清晨，那浇水的可爱黄昏，那些为不断生长而感到喜悦的时日，这些都在这一瞬间享受到了。

[尼柯莱注]第10页：你走下一座小丘，来到一拱形建筑前，再往下走二十级台阶，便有一股清澈的泉水从大理石岩缝中喷涌而出。[DKV 16/17，中译第3页]

第48页：我真快活，心中还能感受到一个人把自己亲手栽种的卷心菜端上桌子时那种纯真的快乐：此时端上桌的，可不单单是这卷心菜，还有那播种的美丽清晨，那浇水的可爱黄昏，那些为不断生长而感到喜悦的时日，这一切都让我在这一瞬间再次享受到了。[DKV 58/59，中译第20页]

因为绿蒂在菜地里种了蔬菜和根茎植物，这些东西摆满了简单的农家饭桌。[53]维特需要料理的是果园，孩子们则给自己种了一畦郁金香，还有可爱的银莲花。

一切本来都其乐融融，直到有一天来了这么一位先生：他曾浪游英伦，乘船渡过布里奇沃特公爵运河①，游览过坐落在山下和厄威尔河之上的斯托（Stowe）庄园②，听到过钱博斯讲中国皇帝的庄园如何如何，不可思议并且阴森恐怖，真是件乐事。此外，这位先生回来时并不比他出国之前精明许多。他腰缠万贯，想要搞一些原创性的东西：在不是东方的地方建一座东方情调的花园。如果他在吉达生活的话，就会照着勒诺特尔的草图造一座凡尔赛宫出来。于是，他买了维特庄园上面的山头，大兴土木，盖的尽是些与众不同、稀奇古怪的东西，比如，曲折的波浪形走道、深潭、庙宇、佛塔、荒寒景致。

[Grützmacher注]钱博斯（William Chambers，1726—1796）：1755年起为伦

---

① [译注]布里奇沃特公爵运河是英伦最古老的运河之一，将沃尔斯利（Worsley）和曼彻斯特的产煤区和梅西河（Mersey）连接起来。
② [译注]厄威尔河（Irwell）为英国兰开夏郡（Lancashire）梅西河的支流。

敦宫廷建筑师，在英伦的园林建造中引入了东方风格，主要使用的是中国风。对于持情感美学立场的钱博斯而言，园林与普罗的大自然的区分，应该像英雄诗歌同散文的区别。其广为流传的《论东方园林建筑》（*Dissertation on Oriental Gardening*, 1772）早在 1775 年便在 Gotha 被译为德文版出版。

吉达（Dsjidda）：或 Dschidda，红海沿岸的港口城市。

勒诺特尔（André Le Nôtre, 1613—1700）：路易十四时期的园林建筑师，法国巴洛克园林的建造者，强调严格的主轴线之规律性（比如凡尔赛宫、圣克卢宫、尚蒂利）。德意志的众多园林亦遵循此原则（如慕尼黑的施莱斯海姆宫、宁芬堡宫、维尔茨堡王府、无忧宫、美泉宫，等等）。

维特的小屋：在歌德这里，这一感伤主义的口头禅出现在维特 5 月 26 日的信件开头：你早就熟悉我的脾性，愿在任何一个喜欢的地方搭座小屋住下，条件简陋一概不顾。特伦茨（同上，第 565 页）称"小屋"为"田园生活、温柔乡和自然生活的理想苑囿的图像主题"（也参 W. Rehder, "歌德小屋的象征"［Das Symbol der Hütte bei Goethe］, 载 *DVjs* 15，1937，第 403—423 页）。

［54］大功告成之际，他还想让他的花园百兽成群，就如同中国皇帝的做法，一切都要真切自然。他买来许多狗，把它们装扮成狼，把塞浦路斯猫扮成虎，给绵羊涂上黄棕色扮成猎豹，把鼩鼱扮成白鼬。这些野兽漫山遍野撒欢，造访了维特的果园，在果树间蹭掉了挂在头上的面具。好在这些动物可以被赶走，维特倒不是很在意。谁知道那位富有的怪家伙又开始了伟大的工程，他将山对面的一条河流用水车引到高空，这样他便在这边有了一条从山上陡降而下的瀑布。这使得他欢呼雀跃，乐不可支，灵魂亦为之摇荡。看哪，波涛激荡的水流是如何自上而下汹涌而至，在上百岁的橡树间流淌，越过岩崖泛起浪花。正如我们所预料，维特的花园遭

了殃，树木被悉数裹挟了去，那间小屋也被连根拔起，[55]大水洗劫了肥沃的菜田和可爱的花圃。

［尼柯莱注］第23页：亲爱的朋友们，这是因为河岸两边住着些不动声色的先生，他们担心自己的园亭、花坛和菜圃被毁于一旦，懂得未雨绸缪，便于及时筑堤挖沟。[DKV 28/29，中译第9页]

绿蒂见状直扯自己的头发，孩子痛哭流涕，这时，经历过许多事的维特已变得从容不迫。他讶异了一会儿，自言自语道：这家伙确实是个天才！不过，我也发现，天才是个糟糕的邻居①。天才自说自话时，自己心旷神怡；一旦做出天才的举动，简直就是他人的灾难。瀑布的确活泼可爱，可我那间同妻儿一起享用黄油面包的小屋，我的菜田、果树、花圃，也不赖呀。再说，我也乐见他们有这等口号：胆大无边，气冲霄汉，奋力不懈，无所顾忌。多么悦耳！[56]我们也不愿妨害天才，因为那位爱好庄园山墙纹饰的家伙富贵逼人，抱怨也不起什么作用。要是我们可以避开天才该多好！

他拜访了这位富有的邻人，握了握手，然后从容不迫地说道，我的邻居，您看看您的瀑布在我的园子造成的破坏。我是可以起诉您，但这又有何助益；您要是愿意买下我那庄

---

① ［译注］莱辛在1775年2月8日回复维兰德的信中重申此句。并指出尼柯莱的维特虽然不比歌德的维特更好，但是更明智。值得注意，此处的"更好"应该指的是诗学意义上的。而"明智"[klug]则有实践智慧上的考量，即实践哲学意义上的 phronesis 或 prudentia [审慎]。莱辛戏剧《更好的维特》的计划呼之欲出。

园,我就搬走,随后您要怎样放任自流悉听尊便。

"说得好!"这位邻人惊呼道,"我明白了,您是位中意伟大事物的人!您看看那些树连根拔起躺在地上,那小屋的屋顶倾颓在一旁,卷心菜漂流其上!嚯,我的邻居,园中的自然远非那鄙陋的艺术所能比肩,这样一幅景象,让此刻的我——[57]除了您能想出并叫它炼乳之外——感到词穷。"就这样,在未做任何请求的情况下,他主动付给维特比庄园本身价值更多的报偿。

维特拿着钱,心里嘀咕:根茎长在地上,苹果挂在枝头,这也是自然呀。随后,他又买了一块庄园,房屋建得精美,屋前是个坪场,场中植有两棵菩提树,与瓦尔海姆教堂前的一模一样。今天,维特仍与绿蒂,以及他们的八个子女,幸福美满地居住在此地。人生阅历和冷静沉着的考虑教会了他,不再反复去咀嚼命运安排给他的少许痛苦。相反,而是怀着内心的感激之情,领受上帝倾注在他身上的喜乐。

[尼柯莱注]第20页:离城约一小时路程,有个去处,他们称它为瓦尔海姆。[DKV 26/27,中译第8页]

第6页:我要,亲爱的朋友,我向你保证,我要改弦更张,不再如往常那样,反复咀嚼命运安排给我的少许痛苦。[DKV 10/11,中译第1页]

第159页:不过,唉,我感受得到!尽管我们热烈地乞求,上帝不会赐予我们雨露和阳光!可为什么那令人想起就痛苦难熬的过去时光如此幸福?那是因为我如此耐心地等候他的圣灵,怀着内心的感激之情,领受他倾注在我身上的欢乐。[DKV 178/179,中译第74页]

[58]对并非盲目的运命,而是善与正义的天命之路的

思考，使得维特迟钝的感官重新变得明快开朗，极度紧绷的神经也松弛下来，恢复了他以前曾享受过的心灵之充实。

维特又能够躺卧在飞流直下的溪水边和茂密的草丛里了，感到自己的心更贴近地上叶茎和千姿百态的小草之间无以计数、神秘莫测的各类虫豸，感受到全能者的存在，感受到博爱世人的上帝的气息，是他按照自己的形象创造了我们，支撑着我们，护住我们在永恒的欢乐中翱翔。重要的是，他不会走向毁灭，不会在这些景象的威力下慑服绝命。

［尼柯莱注］第159页：人的命运除了注定要受完他的那份罪，饮尽他的那杯酒以外，还有什么？［Grützmacher按］尼柯莱的引用不能确定，也有可能指的是前面一处，参本版第57页注。［DKV 180/181，中译第75页］

第125页：我的知觉多么迟钝！我的心灵没有一刻充实，没有一个充满泪水的幸福时刻！［DKV 134/135，中译第54页］

第9页：我感到自己的心更贴近叶茎间这个喧嚷的小世界，贴近无以计数、神秘莫测的各类小虫。这时，我便会感到全能的上帝的存在，感到那博爱天下的上帝的气息，是他按照自己的形象创造了我们，把我们支撑，并护住我们在永恒的欢乐中翱翔。［DKV 14/15，中译第3页］

第10页：但我会由此走向毁灭，我会在这壮丽景象的威力下一命呜呼。［DKV 14/15，中译第3页］

［59］因为绿蒂和他们的八个孩子——这是上帝给他最好的馈赠——一直伴随左右，与他一同感受融融之乐。每当他火急的脾气中烦乱心绪要浮起来，一看到这些健康可爱的人儿幸福从容，为父的坚毅而高尚，做母亲的堪称欢乐和美貌的模范，便立即变得平静。他们又重新培育了其他的花

圃，间以郁金香、水仙还有风信子。菜地在他们伴随着游戏的劳作下，也被郁郁葱葱的玫瑰花丛和茉莉花径围了起来，而园中小屋四周种着馥郁的香忍冬围篱，住房的阳面掩映在葡萄架下。

[尼柯莱注]第25页：我告诉你，我亲爱的朋友，每当我心神不定，一看见这样的人，烦乱的心绪便会变得平静。这种人乐天知命，满足于自己窄小的生存空间，安度时日，看见树叶飘落，只会想到，冬日即将来临。[DKV 32/33，中译第10页]

[60]汉斯道：哼，真该死！原来还可以这样结局。

马丁：那当然！还可以以千百种方式结尾呢。不过一旦人们一心要自杀的话，其他的方式就无济于事了。

汉斯：你的确在理，我不会自杀的！

《耶路撒冷哲学文存》编者前言、后记

莱辛

［德文编者按］布伦施威克著名神学家和新义论代表人物约翰·耶路撒冷（Johann Friedrich Wilhelm Jerusalem, 1709—1789）的独子耶路撒冷（Karl Wilhelm Jerusalem, 1747—1772），1770年至1771年任沃尔芬比特司法部门候补文官，自1771年9月起，为维茨拉司法部门秘书。持续的冷遇和一段不幸的情感遭遇，促使他于1772年10月30日自寻短见。他尤为爱好哲学，特别是莱布尼茨和门德尔松的作品，在维茨拉时仍旧在这上面用功。莱辛编辑的文存中的几篇文章估计在沃尔芬比特时已写成，从第三篇文章的引文可知。前两篇文章应该与1769年由柏林皇家科学院发起的有奖征文"论语言的起源"有直接的关联。1770年，赫尔德以其《论语言的起源》（*Abhandlung ueber den Ursprung der Sprache*）获奖，该文出版于1772年。与耶路撒冷

一样，赫尔德在文中也否认了语言的神性起源。第三篇论自由问题的文章是对当时的出版作品的呼应。后两篇文章明确是对门德尔松"关于感觉的通信"中的哲学观点的研究。

耶路撒冷的命运遭际很明显对歌德1774年创作《青年维特之烦恼》有影响，因为二者在莱比锡大学时代以及维茨拉那段短暂的时光便已相识。然而，在小说中，维特/耶路撒冷看起来却是"狂飙突进"狂热-重情运动的典型代表。鉴于歌德小说的人物很有可能对耶路撒冷的真实天性有所歪曲，莱辛——尽管有着巨大的年龄悬殊，耶路撒冷仍属于他在沃尔芬比特时期最亲密的朋友圈——早在1774年已觉得有必要通过出版一些哲学文章来"拯救"友人。莱辛在莱比锡短暂停留8天之后，魏斯（Christian Felix Weisse）在1775年3月4日致噶尔维（Christian Garve）信中提及此事：

> 他对《青年维特之烦恼》大为光火，并斩钉截铁地说，青年耶路撒冷的性格完全被扭曲了：他从来都不是一个多愁善感的傻瓜，而是一位真诚、好沉思、冷静的哲人。并说，他本人就有他几篇极为敏锐的论文，其中论及人的定命以及与门德尔松的《斐多》相关的文章，他很快就要写上前言编辑出版了云云。因此

事，他已经去信耶路撒冷的父亲并得到许可，但这还不能让其他人知晓。……（参 Daunicht 编，*Lessing im Gespräch*，第 588 号）

约于 1776 年年初，莱辛将这些附以"前言"和"附识"的文章编辑出版，并不单单是（如"前言"中明确说的）为了"拯救"友人。引论性的文字中同时也暗含了对刚刚兴起的"狂飙突进"运动及其天才崇拜的间接清算，结尾的暗示让我们可以看到莱辛本人在这些年的哲学思考。特别值得注意的是他所指出的"第二学说"（见下文），它应该是来回应那些可能对宿命论提出的哲学上的质疑，而宿命论正是耶路撒冷在第三篇文章中所代表，并由莱辛所赞同的。因而很明显，莱辛暗示出之后在《论人类的教育》《对坎培哲学对话的附注》和《人可能不只有五个感官》等文中更明确表达出的灵魂转世论假说，他对此假说表达了明确的同情。

他整理的文存修正了将耶路撒冷与维特这一人物形象相等同的流行做法，并表明耶路撒冷应被（至少同样地）视作一个启蒙时期具有清醒和独立的哲学头脑的人。这也反映在随后的书评中：

……莱辛先生通过编辑出版此文存为他那年轻却过早谢世的友人树立了一座纪念碑。这些文章多是曾经在作者和编者之间进行的学术对话的结果或者痕迹。因为在莱辛看来这些文章值得付梓印行,就首先不太可能有什么不妥的东西。这位思考者在文章中很能支配,以至于人们在阅读时不止一次地想要将其和哲学的沉思者混淆起来。今时今日那些不想在哲学中绞尽脑汁,自称为通俗哲人的先生们,是不会喜欢这个具有细致入微思想方式的作者的,对他们来说,我们的作者几乎在方方面面都是令人难忍的枯燥乏味。当然,与编者一样,他同样未奢望获得那些人的掌声。……(摘自 *Neue Zeitungen von gelehrten Sachen*, Leipzig, 1776 年 11 月 14 日;转引自 Julius Braun 编 *Lessing im Urteile seiner Zeitgenossen*, 3 卷, 1884—1897, 卷 2, 第 68 页)

赫尔德在说到莱辛时,也做过类似评价:

……他借助美妙的哲学之叶那常青的嫩枝,装饰了青年耶路撒冷的骨灰瓮……(见 Herder, *Zerstreute Blätter. Zweite Sammlung.* Gotha, 1786, 第 421 页)

《耶路撒冷哲学文存》编者前言

这里集结的文章的作者是那位德高望重的先生的独子，所有关心宗教的人都尊敬并爱戴那位先生。作者的路途是短促的，他的速度却很快。但是生活得久，绝不等于生活得多。若说唯独很多地思考才是生活得多的话，那么，对于我们而言，他的年岁就太微不足道。

每位父亲都可以体会到丧失这么一位儿子的感受，但是不被丧子之痛摧垮的，恐怕只有这么一位父亲。

当这位年轻人在沃尔芬比特开始他的市民生活时，他向我馈赠了他的友谊。我未曾经年累月地享受这份友谊，尽管如此，我不知道除了他的友谊之外，我还更想赢得谁的友谊。就此而言，我对他的认识还只是片面的。

我想，即便如此，虽只是一面，但从这一面也可以推断出其他许多方面；比如偏好、天赋，这是所有偏好都与之一致的偏好，这是不会排除任何其他天赋的天赋；只不过人们不愿看到他那里有许多其他天赋，而且即便看到，也会予以忽视。

这是对明确知识的爱好，是对真理追本溯源的天赋。这是清醒静观的精神①，也是一种温馨的精神，因而更值得珍重。当追寻真理而常常无法获得时，它不会因此而退却；不

---

① ［WB 注］是在清醒－理性哲学意义上所说的，用来反对热情和狂热。

会因为真理在面前的岔路上消失，自己一时无从探究，便怀疑它的可得而知。

因为我们之间很少，或者从未单独谈话，所以我们的对话总是立即进入正题。最临近的事物总把我们带往最远处。某些第一哲学的基本命题①，人们如今耻于谈论，对他而言却如同平常。他有一种特殊的偏好，喜欢将它们应用在生活中最普通的事物。当他在美学领域，在感觉的王国，遇到任何一个难解的现象，他最中意的便是追究这些基本命题。

我们的对话中多有争执，而且对此常常很少或根本没有确定的结论。但是，这又何妨？在任何时候，狩猎的乐趣总是大于捕获的意义②。那些只是因为每个人只从某个不同的位置所关照的真理而产生的争执，才是基本事物的一致性，才是相互尊敬最丰富的源泉，唯独男子汉的友谊建立在这种相互尊敬之上。

那些令人疲劳、使人憔悴、精神紧张的事物——虚弱的或者过于关心自己健康的人，十分乐意以此来诋毁这种研究的方式、人们情感的形成以及对美的事物的剖析——对他而言丝毫不是可怕之事。此外，对这个年轻的天才耳提面命教导这件事是多余的，或者，由于某个草率的文艺批评家偶尔得出一些不加检审的规则，而对他报以鄙视，在他看来都是

---

① ［WB 注］自亚里士多德起，"第一哲学"意味着作为第一原理和原因的科学的形而上学。
② ［WB 注］类似的表达亦见《第二次答辩》。［译按］参莱辛《历史与启示》，朱雁冰译，华夏出版社，2006，第 79 页。

拙劣的行径。难道不应该如此么？当人们将一些不可避免必须去遵循的规则视为主臬时，便是在欺骗，或者自欺；因为规则之类充其量只是人们应该听命的良好建议而已。天才不依凭它可以很好地创作，谁能否认这一点？但天才凭借它难道不能更好地创作？据说，天才永远只从自身中创造，但是他也至少清楚自己创造的是什么。当然，对人类骨骼的研究不会使人成为画家，但是对这种研究的疏怠则会让画家们自食其果①。

这位年轻的沉思者如何真实地不改他的感性、热忱和积极，如何是位人中豪杰，这一点我想他的其他友人比我了解得更多。我会相信他们说的一切。习惯于以明确概念自以为是的人，很容易就会跌入明晰的概念②，并且在这里草草了事。

---

① ［WB 注］此段是对"狂飙突进"运动的天才崇拜及其非理性主义和主观主义的重要清算。在莱辛看来，天才虽也是自我创造的，但是，它的出现是与理性和意识以及对通用的（美学－诗学）法则的认识和遵循分不开的。有关莱辛的天才概念参《汉堡剧评》，尤参第 30、34 篇。［译按］中译参《汉堡剧评》，张黎译，上海译文出版社，1981，第 157—161 页、第 178—182 页。

② ［WB 注］早在笛卡尔那里（《哲学原理》第 1 章第 45 条原理）便有了这种区分，18 世纪哲人沃尔夫多做此区分。他将朦胧的（dunkel）与明晰的（klar）概念区分开，并在明晰的概念中又区别明确的（deutlich）和非明确的（undeutlich）概念。尤参氏 1713 年出版的逻辑学作品《对人类理智的力量及其在对真理的认识中正确使用的理性思考》（*Vernünfftige Gedancken von den Kräfften des menschlichen Verstandes und ihrem richtigen Gebrauche in Erkäntnis der Wahrheit*），此处引自第 14 版（Halle, 1754）第一章：§9，当我们的概念足够充分重新认识那些再次出现的事物，当我们知道，这是同一之物，它的名字叫某某，我们在某处见过。那么，它就是明晰的：相反当它不能够重新认识此事物，则是朦胧的，等等。§13，我们的概念若明晰，那么，我们要么能够给别人说出我们借以认识某物的特点，

可是，当我说，这位热情激昂的人并不总是喷吐电光和熊熊燃烧，相反，他也会在静谧温和的余烬中重新吸取养料；这颗总是忙碌的心不会去以损害更高尚的力量为代价而劳碌；还有，没有热的光与没有光的热同样都不能使这颗头脑感到满意①。当我说这些时，他们当中的一些人为何不愿意相信我的话呢？

笔者除了在这里将他那敏锐理智的余烬公之于众，给喜爱他的人在纪念中获得他完整的形象之外，别无他求。谁还会苛责我？或者说，若我能希冀彼岸世界小小的谢忱，有这样的愉快，我还会把谁人的苛责放在心上呢？

不过，这些遗作的内在价值要在一些人面前替我辩解还远远不够，对他们而言，我的年轻友人微不足道，他们眼下单单在他身上搜寻作者的踪影，而他的作者形象正是我——与其说让他冒险，不如说是我自己冒险——赋予他的。关于

要么至少我们自己可以逐一设想这些特点，要么我们发现自己无法做到这些。在第一种情况下，明晰的概念是明确的，第二种情况下则是非明确的，等等。沃尔夫在1720年的《对上帝、世界、人的灵魂或者所有根本事物的理性看法》（*Vernünftige Gedanken von Gott, der Welt und der Seele des Menschen, auch allen Dingen überhaupt*, Halle）中表述得更为明确，此处引自1751年第11版，第3章：§198，有些思想的特点是这样，以至于我们完全知晓，我们想的是什么，并能将它们与其他的思想区分开来。故而，我们就说它们是明晰的，等等。§199，相反，当我们自己不能准确地知晓，我们应该对此做什么，我们要思考什么。那么，我们的思想便是朦胧的，等等。§206，同时，我们能够确定我们所想的事物的区别，并且可以根据需要告知他人。故而，我们的思想便是明确的，等等。

① ［WB注］莱辛在这里暗指耶路撒冷的双重天性：一方面是情感与狂热（"热度"），另一方面是清醒的理性和启明（"光"），以此达到"拯救"耶路撒冷的目的。

文章的内在价值，笔者希望读者诸君容许我在文章末尾再做进一步说明。

此处不再赘言，我希望诸君可以猜一猜究竟。

［正文：一、论语言不可能通过奇迹传达给第一个人类；二、论普遍和抽象概念的自然和起源；三、论自由；四、论门德尔松关于感性愉悦的理论；五、论混杂的感觉］

《耶路撒冷哲学文存》编者后记

这些文章的素材常常是我们多次对话的材料。眼下要是能回想起所有曾得出结论的东西，我或许会提供一些并非无足轻重的附注。这些附注不是独属我们二者中某个人的，而是我们二人共同所有的。这就像所有并非由苏格拉底引起并悄无声息引导①的友好交谈的结论那样，是可想而知的。略记如下。

第一篇文章与当时柏林科学院"论语言的起源"的有奖征文有关。我认为，他足够令人信服地证明了他所应该证明的，即，语言不会是通过奇迹传达给第一个人类的。因此呢？人们可能不会相信作者接着很快便得出的结论：因而，人自己发明了语言。这意味着跳过了一个前提，它不借助于

---

① ［WB注］暗示柏拉图的"对话"，苏格拉底在其中通过巧妙的询问，即"苏格拉底方法"，逐步地导向共识。

奇迹也完全是可行的,并且毫无疑问,这就是那些否认人们自我发明语言的人尤其想说的。语言可能是被教授给第一个人类的:如同现在所有的小孩一定会获得的一样,他也可以获得。人们会问,以何途径?通过谁?答案是,通过与更高的造物的交往,通过造物主自身的俯就,赞成这种观点的人会如此回答。他们会说,就让这种交往、这种俯就本身就是一种奇迹吧,通过这一奇迹所造成的并不是奇迹,一切都是那么自然地发生①,就像小孩子牙牙学语时那样。若人们想就这样草草搪塞过去,一定会对此心满意足。不过事实是,这样一来,整个有关语言起源的论文就无法再提供纯粹的哲学解答,因为中间情况会由历史原因②所证明或舍弃。哲人最多只能给出一个微不足道的或然性(Wahrscheinlichkeit):即或然性本身。即便我们承认,人们能够自己发明语言;尽管在语言发明之后,就像人们所料想的,一定有很长一段时间,或许许多个世纪过去,但这更符合造物主的善好,是为了那些人的至善——他们在那段没有语言的时期过得是如此艰难,以至于难以称其为生活的生活——不让他再循着那条缓慢的完全自然的路径,而是去选择那条受教的道路③。然

---

① [WB注]与此相反,奇迹则包含了超自然的上帝的介入。
② [WB注]对于有关纯粹的历史性论证的影响,可参莱辛《论圣灵与大能的证明》。[译按]中译参朱雁冰译《历史与启示》,华夏出版社,2006,第64—70页。
③ [WB注]与此处对于语言看法相同,莱辛在后来的《论人类的教育》中也将自然的历史发展和神性的指示相联系,作为"启示"的后者使得历史中更快地进步成为可能。[译按]中译参朱雁冰译《论人类的教育》,华夏出版社,2008,第99—132页。

而，在由上古历史编纂者保留的传统中有多少要归于或然性，在那部对所有理智而言仍然极富价值的经书①中对此又有多少指点和暗示，对这些进行条分缕析地澄清，总不失为一项有趣的探究。不过，对于哲人而言，它并不是一项研究，没有什么能迫使他们参与其中。一旦哲人证实了语言并非通过奇迹传达给第一个人，并说明奇迹是如何并以何方式而非以其他方式必然导致语言的发明，同时补充说明，这一发明的扩充和发展能够减轻什么和加快什么。只有这样，他就不仅做到了大家所期待他做的一切，并且对结论做出了足够的预防，一些人很乐意把高阶教科书的假设用于这些结论。

　　同样，第二篇论文也是在同样的契机下写成的。它应该会为改善最主要的一个困难开辟道路，人们常常认为这些困难阻碍了语言的自然形成。原因是，若没有一般概念的符号，语言是无法想象的，再者，一般概念又是艰辛的抽象的结果，而抽象离开象征性的符号几乎是不可能的。因而人们会说，要发明语言，人一定是已经拥有语言的。依据本文存作者的解释，要获得一般的概念完全不需要抽象，如果人们采取了他的解释，就会从上述循环中陡然脱身出来。因为，即便也假设这一解释并不能适合所有一般概念，但是它一定适合这些概念的大部分。这对于他想要拿来应用的足矣。在

----

① ［WB注］所指的是《圣经》，在这里它对语言形成的指示同在《论人类的教育》中一样谨慎地被描述为"指点或暗示"。［译按］中译见第114—116页。

所有情况下，即那些相似之物很快被感官获得，而非相似之物却不能被轻易注意到时，一般概念便得以产生，在这之先我们还没有要通过区分来形成类似概念的意图。故而，对于此区分而言，语言中的符号和在个别事物中同时出现的符号一样早，这一点是自然而然的。也许更早。比起橡树、冷杉树、菩提树，树肯定有更古老的起源①。

第三篇文章表明，尽管作者表达出来了一种学说②，但是该学说因为它危险的后果而名誉扫地，如果人们可以很容易习惯于将这些结论本身以其所表现出那样的视线来审视，该学说也许会更普遍。如此解释了美德和恶行，接着使赏罚得到限制。试问，当人们否认了我们的自由时，我们还会失去什么？是某些我们不需要的东西——即便它有点儿价值，也无非是我们在此处的劳作和彼处的喜乐中都不需要的东西，是某些你去占有了，比起不占有所带来的情感要更加不安和忧虑的东西。至善这一概念之所以起作用，所依据的是强制和必然性，比起那些在同样情况下以不同策略予以应对的空洞的能力，前两者是多么令人喜闻乐见。[因为]我不得不行善，不得不行至善，为此，我感恩造物者。如果我自己在这些框架中又有一些失误，那么，当我只沉湎于自身时，会发生什么？或者只沉湎于不以任何法则为准的盲目的

---

① [WB注] 此为一无从证明的有关一般概念早于具体概念的假说。
② [WB注] 指的是宿命论，是对意志自由的否定。

力量，它正好使我屈服于在我内部起着作用的偶然①，那么会发生什么？总之，这一学说从道德方面来看是遮蔽着的。不过，静观审视是否还能对此有其他微词？还有，这些异议只能由另外的、对普通人而言同样陌生的学说②来改善。上述这些就是曾经常常延长了我们对话的内容，在这里用只言片语难尽其意。

在第四篇文章中所说的，现在来得似乎有些晚了。门德尔松先生本人在他的哲学作品集新版中③，在对"关于感觉的通信"的附识中（［莱辛注］第24页），已经提到，感官乐趣与改良的躯体特性的情感是不同的，其特性是被作为观众的心灵来感受到的。作者补充道，就连心灵中和谐的感觉也要依据心灵和躯体的关系，同官能肢体中的和谐活动相称。不过即便我们文存作者的问题"心灵是如何知道躯体处于了一种改善的状态的？"从上面的附注得到了解答，那也是说明了这一问题是有道理的。这个附识有多必要，这一问题便有多么尖锐。当他经过深思熟虑，无疑会收回那两个搞错的发现（［莱辛注］第61页），但对于这个问题他应该还

---

① ［译按］在莱辛这里，偶然（Zufall）和天意（Vorsehung）是同义词。可参 Hugh B. Nisbet, *Lessing. Eine Biographie*, Beck 2008, 第842页。
② ［WB注］莱辛后来在说到灵魂转世时，也提到某种"学说"（System），并称其为"所有哲学学说中最古老的"（参《人可能不只有五个感官》，WB版卷4）。
③ ［莱辛注］1771年版，我们的文存作者未得见之。［WB注］门德尔松（1729—1786）的《论感觉》初版于1755年，随后收入到1761年"哲学文集"第一部分，在第二部分中已经由许多重要的补充，题为《随想；或"关于感觉的通信"附识》，这在1771年新版时再次修订过。在莱辛看来，耶路撒冷并未曾看到过这个新版。

是会坚持的。

  第五篇论文应该也是要进一步确定一些个别的命题，仔细斟酌一些发现。比如，在我们永不再兴趣盎然地回忆那种由恼怒所导致的状态时，恼怒便不属于那些混合的感觉，是真还是假？不过，除此之外，这篇文章仍不失其价值。对客观性和主观性的区分很重要，我们的作者至少是对以下问题尝试做出解释的第一人，即相较于单一的愉悦感觉，为何混杂的感觉会更使人愉悦，更吸引人？只不过，这一点一直以来单单被当作无须争辩的发现为人们所接受罢了。

  文中一些不加修饰的地方并不会引起人们的反感，因为这些边边角角是这位雕刻师在他那因为离世而未能完成的作品中无奈留下的。人们会根据他在作品中最接近成品的部分来确定他的价值。

《更好的维特》残篇

莱辛

[译按] 拉赫曼（Karl Lachmann）首次将此残篇发表于所编的莱辛全集第二卷（1838）。好友尼柯莱与维瑟提到过莱辛拒绝评论歌德《青年维特之烦恼》一事。在莱辛看来，维特的原型耶路撒冷是一位冷静富有哲思的人，他们在沃尔芬比特相识，而且他后来也将耶路撒冷的哲学文章编辑出版。这也许会影响到莱辛的评价。该残篇约作于1775年。译文底本参考 Göpfert 编八卷本"莱辛作品集"卷二（Gotthold Ephraim Lessing. *Werke*. Band 2. Carl Hanser, München 1979）。

一幕一场

深夜，维特躺在床上，但是清醒着，并且满脑杂念和绝望。他坐起来要去点灯，好不容易点着了，很快又要灭掉，因为油不够。他想添点儿,瓶子里正好没有。干脆又去点上烟斗,想就这样在窗台边等着日出。不过,烟袋儿也是空的。就连瓷罐里也没有水。他不敢把使女叫到房间里来。虽然他隐约听到她已经起来了,但又担心她一会儿一定又累得无法侍候他。灯熄灭了,维特又上了床。

一幕二场

(玛尔特馨,维特)

关于《青年维特之烦恼》的通信

莱辛

1. 1774 年 10 月 26 日

亲爱的艾申伯格先生：

极为感谢您分享歌德的小说给我所带来的愉悦。[①]几天后我会提前寄回，让其他人也可以尽快享受这一乐事。

您难道不认为，这部新作如果要促成更多善好而非祸害的话，还必须再加一段精辟冷静的结语？在后面要有些许暗示，比如维特如何变成这样一位离奇的人物，其他天性中也秉有类似气质的青年又应如何使自己避免重蹈覆辙。因为，这些人会轻易地将诗歌的美误以为是道德的美，并且相信，那个令人们如此强烈地同情关切的人，一定是善良的。但是，他事实上并非如此[②]。当然，如果我们耶路撒冷的灵魂也曾完全处于这种状态，那么我几乎是要对他嗤之以鼻的。

---

① ［WB 注］即歌德小说《青年维特之烦恼》(1774)。
② ［译按］莱辛详细的表述可见《汉堡剧评》第 34 篇，中文第 181 页："……远大的目的，即教导我们应该做什么或者允许做什么的目的；教导我们认

您难道会以为，一个罗马或者古希腊的青年人会如此并因此而自决毁灭吗？肯定不会。他们很清楚以其他方式去规避爱情的狂热。苏格拉底那个时代的人们，几乎不会为某个女子去恣纵爱的耽迷①——这会激发人们铤而走险去做违反天性［译按：或自然］的事②。这种对不很伟大（kleingroß）、差可赏识的（verächtlich schätzbar）原创事物的生产，只是基督教教育所特有的，它懂得把身体的需求如此美妙地转变为一种精神上的完善。总之，亲爱的歌德，结尾再写一小段，越玩世不恭越好！

那篇论歌德《铁手葛茨》的文章简直不知所云③。如果您还有其他新东西，就再同我分享一下。

您最忠实的朋友
莱辛
1774 年 10 月 26 日
于沃尔芬比特

识善与恶，文明与可笑的特殊标志的目的；……还有一个目的，即在那些没有直接竞争，没有对我们直接威吓的题材中，至少让我们的希望和憎恶的力量借适当的题材得到表现，并使这些题材随时显现出其真实的面貌，免得我们弄得是非颠倒，该我们希望的却遭到憎恶，该我们憎恶的却又寄予希望。"

① ［译按］此处原为希腊文。
② ［译按］此处亦为希腊文。这里或许可以联想亚里士多德《尼各马可伦理学》（苗力田译，中国人民大学，1994）中的表述，参《尼伦》1116a10—15，中译第 60 页。
③ ［WB注］指的是施密特（Christian Heinrich Schmid；［译按］施密特［1746—1800］，作家、文学史家、埃尔福特和吉森大学演说术教授）的《论铁手葛茨》（1774）。

2. 1774年12月26日，致布伦施威克的艾申伯格教授先生

亲爱的艾申伯格：

您应该还记得，您曾借给我两篇小耶路撒冷的文章，并且我也知会过您，我也有同样几篇。最近几日我想起来去阅读它们，我不得不说，其中不乏珠玉。我若将其结集印行，① 您怎么看？不过，老耶路撒冷是否知晓他的公子曾遗留下这些文章？或者，我能否背着他做这件事，就好像这些文章是小耶路撒冷亲手赠予我的？当然，倘若我了解了您不会反对此事，我想就此事给他去信一封。

希望得到您对此答复的只言片语，越快越好。

您最忠诚的朋友

莱辛

1774年12月26日

于沃尔芬比特

3. 1774年12月29日

亲爱的艾申伯格：

非常感谢您分享的《秘密会议》，② 我在这里再次附上寄

---

① ［WB 注］1776年复活节，莱辛编《卡尔·威廉·耶路撒冷哲学文存》出版。
② ［WB 注］所指的是一篇戏剧讽刺作品，该作品讽刺教皇克莱芒十六世（1705—1774）死后的秘密会议，该会议自1774年开始，直到1775年2月15日方才以选出庇护六世（1717—1799）结束。作品题为《1774年的秘密会议》（*Il Conclave del MDCCXXIV. Dramma per musica* 〈...〉），作者为梅塔斯塔修（Pietro Antonio Domenica Bonaventura Metastasio, 1698—1782），谱曲来自著名歌剧作曲家比奇尼（Nicolo Picci, 1728—1800）。

回。您将其誊抄下来，这样的用功总是值得的。由于我对人物并不是很熟悉，在我看来，其中的一些写得既不睿智也不尖锐。

关于老耶路撒冷的事，您的建议是个好建议，对此我还要再次感谢您。您问，我目前要做什么？若我决定了您可能最不乐见的事，您自己也要担当的呀。除了设身处地站在老耶路撒冷的立场上，在考虑此事时我就想这么多。

今年的话，我就应该不会再过去布伦施威克了，明年年初的几天一定会去。给您那位年轻的伯爵①致以我最好的问候。

您最忠心的朋友
莱辛
1774 年 12 月 29 日
于沃尔芬比特

4. 1775 年 2 月 8 日

致维兰德

因为明天就得途经莱比锡前往柏林②，所以，亲爱的维

---

① ［WB 注］布兰科尼（Branconi）王储、侯爵之子弗斯腾堡（Carl von Forstenburg, 卒于 1793）伯爵曾在艾申伯格家住到 1777 年夏。
② ［WB 注］从穆勒（J. M. Müller）致柏林出版人弗斯（Voß）的一封未曾发表的信中我们得知，莱辛于 1775 年 2 月 16 日到达莱比锡。他于 2 月 20 日参观了《萨拉小姐》的首演，21 日参加了西勒尔（Hiller）的演奏会。

兰德，刚刚收到您的来信，还能处理您的朋友委托的事①。这里是我的答复②。

此外，我到时候从柏林给您回信，请您见谅。我打算在那里逗留几周，顺便忙里偷闲一阵，很久没有这样的雅趣。目前的情况就是这么多。

他人常常给您提起我如何如何敬仰您③，的确没错。很明显，在你我之间要达到最亲密无间的友谊，缺乏的只是面对面的交往。单纯的书信交流是不够的，无法促进更亲近的联络，尽管您对我发出了这样的邀请。

不过，亲爱的维兰德，让我加入您的《信使》④，您也考虑过这个问题吧？我对此越是满意⑤，便越无法做出在自己看来不去贬低它的决定。您希望我写什么样的文章呢？关于天才吗？今时今日，有些人已经将所有的天才据为己有，这些人我避之不及。写文学文章？但谁还会看这些东西。

前些日子，我心血来潮差点在您未约稿的情况下投出这样一篇文章，即我个人对欧里庇得斯《阿尔刻斯特》的一些

---

① ［WB 注］可能是贝尔图赫（Friedrich Justin Bertuch；　［译按］贝尔图赫［1747—1822］是一位魏玛的出版人、作家，尤以 12 卷本彩图版"写给儿童的动植物……图册"闻名）因为《堂吉诃德》的荷兰文译本版本而请教一事。
② ［WB 注］此信为第 1025 封信，今不存。
③ ［WB 注］此处的"第三者"可能就是贝尔图赫。
④ ［WB 注］文学－哲学杂志《德意志信使》（*Teutscher Merkur*）由维兰德创办，存在于 1773 年到 1810 年。得益于维兰德的纲领和优秀的撰稿人，该杂志取得极大的反响。
⑤ ［译注］即加入"信使"撰稿一事。

粗浅看法。是因受歌德那既幼稚又阴险的攻击的激发吗①？不过，我把这篇小东西按下未发，不也很好么，难道不是么？"这家伙是个天才，不过天才是个糟糕的邻居"，尼柯莱很在理地在他那尽管没那么好，但是却更明智的《维特》中如是说②。

总之，我到了柏林再写信详谈！亲爱的维兰德，友谊长存。我会是您永远的朋友。

莱辛

1775 年 2 月 8 日

于沃尔芬比特

---

① ［WB 注］1773 年，维兰德在 1773 年发表了一篇名为《阿尔刻斯特》（*Alceste*）的歌唱剧，随后在"德意志信使"第一卷评论了欧里庇得斯的《阿尔刻斯特》，其批评方式促使歌德于 1774 年写出了由棱茨（未经歌德允许）出版的讽刺之作《诸神，英雄与维兰德》（*Götter, Helden und Wieland*），在这部讽刺性的死者对话中欧里庇得斯和阿尔刻斯特也都出场。莱辛本人自 18 世纪 50 年代起便多次研究过欧里庇得斯的《阿尔刻斯特》，他在信中说的"粗浅看法"没有流传下来。也参 Ricahrd Daunicht 编 *Lessing im Gespräch*，1971，第 600 号。

② ［WB 注］尼柯莱《青年维特之欢愉》，第 55 页："这家伙确实是个天才！不过，我也发现，天才是个糟糕的邻居。"

泛神论之争

致莱比锡莱辛硕士先生的公开信

门德尔松(Moses Mendelssohn)

最亲爱的朋友:

[83] 在您离开柏林之前①,我许诺了两件事情:要将卢梭那部出色的作品《论人类不平等的起源》译为德文,并且要为这篇译文附上我个人对这位盖世大智古怪想法的思考。第一个许诺我已尽我所能完成了,译事令我极为满足,超出了我的期望②。作者以其神乎其神的雄辩为一件更好的事物做了辩护。我私下里想,卢梭,这位卓越的大人物,难道出于对古怪想法孩童般的热爱,采取了看起来无疑与一切道德相悖的看法?为何这样?抑或,当他用那让人着迷的雄辩的

---

① 莱辛于1755年10月离开柏林,前往莱比锡。[译按] 本文注释若无特别说明,皆为施特劳斯为"门德尔松纪念版全集"(卷二,Fritz Bamberger/Leo Strauss 编,1931)所注。
② [译按] 据德国诗人魏斯(Christian Felix Weiße, 1726—1804)说,1760年初春,他在拜访卢梭时,曾将门德尔松的译本以及门氏的《斐多》递交给卢梭,卢梭请求魏斯讲述犹太人门德尔松的状况,并称愿意找人把门德尔松的评论译为法文进行阅读,因为它出自一位犹太人之手。参 Christian Felix Weiße, *Selbstbiographie*, Leipzig 1806,第73页。

火焰——尽管违反我们的意志——将我们引向最远离人类思维方式的方向,他想要创造更大的奇迹?断不可能!我们可以从他作品中绝对可靠的特点,辨识出他发自内心的言语——这个正直灵魂的强劲魔力。他至少一定相信,他会坚信自己的看法;他一定想预先教导我们一条真理,而非在我们面前抖落出蛊惑的滔滔不绝的危险私藏;并且,他的意图一定与彻头彻尾的盖世大智是相称的。出于对人性的尊敬,我绝不担心,掌握正直言辞的伪装会得逞。

不过,设若卢梭是人类之友,并且他的言辞是出于假定的信服,那么,他如何能够勉强自己,为了教给我们一条不幸的真理,而将我们从甜美的、心满意足的睡梦唤醒?他怎么会给不幸者指出他们因不明就里而跌入的悬崖,而他自己承认,时间不足以将他们置于安全境地?① 如今我们戴着奴隶的镣铐自娱自乐,我们再也感觉不到它的重量。[84] 好极了!倘若不能砸碎将我们拴住的镣铐,就让我们抱着这慰藉无动于衷吧。卢梭说,野蛮状态是一切状态中至为幸福的,如果存在更好的,那么,无知和可想而知的愚蠢,会阻止野人对当下状态感到不满(同上,第 78 页)。倘若我们同意了卢梭的这个说法,那么,他便是在咒骂自己的作品。只要我们自认为如此,只要我们把群居生活中的任何进展,看

---

① Johann Jacob Rousseau, *Bürgers zu Genf Abhandlung von dem Ursprunge der Ungleichheit unter den Menschen, und worauf sie sich gründe: ins Deutsche übersetzt mit einem Schreiben an den Magister Leßing und einem Briefe Voltairens an den Verfasser vermehret.* Übersetzt von Moses Mendelssohn. Berlin, 1756, 第 47 页及以下。[译按] 下文随文标注页码,如未做说明,皆指门德尔松译本。

作离我们福祉更近了一步,那么,我们就是幸福的。如果人们愿意的话,我们最初幸福的天真已然被打破(第62页)①。缰绳已然松动。使我们的状态更为完善的热望在我们中间已变得悸动不安。若对它的祈求已经无法压抑时,人们为何要阻止我们在这样的改善上用心?我们沉睡着,头顶上的房屋火光冲天,我们的生命已无从得救。有哪个敌人会那么冷酷无情,把我们从这样的凄惨之中叫醒?

即便卢梭的确熟悉这个固执的大千世界,即便他知道,世人只是为了咒骂这古怪的作者而阅读他的作品,即便他知道,伏尔泰诙谐的念头会使人发笑,而卢梭苦涩的真理则更使人忧愁。既然如此,卢梭为何不为那部分更为高尚的人类、他的兄弟姐妹,带来更为温柔的灵魂?他难道不清楚,这些灵魂会懂得轻蔑地审视那令人发笑的世界,并赋予严肃的事物以意义?

当我读到他的论文最为精彩的地方时,我对这位作者极大的不满占据了我的灵魂,败坏了我从他卓越的雄辩中汲取的乐趣。——直至我将目光转向他题献给日内瓦共和国的作品,这部雄辩的杰作②。我在这里目睹到所希望的东西。在这里,我看到天然的思维方式战胜了敌视人类的诡辩。卢梭在这里向他的施主倾吐着毫不造作的心灵,他所描绘的国度是他倘若能够去选择,便会选择其为祖国的地方。人们本以

---

① 卢梭说的是"奥里诺科河岸居民的""愚昧和原始的幸福"。
② 所指的是印在《论人类不平等的起源》之前的题献作品《致日内瓦共和国》(*A la République de Genève*)。

为，卢梭会希望生于蛮荒，[85] 长于野兽之间，从不知道父亲，而只是按照自己的需要而知道母亲是谁（第 67、69、91、98、175 页及以下）。人们本以为，卢梭想要以第一茬最好的橡果来果腹，以最靠近的溪流来解渴，并在为他提供膳食的同一棵大树下休憩。不！天生对群居生活的热爱压制了他内心闷脱的心情（第 49 页）。他渴望着人群。他想要以欢快的心情享受交往带来的无言甜蜜。他想要尊崇律法和有德性的代理官，孝敬父母，像爱自己那样怜爱邻人，并与之在最亲密的友谊中生活。他只服从于闲暇和自由。在愉悦享受爱慕与友情时不愿被搅扰，在践行群居义务时不愿被阻碍，他的全部灵魂便是德性和对人类的爱。那么，如果他接下来比柏拉图更进一步的话，认为他所有狂热的愿望在世俗中、在日内瓦共和国已然实现①，他还有什么理由去抱怨群居的状态？如果只存在唯一的城邦，能够期望真正的人类之友生于其中，那么，地上所有民族付出改善自身状态的努力，都是受到祝福的。我们这位作者忧郁的谴责，难道不需要一个更好的反驳么？

卢梭就像一位成年人，而他的奶妈在给他娓娓道来他童年的故事（第 47 页）。他听到自己在玩耍的年龄时的所作所为，甚至津津有味地听到自己对仆人们没少做的调皮的恶作剧，比起他的成年，他更愿意去选择那个无辜的阶段。不过，当他转头看到自己的孩子时，一个同样无辜的受监护

---

① 卢梭, *A la République de Genève*, 第 15 页及以下。

人，却希望看到他快快成年。

因此，我们就可以以足够心平气和地为热爱群居生活进行辩护了。只是我们的求知欲要求得更多。隐秘的本能使得卢梭的愿望对自己的学说感到恼火。——这一现象为人类带来荣誉，值得我们注意。我们必须［86］探明其根源。是什么把这位群居生活的敌人拉回到人类中来，而恰恰就在他似乎最为激烈地对群居生活感到愤怒之时。

最尊贵的莱辛，请再稍稍听我说一会儿！让我们一起来进入那些思辨性的观察吧，对于世人而言，它们开始成为笑柄，而对于我们而言，只要我们在一起聚首，它们便为我们带来甜蜜的时刻，并使我们不去理会生活中臆测的愁闷。我认为，我在我们灵魂的本质中——我们所有的欲求在其中最终消解——发现了人类为何自视为群居性的动物的根据。

意志是我们的心灵所具有的追求某些概念的能力，这种能力还可以将其原始的力量应用于任意的对象。娱乐（Vergnügen）决定了这一能力。我们对完善的图画饶有兴趣，当我们将视线转向它们，享受它们的精美绝伦，直到有更吸引的对象将我们从它们身上吸引开。一切人类的爱好，一切欲望以及最隐晦的冲动，除了给他看到一幅善好、完善、有序的图画之外，对他的灵魂别无其他威慑力。凡是不基于这一切的，无论野蛮还是文明人的心灵都不会获得它。怜悯本身作为人类的情感——卢梭赋予野人这种情感的同时①,剥夺了他们的其他精神能力——并不是原始的情感,而卢梭认为它是(第81页)。我们不是天生就被明确命定要对其他造物的弱点感到不快。不!怜悯是基于爱,爱则基于对和谐与秩序的爱好。我们看到完善性的地方,就会希望看到它们的增长。一旦在它们身上发现了瑕疵,我们就会对此产生一种反感,我们称其为怜悯。假设一个野人,他的一切人性被剥夺,只保留了怜悯——就连《蜜蜂寓言》的作者②尽管不愿意但也不得不承认人具有这一感情——那么,他就会去爱,对完善的爱好会促使他在造物中搜寻,以求找到他产生好感的对象。比起在他的同类中,还有哪里对他而言是如此美妙的?[87]除了文明人之外,难道野人不是其造物主最为相称的图画,神圣完善的模子?若我们将这一优异的情感也赋予他的同类——在最野蛮的动物那里也常常可以看到蛛丝马迹——那么,我们就为群居生活设定了一个安稳的根据。天性促使野人与他的同类一道生活,因为天性在他的心灵里注入了一丝爱的火星,它准备着在初次示意下燃烧为熊熊大

---

① 关于这段与怜悯相关的推导,可参沃尔夫的 *Psychologia empirica*:§687:Tristitia ex alterius infelicitate percepta dicitur commiseratio;§688:Qui alterum non amat, ejusdem quoque commiseratur;Si quis alterum non amat, nec ejusdem commiseratur;§633:Amor est dispositio animae ad percipiendam voluptatem ex alterius foelicitate;§511:Voluptas est intuitus, seu cognitio intuitiva perfectionis cujuscumque, sive verae, sive apparentis。
② 《蜜蜂寓言》(1714)的作者为伦敦医生曼德维尔(Bernard de Mandeville, 1670—1733)。参卢梭,前揭,第82页,卢梭与门德尔松所指的部分位于"论仁慈及仁慈学校"(见 *The fable of bees*, F. B. Kaye 编, Oxford, 1924, I, 第255页)。

火。还有比这个更为确凿的结论吗？若野人有能力——卢梭也没有否定这一点——怜悯他的同类，那么，他就必须爱他们。他若爱他们，那么，他就会以他们的优异为乐，就不愿意远离他们，也就是说，他就是群居性的。

然而，我们在社会中获得了什么呢？群居性的状态存在着某些身体性的弱点，存在着某些堕落的嗜好？而自然人就逍遥于其外吗（第51、57、146页）？可能会。我们在文明生活中形成了新的力量并使之得到了实现，因为它们在野蛮状态中最多只是可能的：有人若需要证据，他可以在卢梭的论文中自己寻找。卢梭没有怀疑群居性的优点，只不过他认为这是有害的（第55页）。我们一切力量的发展都是对我们此在的扩充，因为在某个事物身上有越多力量，那么它现实性的程度就会越大。如果我们的此在得到了扩展，那么也会有某些新的限制出现，它们在先前与纯粹的能力都同时缠绕在基本的形成之中。因而，当我们改善了我们的状态，当我们变得更文明时，一定必然产生新的不足和弱点。但是，这就会使我们动摇，自发地放弃改善吗？绝不！诚然，随着我们的此在，随着创世，一些无疑会缺席的瑕疵与祸端都变成了现实。不过，上帝拥有这个世界，不过，他使人成为现实。我们的此在必须（卢梭能怀疑这一点吗？）具有与生俱来更多的善，[88]而非恶。尽管我们有种种缺陷，却存在着，就好像我们的创造停止了一般，这也许更好。于是，适用于我们的此在的，也适用于任何对其界限的延展，也适用于我们力量的发展。它与某些弱点息息相关。一个有局限的生物的天性如此。只有由此而获得的善，一定必然胜过少量的恶。否则的话，像人类这样的造物早就不复存在了。人们要么去谴责造物主，要么赋予人类以正义。

那么，我们还有必要追随卢梭的脚步在自然和文明状态上所做的区分，并标记出他所有的失误吗？倘若我要这样做的话，那么我就得写一篇更为详尽的论文，因为，我的素材更为丰富，而我的笔触却不那么灵活。谁在思辨上受过训练，并且思考过从我们灵魂的自然中得到证明的事物，那么，他就不难发现，卢梭在人类自然的画卷中忽略了最为有利的特点，他用笔刷指点着其丑陋的一面。从小处与我们的至善进行对比，需要的思量是何其少呀！

最尊贵的朋友，惊叹于真理的和谐吧！人性至微的萌芽，卢梭承认野人所具有的怜悯之情，使我们追随着脚步，将这种萌芽再度投入于它的各种权利，毫无约束地使我们脱离超越于动物的状态。然而万能的真理之力量掠走了我们敌人更多的东西。卢梭无法强制自己去剥夺自然人使自身更为完善（可完善性 [la Perfectibilité]）的努力（第 61 页）[1]。噢，由于他承认了这一点，他给敌人奉送了多么有利的武器呀！野人力求使自身更完善云云。这一点表现在何处呢？是在对如下能力的加工中吗？即不凭借最优秀的猎犬而能嗅探到人类的足迹，抑或，不借助望远镜而能发现最遥远的天体（第 59 页）。

---

[1] 参莱辛致门德尔松，1756 年 1 月 21 日。

不错，[89]这是宝贵的身躯的完善性，若它能出现，人们就不应错过它。人们必须唯独对这些完善性念念不忘，而不希望从其他也许并不如此美好的能力中达到一种熟巧？他应该保养自己的身躯，应适应不借助阶梯去攀爬树木的枝头，不用斧头去砍伐最粗壮的枝丫，并用前爪击败最强壮的野兽（第51、52页）?① 并且应该让他的双耳对曼妙的音乐充耳不闻，让味觉对大自然最美味最无害的馈赠麻木不仁？我要表达什么呢？他难道要使这些动物的能力到达完善性的顶峰，并使灵魂——这一人类最美妙的部分和造物的花朵——枯萎在萌芽中，而绝不让它盛放？谁会戳瞎双眼，以求获得更好的听力？谁既不愿视与听，以求凭借更多的神经去感知一切？或者，对于人们而言，心灵是太过低下的对象，而无法自我照应？对于他们而言，追求狗的技能抑或莱布尼茨和牛顿的神性知识，哪个更为体面？应该准许两种能力的哪一种？

倘若自然馈赠了使我们变得更完善的能力，那么，它同时也为我们埋下这样的本性：在最为完整的和谐中提升我们的所有能力。我们应该在它们中间建立起某种智慧的宰治，任何能力都不应被压制，任何能力都不应被遗忘，相反，我们也不应该不合理地赋予任何能力以王冠。它们都是我们想象力的变体，不过在它们中间有着高低之分。当我们无法将所有能力提升到完善的相同程度时，因而，最重要的能力应该有优先权，而其他我们最不关心的能力则从属于它们。我

---

① 称手为"前爪"的地方见卢梭，第154页。

们的灵魂，即我们的自我（Ich），我们的本质，会在和谐中取得最顶端的位置。它必须首先得到训练和改善，只要我们有能力，它的此在的范围（Schranken）就必须得到扩展。如果我们的注意力不应注意灵魂、我们真正的自身，那么，天生就种下的对自我保存的操心还是什么呢？［90］对我们身体需求的膳食供给——没有它，我们在世界上无法延续——处于第二位，它几乎和它们形影相随。如果我们的灵魂不会灭亡，如果我们即便无须身体也会存在，那么，我们仍然不得不一一经历世上等着我们的一系列变故，并且在成千上万的准备之后才突击进入一种由更大的神圣装扮的生活。

排在此二者之后的是感官单纯的娱乐。音乐、绘画、最美味的珍馐与琼浆、——如果它们易消化的话——自然和艺术庄严的作品，这些都是我们仁慈的父温柔的馈赠，它们争先恐后地凭借神圣的欢乐启明我们的灵魂，倘若灵魂的力量疲惫，它们便去将其点燃，以便灵魂力量以加倍的勤勉用功于伟大的创造目标。最终，我们得用某些体魄的锻炼与这些愉悦交替轮换。我们要设法赋予我们的肢体以长久的坚毅，使它们不至于不堪一击，要能承受得住最细微的痛苦的偶然性，因为，这个世界没有偶然便不会存在。这同时也是我们最后的义务，然而，当卢梭将其高举起来，将其视为人类需尽的唯一义务时，他颠倒了人类的天性特质。

我难道忘掉了你？神样的友谊！对灵魂甜蜜的振奋，没有它，自然和艺术连同其一切美妙，都会使我们在极端的困厄中饱受渴望之苦。请原谅我的疏忽大意，最好的朋友！要是您从中得出我对友谊麻木不仁，那将是多大的不幸啊！不过，您不会这样做。您太熟悉我敏感的心灵了，您知道它是多么宽广地为友谊的情感敞开。您常常不无欣喜地注意到，您那友爱的一瞥对我的情绪有多大的力量，它多么神通广大，将所有悲伤从我胸中驱除，使愁云满面的我突然换上笑颜。难道您短暂的离开会让我的心灵变成顽石一块？不，最尊贵的莱辛！正是友谊全能的力量使我陷入惶惑。[91] 我无法把它放入任何特殊的级别。它必须与我们所有的义务相伴随，它必须对它们伸出援手，必须将它们颂扬。没有它，我们的灵魂无法得到改善，没有它，膳食与安闲会令我们作呕，倘若友人不与我们分享，我们的心绪便会被排除在生命的所有欢快之外。从它整个范围来看，真正的爱就是一切美德的动因、手段以及终极目的。在我的生命像野人的生命那样，没有人类之爱和友谊便不得不往生，那么，情愿让我遭受不幸。"但是我的证词并不能证明什么。我的好感可能被败坏，而习惯则会使我极大地远离原始的自然状态（第 29 页及以下、第 91 页）。也许，——卢梭是多么可能不会这样做啊——也许对于所有这些本能，自然人只具有极不易察觉的天资，我们在这里确定了这些本能的高低次序，只有在群居生活中，它们才在他那里崭露头角。对于保全的担忧完全延伸成为他身体的必需。身体便是他整个的自我。野人几乎不知晓自己还拥有灵魂（第 62 页）。自我的改善、友谊、完善美丽图画带来的乐趣、卓越的自然和艺术作品，对他而言要么是陌生的,要么他的感觉太过迟钝而无法从这些魅力中获得欢乐。于是,所有的盖世大智都承认,倘若自然正当要有更稳固的立脚点,那么,就必须把人从社会剥离,在其自然状态下去观察他。故而,自然正当的准则就不可能以自然人不具备的能力为参照。"(第45、200页)

这差不多就是我们的作者最常援引的理由。我认为,能够最为有理地怀疑这些理由。卢梭本人亲手为我奉上了这样的反驳。他不是承认,人们并不能得出结论说,即便人类在童年太过虚弱而无法直立行走,因此,便被决定了天生四肢伏地而行。相反,他难道不是从人类体魄上观察到的一些蛛丝马迹得出结论说,与童年肢体的软弱不同,成年人肢体的坚固性为人类确定了另一种姿态(第115页及以下)①。[92]把这些结论都用在人类身上吧!野人阶段同时也是人类的童年时期。他们的力量还很虚弱,能力还很有限,人类的整个天性同动物的天性只有一步之遥。故而,我们的义务便被封闭在极其狭隘的范围内。那么应该怎么办呢?成年人对人类所规定的义务和责任,难道就不应该与人类在儿童时期所处的义务和责任不同?这位盖世大智怎能如此轻易地遗忘掉自己的结论呢?

倘若任何时代的文士都认为,为了能将自然正当(ein Recht der Natur)建立在稳固的根基之上,从而在人类的自然状态观察人类是有必要的话,那么,他们要么是另有所指,

---

① 参注释三。

要么是明显的荒谬绝伦。我猜想可能是前者。他们会把眼中的人视为其目前之所是，他具有目前具备的一切力量，并且所处的完善状态是他长久劳作以来所获得的。倘若他们剥夺了他的能力，那么，他们就将其贬为兽类，而这些理由所基于的自然正当，毋宁说是赋予动物的，而非其主宰者，即人类。然而他们将人从社会中剥离开来，也就是说，使人抽离一切义务，而这是人类为了社会的至善而自愿服从的。他们只愿意观察那些自在自为，但未经诸国族默许便合法的事物。而他们正是将自然正当建基于此，它不是其他，而是正义的法则，它们流露于我们本质的特性，即便地上的一切国族合力反对也丝毫无法改变。

如果画家想要在画卷中画好人体最得体的姿态，那么，他就必须设想一具处于最为卓越的姿势的裸体，[93]原因在于，穿着衣服的人所表现的样子完全不同于自然所赋予他的那样。在这之后，他总能为他的画中人披上必要的衣物，而不使其丧失自然的姿态。然而，如果他陷入不幸的突发奇想，要去乞援自己的想象力，将赤条条来到世上的儿童设想为模范，根据这一理念去描画成人的画像，那么，毫无疑问，他画出来的会是怪胎，他的作品会成为所有行家的笑柄。而这位盖世大智便是如此可笑地行事，他没有将人类天性偶然的外衣，而是将自愿的义务忽略掉，回想野蛮阶段，在那个时期，我们的整个本性同时也处在摇篮之中，如他所想象的，依照这幅不相等的原型，绝佳地描画如今具有更好的天性的我们。

倘若卢梭并非普遍地斥责所有的人类社会，而只是在竭力反对某些败坏了的宪法，倘若他与《一位人类之友的哲学和爱国主义梦想》的作者一道①，揭露出与这些宪法相伴的虚伪、狡诈、逢迎、压迫，以及不计其数的恶行的耻辱，那么，所有具有正义感的人都会以相同的赞誉，为他的论述和演说戴上桂冠。他的观察和对野蛮与道德状态所有真诚的对比，本可以卓越地服务于他的这项意图。要是卢梭以他雄辩的雷霆万钧，只令一个恶棍惊骇，抑或，以言辞的魔力激起了这个恶棍一星半点的人性，要是卢梭反复叮咛草率的人，罪恶的倾向会可耻地失掉身份，甚或堕落为野蛮人而失去交际，如果这样的话，那么，卢梭因为出于爱人类的努力将会受到多么大的赞颂呦！这才是他本应对自己卓越思想的正确使用。有德性之人感觉自己之于自然人的优势是如此之巨，[94] 以至于他无法对两种阶段做出对比，更不用说胜出了。而邪恶之人则必须受到耻辱的考验，人们应该不断地在他面前举起这面镜子，也许当他与动物的造物对比时，才会发现自己的丑陋。就让我们试一试，我们要从所有卑鄙无耻者中列出最顽固的纵欲者，让他与自然人相对望！我们要对前面以可靠理由确定的一系列定义重新进行定义，并且观察这些造物中的每一个会发展到什么地步。

灵魂的优势和我们最主要的操心的对象，都被两者所忽

---

① 《一位人类之友的哲学和爱国主义梦想》的作者为伊瑟林（Isaak Iselin, 1728—1782），该作品于 1755 年匿名发表。

视。不过，差异何其之大！野人对这种优势一无所知，他的洞见是有限的，同时，他的理智还处在花蕾之中。而纵欲者对其有所知，他的理智已经成熟，思想的力量得到了发展。只不过他逼迫自己去压制它们。然而，也许没有人类的感官如此颠倒，以至于在他心中从不升腾起改善心灵的热望，如果他知道其长处的话。可是，一位恣纵的人试图以情欲的烂泥去扑灭这种冲动，而且他常常总是能够——让自己蒙羞地——高奏凯歌。

野人感觉不到人类的尊严、真正的道德，以及对秩序和完善普遍的爱。肉欲的恣纵者将兽性的享受、这懦弱的家神抬举到祭坛之上，为之奉上所有的人性作为牺牲，他以这种方式贬低了人的尊严并颠倒了一切道德。

与纵欲者相比，野人也缺乏欢愉的时刻。肉欲的欢乐存在于我们神经的刺激中，在于器官的活动之中，它们乐此不疲。野人身体的神经是坚实的，它们无法被轻易撼动，同样也不会轻易疲惫。纵欲者的身体正好相反，它很轻易就忙碌起来，它的器官更为敏感，一个轻微的影响就足够强烈到对它产生刺激。出于同样的理由，它也不相称地更容易疲惫。野人感受到欢乐的地方，纵欲者却感到痛苦。[95] 而纵欲者引以为乐的事物，却令野人麻木不仁，这种感觉离痛苦和欢乐的距离同样遥远。

但是当两者面对常常不可避免的自然的残暴时，野人的优势却是最为明显的。他身体的结构如此的结实和坚强，以至于能够轻而易举地忍受这突如其来的事件。这偶然事件却强烈地足够碾碎纵欲者脆弱的陶土［式的身躯］。

如果我们将这两种对立阶段的优势综合起来，那么，我们就会得出智慧者的体质，他掌握着真正的手段，不会误入任何极端。噢，从这可爱的混合中会产生何其优秀的特点呦！你们看那年高德劭的老人呦，他是雅典的荣光，根据神谕，他是所有雅典人最智慧的！这是多么不可比较的严酷和有情的对比呦！从他全部的举止中闪耀出的是一种精致却不娇弱的品味。他有着最为柔和的情感，他知晓音乐和天真诗艺的魔力，他在自己制作的雕像中表现出同样多的天才和品味。哪位有朽者比他自己更好地知晓自己灵魂的长处？他是一位充满感情的友人，是热忱的公民，是世界上最为有用、最富教益、最为优雅的社会人。倘若只熟悉他身上的这些品质，那就只认识到他的一半。跟随他前往血腥的战场吧！你们会看到一位完全不同的苏格拉底，他是一位久经磨炼、勇敢无畏的战士，面对粗暴的野蛮人，他勇敢地忍受着战争的一切艰辛：当他的战友以兽皮和裘衣护体时，他却赤足走在冰地之上。他从不胆怯，即便在最大的危险之中，他想到的是将跌落的色诺芬扶起来，而非保护自己的生命。总之，他在德性上和天真的欢乐上充满柔情，在战场上坚强，亲切而且勇敢地面对迫害者，在凄惨的死亡来临时，仍保持着无畏并且鼓舞着友人[①]。倘若社交培育了一位苏格拉底，那么，

---

① 关于对苏格拉底的赞颂，参纪念版全集卷三，Leben und Charakter des Sokrates，尤参第13、16页及以下第22页。

为何它就不会适于赐予我们更多这样神样的典范。噢！倘若没有哪个国度能提供卢梭在他的祖国所希望的事物，[96]那么，我就会满足于生在以苏格拉底为典范，而以莱辛为友人的国度！

我是
您永远的朋友
柏林，1756年1月2日

又及，

[97]请您再耐心听一听我在翻译时偶尔注意到的一些独特的地方。很明显，卢梭观察的不是其他，正是我们的身体，因为，对他而言，身体必然显得是动物性的。故而，他无法避免得出错误的结论。一旦人们忽略了解释中本质的部分，也会误入圈套。卢梭从他对人类的动物性部分所做的观察中有理有据所能得出的，是如下这一点：上帝如此智慧地构造了人的肉体，从而，人类即便不借助沉思性的理性，也可以产生、延续并且增殖。

不过，这一点是否足够充分确定我们真正的定义？难道，我们肉体生长的归宿就是死亡，而被赋予永恒的灵魂就永远无法摆脱它的茧缚？我们被命定在一方面与动物性为邻，难道我们所处阶段的高等部分就不会接近更高的特点？这些特点正是以我们自己为关照，与动物相比的我们。

假设任何有感知的植株，这介于动物和植物之间的物体，能够观察自己的状态，假设它研究了自身植物性的状态，并且发现它们不借助感知也能够生长和凋谢，那么，它就不必基于同样的理由竭尽全力，去压制感觉，卢梭正是凭借它试图使我们仇恨理性。必然有某些感觉会令它不适，倘若它有感知，是真实的话。如果造物主未曾赋予它感情的话，那么，它就可以免除这些不适之感。[98]难道，它因此就要抱怨自己的状态？① 难道，它要艳羡低等植物的命运？我希望，我们的作者愿意对此做出答复！

不过，他以一处细微的修改作出了答复。在第130页处，他提请读者思考：倘若人类拒绝了上天最高贵的馈赠，难道不是在贬低自己的天性，难道不是像遵循盲目直觉的奴隶和动物一般，并且在羞辱他的生存的创造者。噢，这些话在卢梭的口中是多么令人振聋发聩呦！他谈及自由，但是，它们可以更为自然地被运用在理性的使用上！拒绝了上天最高贵的馈赠、拒绝使用自己理性的人，就是在贬低自己的天性，就是像遵循盲目直觉的奴隶和动物一般，就是在羞辱他的生存的创造者。

我越是频繁地思索这些内容，我的猜想便越发得到强化，我们这位作者的意图从来都不是要去践踏人性真正的尊严，并将无理性的动物置于其之上。也许，他只想要为这智慧的天意进行辩护：即，天意令野人所缺乏的能力，并不会

---

① 参本卷第87页注释。

给野人带来最细微的好处，或许还会带来危害（第78页）。也许，卢梭只想驳斥那位英国盖世大智敌视人类的见解，在后者眼中，自然人是邪恶、好战、掠夺成性、有辱创造者之手的①。也许，卢梭只想敲打以地上之事为念的人的高傲，他们将一切道德存在者置于人们为之奋斗了几个世纪的舒适环境下，将娇弱和举止的柔弱冒充为人类真正的品质。是啊，卢梭的意图（他如此为自己的论文命名）也许是要去解释人类中不平等的真正起源，以应有的色彩去描画暴政的残酷，并指出偷偷潜入我们宪法中的一些滥用（第142页及以下）。他想象力的巨浪将他如此强劲地裹挟着，[99] 以至于他常常错失了预设的目标，以至于我们误以为他并非要建设，而是要去破坏。那位使我们的知觉变得迟钝，以使我们免除牙痛的人，不值得被感激，同样，为了些许离不开改善的滥用之故，离开文明生活重返森林的建议也不会令我们欢喜（第175页及以下）。

我们的作者称，文明人想象出用来享受的和平，是可耻的奴性（第127页）②，并且不同寻常地赞颂自然阶段的人在其中生活的自由，——动物性的造物在其中生活的自由？这是多么惊人的想法呦！我们知道，这个常常意义空洞的词语可以有两种理解。其意义首先是，精神根据思考过的动因去

---

① 所指的是霍布斯，卢梭发表了关于霍布斯的看法。参本卷第51、79页及以下。另参霍布斯，*De Cive*，Molesworth 编，卷二，第139、147页及以下第161、164页及以下。
② 其中的拉丁文 miserrimam servitutem pacem appellant 让人联想塔西佗的《编年史》（卷四，17）中的内容："…miseram servitutem falso pacem vocarent."

行为的能力。不过,卢梭断不会将这一能力赋予自然状态下的人。他既没有赋予自然状态下的人以知识,也没有赋予其洞见,既没有赋予其明晰的概念,也没有赋予其思虑,没有这些,人们必然永远是直觉的奴隶①。也许,他的用法是道德意义上的,在此意义上,这种能力是罗马人的灵魂,并且自罗马人以降,所有共和主义者的愿望。在这一理解上,自由是一种外部的政治状态,是所有理性的人所渴望的,没有它,生活即便对于最有耐心的人都是难以忍受的(为何人们不能总是认识到这个真理,即最为耐心之人几乎无法忍受没有自由的生活)!不过,那些朋果(Pongo)和奥朗-乌当(Ourang-outang)——倘若他们如作者所猜想的那样,是自然状态的人——比文明的欧洲人胜在何处?无论怎样,他们可以不受责罚地袭击并斩杀黑人②?令我们感到遗憾的是,我们也具有这种有害的能力。在这一点上,卢梭同意,毋宁称这种能力为狂妄、不受约束的无法无天,并且与自由完全相对立。因此,确定无疑的是,野人不被骚扰的享乐和躺在第一株最好的橡树下惬意的睡眠,便是卢梭向我们热心推荐的自由状态③。概括起来说便是:[100] 自由,是这样一种状态,我们在其中不受任何外部强制的制约,可以用单纯的方式充分满足我们真正的需求。我们知道,满足我们真正的需

---

① 参本卷第91和98页注释。
② 卢梭在《论不平等》注释八(参第180页)的引文出自一则游记,同上,第179页。
③ 参本卷第85页注释。

求是我们义务的一部分。而自然人对此的了解是何其之少呦！按卢梭的说法，膳食、安闲、睡眠，是自然人唯一的需求，他凭借盲目的本能（第63页），而无须从内心坚信行为的正确与否，便可以满足这些需求（没有理性、没有从内心明确我们转变的正确与否，这样的自由是多么可怜的馈赠呦）！友谊、爱情、善举、对理智的加工、对意志的改善，这些上天最温柔的馈赠，都与自然人无关。而我们，我们能够奋力认识我们义务的广阔范围，我们在任何文明国家去实践它都不会束手束脚，我们同时能够享受我们正确行为所带来的最为高尚的乐趣。否则，我们还不如遵循盲目直觉的奴隶自由！噢，我完全相信，就在卢梭抱怨群居生活的那一刻，比起他作为灌木的居民所度过的许多年，这一刻对他而言要远为惬意。

　　战争的骚乱的确是社会生活最大的困扰，它更多的是产生于群居生活的缺乏，而非群居生活本身。只要任何政治体仍有其特殊利益，只要这些利益中的一切都仍在按照强者的法则运行，而国际法的法则既没有威望也没有得到强调，那么，各个国家相互之间就仍生活在自然状态之中。于是，五花八门的僭越、暴行、镇压便从四面八方蔓延开来，人们设置正义堤坝的尝试只是徒劳。并非所有人都有意愿让理性统治激情。因而，大革命四起，我们没有一刻是安稳的。不过，当这些政治性的民族一旦联合起来，当它们大体上将财产固定下来，将它们的利益统一起来，[101] 使强者自告奋勇为弱者的安全操心，那么，这些国家就会足够安全，能够应对侵犯和暴行，同样，心平气和的公民能够在文明的城市生活，并且以自己的财富为乐。如果人们拒绝给我们期盼这幸福时刻的期望，那么，至少可以从中弄明白的是，人们要抱怨的是群居生活之不足，而非群居生活。

感谢智慧的天意，那些蛮荒的时代总算一去不复返了！那时，一位僭主自告奋勇地成为我们活动专权的主子。我们可以将自己纳入义务的范围内，并践行我们的义务。倘若我们并不愚蠢地胆怯或者堕落，那么，我们就不必担心统治者或者邻人如此恐怖的恶行。群居生活愈多地增长，我们便可以愈加从容地占有财富，便可以更加安详地追随来自实践了诸多义务之后温柔的欢乐。若是有人仍要渴望自由，那么，他希冀的就是拥抱幻影，或者不受惩罚地行恶。

当那些怪才揭示一条真理时，就不能赤裸地讲出这真理，而是非得搞出一套稀奇古怪的体系？曼德维尔发现，智慧的立法者在模仿其创造者，一国之中不可避免的恶应该被用于国家之中。他认为自己发现了恶行与德性同样有用①。只不过他有些夸大这一思想，他引起千万人的恐慌或者带来不幸的安慰，他说他否定了人类所有的德性。霍布斯注意到，自然状态下的人不受任何法则的束缚，在这种情况下定然会产生许多混乱，因为人们还未得到私产，还未分配财

---

① 《蜜蜂寓言》的副标题为"私人的恶德，公众的利益"。蜜蜂寓言的主题是，富裕和蓬勃发展的社会只有在罪恶的根基——不唯是"不可避免的恶"——方才可能。

富,相互之间还没有攀比①。他只需不那么谨慎地讲一次,便能够赢得名声,或者也许能够劝服自己,可以一股脑儿扬弃掉活动的内在法则②。卢梭发现,[102]自然对野人并不像人们所想象的那样不仁慈,它从来没有让野人感到不满或者不安宁,而且,没有什么比处于自然状态的人类更为安详和平静。他还要证明的是,一个仍是半兽半人的人要比地球上的文明人更为幸福,而当我们越少远离兽类,我们便做得越好(第80、108页)③。

我认为,不少垂头丧气的狂热分子都为这一奇特的思维方式给出了理由。他们致力于用可憎的色彩去描摹这个世界,他们称之为牢笼或苦海,是为了借助抹黑来使人们眼中的壮丽未来更加辉煌。不过,我在这样生活中的幸福何在?在于对真理的认知,抑或在于观察上帝的事功,抑或在于对事功之卓越所感到的欢乐之中?那好!我们的未来就应在这样的生活中开始吧!我在世间预先品尝到的滋味,把这个俗世变成了天堂。

我们的作者说,每个文明人在心中期望,首先占有财富,然后再有臣仆,继而蓄养奴隶,接着扼杀自己周围的一切,以便成为整个自然的主宰(第168页)。这个说法为真吗?倘若我要相信,这远不止是出自卢梭厌世辞令的夸张辞

---

① 霍布斯,前揭,I,第10页及以下,以及 Ep. ded., Molesworth 编,II,第139页。
② 此意义上的表达见《论公民》,XII,第1页。
③ 亦参本卷第84、85、98页注释。

格，那么，我自己也会感到发指。不，亲爱的朋友！这样的希望对于最为冥顽不灵的僭主所抱持的阴暗愿望而言，都是太过恐怖的，它怎么会是任何文明人的愿望呢？卢梭在这里让我们感到他的反感是多么强烈呦！或者说，倘若我们不够狠心将他视为他笔下的文明人，那么，我们应该对他的观点抱什么样的态度呢？

我们的作者认为（见注释十三），野人并不难想到那种促成文明生活的思维：作为文明人去屈尊俯就野人的消遣活动。他说，文明人的一切努力，［103］目的要么在于安逸，要么在于名望，文明人希望声名显赫地立于邻人之中。因为，否则我们无从理解，持续驻足森林之中，或者吹奏一支无法发声的粗劣长笛，在野人看来是多么大的乐趣（第206页）。倘若他不愿将所有道德的乐趣，无论是践行义务，认知真与美以及秩序，还是内心对正确转变的坚信，我要说，倘若他不将所有这些感知十分强制地以名望为归旨，因为我们希望可以声名显赫地立于邻人之中，那么，他为我们的一切努力所设置的两个终极目的，都无法令我满意。如果是这样的话，那么，野人一定会成为所有文明人的陪衬，只要他愿意设想整个范围内一切心灵上的感知。我们只需观察我们的儿童，当他们在水池中玩水时，他们似乎乐在其中，这给我们展示出的乐趣，是野人吹奏无法发声的粗劣长笛时所能够拥有的。

我们的感官愈是粗糙，理智愈是受到局限，那么，我们的思想就愈发慵懒，在欢乐中所拥有的转变就愈少。倘若除了在池沼中玩水或者吹奏无法发声的粗劣长笛之外别无其他消遣，那么，由于乏味，我们将会求告死亡。对于我们而言，在动物的生活方式上，一切太过千篇一律了：我们是更为有为，我们意欲多样性，按照我们的想法，即所有日常事务中的多样性。相反，当野人想要按照我们的生活方式消遣时，就必须过分调动生活的脑筋，就必须过分劳神费力。因此，他便只寻求极小幅度的改变，这与他有限的能力是相宜的。如果不先使一辈一辈父子逐渐提升到我们已经经历的几个世纪所达到的阶段，那么，使野人适应我们的生活方式的所有努力都会是徒劳（第205页）。不过，最后得出的结论是，我们变得更糟了，抑或，它更多地证明了我们的感觉变得高尚，而且我们的本质提升了一个层级？

[104]我毫不否认，某些有害的艺术本应远离群居性，不应妨害群居性。我也不否认，要革除某些渗入社会生活的失当行为不可能不带来弊端。倘若卢梭找出了这些过失并指出有害的艺术，而不用与人类生活真正的尊严以及群居生活为敌，那么，人们会懂得对他表示感激。倘若他用独特的强烈雄辩装点自己的作品，那么，这部作品非但不会令人反感，反而无疑会带来更多益处。

我还可以找到无数处卢梭在其中要么自相矛盾，要么明显极其沉溺于厌世论的表述。其中，我可以指出，他在注释十中是如何以特别微弱的理由去反驳洛克的论证（第69页）①，他是如何赞同了弗修斯（Vossius）毫无根据的控诉②，对奇学异说毫无偏见的人永远不会关心这些控诉。不过我担心，会滥用您的耐心。因此，再顺便说说关于语言的起源，和卢梭得出结论的方式，我就满足了。我们经常地聊到这个困难的问题，我相信，当您在这里看到我们在谈话时口头讨论的内容付诸文字，您不会反感吧。我会立即重复一下卢梭所发现的所有困难，并且以自然的方式解释语言的起源（第76页及以下）。我假设您已经读过他的论文。那么，我现在就谈谈我的说明。不过，我先得谈一些一般性的观察。

任何注意到自己独特感知的人，都会发现，倘若不以自然而然的方式联想到一个与某概念最为紧密的概念，那么，他就不可能获得对它的理解。我想到了我昨天的拜访，回忆起当时在场的所有人，所有在那里随心所欲的谈话，所有装饰了小屋子的画面。我想起象棋，想起了在咖啡馆两位友人刚刚在玩的棋局。[105] 在他们那里，我插入了其他两位正在对谈的对话，最后还谈到一位法国人可笑的举止，他吸引了整个圈子的注意力。人们可以清晰地看到，在某种程度上，所有这些概念都是相互关联的，并且，只有借助从一个

---

① 卢梭在注释十中反驳洛克的说法，后者称，根据自然法的婚姻联合比起其他造物中公母的结合更为持久。卢梭反驳道："（在自然状态下）男男女女在相遇之后，并且在他们享有机会和相遇的乐趣之后，便混合在一起……他们也会同样轻易地再次分开。"
② 卢梭在注释十中赞同地引用了弗修斯（Isaac Vossius，1618—1689；以主编经典作家作品而知名）的表述，即关于"因引入语言而产生的不安"。

概念到另一概念的联想,心灵才能得以为继。但是,要确定有多少种联想的可能性——心灵以这种方式在思想的顺序中得到引导——是很难的。不过,可以确定的是,要么凭借时间、空间,要么作为结果和原因,要么最后通过一种相互之间的某种相似性,这些概念的对象都能够相互联系①。如果这些对象在自然中完全毫无关联的话,那么,我们就只需要在我们的思想中把这些对象的概念要么同时、要么直接勾连起来,以便此后长时间地将其视为互相联系。我要借助例子来解释这些联系的种类:我踏入那座花园,我在其中常常难寻您的踪影,一刹那,您的整个形象生动地浮现在我的眼前。我的朋友,在空间上,您曾经与这个花园相联系。我跟随这一思想,然后突然想到那天深夜,当时我们正忘情流连于凉亭,黑夜无声无息地降临。这便是与时间相关的联系。最后,我想到了苏格拉底的死亡,这是我们当时所谈论的,我的思绪将我引向控诉人阿尼图斯和米利图斯,他们是这令人哀伤的结果的原因。在所有这些范例中,我的概念的对象都是自然而然联系起来的。但它们也可以只在于我的思绪中,它们甚至只需相互之间有一点相似性,便可以引导我从一个概念来到另外一个概念。苏格拉底的死可以让我想到塞

---

① 门德尔松在这里依循的是休谟(《人类理解研究》[Enquiry III]),参休谟,*Philosophische Versuche über die,, Menschliche Erkenntnis David Hume Ritter. Als dessen vermischter Schriften Zweyter Theil*,Hamburg / Leipzig,1755,第46、47页。

涅卡类似的死，后者的死又使人联想到僭主尼禄①，想到布里塔尼库斯的肃剧，最后想到您曾经对该肃剧所做的说明②。

［106］这种从一个概念到另一概念的过渡也一定会发生在野人身上，因为，我们在动物身上也可以发现最为明显的痕迹。不过，他并不能够使之长久地继续，他走到第二步或者第三步时，会被对象所阻挡或者被止于门外。要能够依循相互关联的一组概念，需要一定程度的专注，而人们无法给野人预设这样的前提。

那么，假设野人四下张望，在森林里听到羊叫、犬吠、鸟鸣、狼吼。他们经常听到并且同时观察着这些对象，这样，带有声响的可视图画在他们的心灵产生了某种联系。因此，每当他们听到身后的羊叫声，就必定会在想象中产生羊的形象，每当他们看到羊的样子，就必定感知到它的声音，在他们的心灵中，羊的声音和羊的形象是合一的。倘若某位野人突发奇想，去模仿这样的声音（动物常常有这样的乐趣），那么，另外一位偶然听到这个模拟声音的野人，就会

---

① 塞涅卡（Lucius Annaeus Seneca，公元前4—公元65），尼禄皇帝的教育者和后来的参谋，依循尼禄的命令自杀，以哲人的身份去世。布里塔尼库斯（Titus Claudius Caesar Britannicus，41—55），尼禄的同父异母兄弟，在尼禄唆使下被毒死。《布里塔尼库斯》一剧作者为拉辛。
② 倘若人们适宜地考虑这些学说，便会得出有助于我们记忆的独特手段。我认识一位先生，当他想要仔细回忆所有在某个情形下发生的事情时，他便模仿讲话人的语言、神情、姿势，并开始重复他们所有的话语。借助这种重新生动的印象，他便极其仔细地回忆起最为细微的状况，对此，人们大为惊讶，他们一开始只是嘲讽他的技巧。——门德尔松注。［施按］这里指的应该是莱辛对《布里塔尼库斯》的口头说明，Muncker 版莱辛全集索引只提到早期作品中两处关于该剧的表述，但并非门德尔松所指。

想象一个画面，该画面通常与该声音相联系。这便是模仿性声响的起源。如果再补充某些自然的音素，所有动物常常以此来表达某些情绪活动，那么，我们就得到了语言最初的轮廓，不过它不再是一种虚弱的轮廓，即极其远离语言，身处社会生活中的我们常常以这样的语言来表达自己的思想。

在这一最初的语言刚刚得以固定并且能够扩展开来之前，还得需要几个世纪的时间。也许一年时间之内，人们所学的只是对一个音素的模仿。在卢梭看来，由于奇迹般繁衍增殖（参第209页注释）而被迫亲密聚集的人们（第209页），[107]也许在时间的长河中向他们之中最伟大的天才人物学会了这些人工模仿，并且口口相传。如其所必需的，我们会花去很多年时间。因此，我们看到了，要迈出第一步，所需要的并非训练有素的理性或神圣的赋灵，而只是想象力和不断完善自己的能力。

在我看来，卢梭经常大费周章地提到达到最细微的变化和逐渐的成长需要多长时间，这样的说明大可不必（第65、67、76页）。想想看，在人们头戴三角帽并且以纽扣装点之前，帽子要经过多少双手的创造，按照盖勒特（Gellert）的描述①，人们多少次把它留给继承者，它又被后者所改变。只不过我一直以来仍然相信，这种美妙的发明本可以更快地进行。第一位给自己扣上毡帽的人或许很快会给它涂上黑

---

① 诗歌 Die Geschichte von dem Hute，见 *Gellerts sämmtliche Schriften*. Neue rechtmäßige Ausgabe, Leipzig, 1839，第一部分，第43—46页。

色，也许很快会给它配上纽扣，以便随意地把它卸下或者提起来。所以，一切发明都是这个道理。地球上初民的闲适时光，无须学习太多的人们的数量，比起在我们看来对于任何细微的改善都不可或缺的许多世纪，或许都更能够促进发明的进展。

我们还得澄清的是从纯粹模仿性的声响到任意声响的过渡，必须解释的是，在语言发明之前，既无逻辑亦无语言艺术的人，是如何想到通过这些与对象本身毫无共通之处的声响，去表示各个对象。除了想象力的法则之外，我不会去援引其他内容。无论真实抑或模仿的羊叫声，不仅使我们的记忆回想起这些动物的形象，而且，也会同时使我们联想到放牧羊群的草场，联想到常常装点草场的花朵。最初的语言天资也许使得人们有能力更为长久地进行一系列想象。［108］于是，人们习惯于通过模仿性的音素不仅去表示动物，也暗示草场、鲜花等事物，尽管这些对象与模仿的音素毫无关联。此后，人们只需省略中介的部分，即羊群与草场，便可以在听到原初模仿性的声响时联想到花朵，有鉴于此，这种音素只能被称作是纯粹任意的符号。

在这个"八音钟"成长为一门语言之前，我不想无止境地在本可以略过的时间长河里耽搁。人们至少可以看到，一切都可以自然而然地进行，我们没有必要用什么发明来烦扰至高的存在者，在卢梭看来，发明是件太过有害的事物①。

---

① 参本卷第 104 页注释。

卢梭称，最初，人们赋予了每个对象特别的名称。这个说法也是错误的。比如，人们称此树木为 A，那么，就得称其他的为 B（第73页）。在我看来，这种命名方式对于野人而言太过有条理。我在想，比如，人们听到鸟在树上鸣叫，接受了这个声音，以此来暗示树木。因为，人们也许认为，是树形成的声音。但是，他们没有足够的敏锐，同时去观察两棵树，而可以将它们区分开来（参注释十一）[①]，相反，当他们离开这棵树，走向另外一棵树时，他们并不会想到地点和环境的差异，会把前后两棵树视作相同。因此，他们也许会期待这棵树发出在前一棵树上听到的声音，因为他们完全未曾注意到，这棵树与前一棵不同，继而，他们会以相同的声音来表示这棵树。

总而言之，渐渐进入他们视野的同一类对象，会被他们以相同的名字来命名，之所以如此，并不是因为他们认识到它们的相似性，而是因为他们未注意到地点和环境的差别，因而，给他们感官留下同一印象的所有对象，[109]都不得不被视为同一个对象。同一类的许多对象突然出现在他们面前，对他们而言，便是全新的景象。倘若我们谈到畜群时，就要求动动脑筋，畜群指的是一群动物。倘若我们要想对此深信不疑时，必须首先一一观察每个个体，然后联想到全部。相反，野人却必须看到不同图画之中的羊群，即作为唯一的事物，野人也会总的赋予它们完全不同的名称。

[①] 卢梭在注释十一中提到理解发明数字的困难。

赋予所有感性印象——这是诸多个别事物所共有的——以名称，名词便是以这种方式产生的。人们开始更好地区分地点和环境之后，也就认识到个体的不同，这是每个个别事物与其他种类的事物相区别的地方。就在这时，人们才懂得，在不同地点和不同时间所获得的印象，不是由同一个，而是由类似的对象所引起的。于是，人们赋予每个个体的区别以独特的声响，以这种方式，便产生了修饰词。我想，有条件和闲暇的人，大可以详细说明时间词语方面的类似猜测。第三种概念的联系，即结果与原因的关联，尤其会给他根据。

人们还会在所有语言中看到最为明显的标志，即它们最初都是由模仿性的声响组成。诗人懂得运用的强调性词语，都以某种模仿性的音调而相互区分，他们用这些词语超感性地描述对象。人们会在所有语言中碰到大量这样的词语。然而，杜博（Dubos）神父却称，比起在派生语言中，它们在源语言中更为常见，因为在派生语言中，它们常常因为附加的手段而丧失了强调性的部分。人们可以参看杜博神父对拉丁语和法语诗艺所做的出色对比，出于上述理由，在对比中可以发现，前一种是更佳的，因为，作为更少派生的语言，拉丁语拥有更大量的感性词汇[①]。

[①] 见杜博（Jean-Baptiste Dubos，1670—1742），*Réflexions critiques sur la poësie et sur la peinture*. Paris, 1740, 第一章，第15部分，第301页及以下。

关于斯宾诺莎学说的对话

雅各比（Friedrich Heinrich Jacobi）

[译按] 本文根据 Herbert G. Göpfert 等人所编八卷"莱辛作品集"（1970—1979）卷八"神学、哲学著作"附录部分（第 563—575，及 745—752 页）译出，并参考了 Paul Rilla 所编十卷"莱辛文集"（1954—1958）卷八"哲学与神学著作"（第 616—634 页）注释和 Klaus Hammacher 等人所编《雅各比作品集》（*Friedrich Heinrich Jacobi. Werke. Gesamtausgabe*）卷一两分卷。原题为《雅各比论与莱辛的对话》（*F. H. Jacobi über seine Gespräche mit Lessing*）。德文编者文本选自雅各比《致门德尔松先生函论斯宾诺莎学说》（*Über die Lehre des Spinoza in Briefen an den Herrn Moses Mendelssohn*, Breslau：Gottl. Loewe, 1785），译者根据 1789 年版补译了部分注释。在 Wilfried Barner 及 Klaus Bohnen 等人所编，21 世纪初出齐的十二卷"莱辛作品书信集"

（1985—2003）并未收录莱辛去世前与雅各比关于斯宾诺莎的对话。另，文中为雅各比在原版中所作注释，记为"［雅各比注］"；为译者所作注释，记为"［译注］"；Rilla 版注释，记为"［Rilla 注］"；Göpfert 版本所作注释，记为"［德文编注］"或不做说明。

［德文版编者按］

莱辛对斯宾诺莎问题的研究要上溯至柏林时期，尤其是布莱斯劳时期。说莱辛是或者说他变成了"斯宾诺莎主义者"，这个标签则要晚到莱辛与雅各比对话发表之后。雅各比（Friedrich Heinrich Jacobi，1743—1819）早年在杜塞尔多夫打理着父亲的生意，1772 年在政府部门短暂供职，1805 年起成为哲学教授，之后任慕尼黑巴伐利亚科学院主席。日内瓦学习期间，卢梭和伯内对他的影响很大且深远。除了两部极有争议且备受讥讽的小说之外，他也写哲学，尤其是宗教哲学作品。他有着深厚的非教条性的虔信，反对启蒙哲学，是强调情感的哲人。在与莱辛会面之前，他已通过在杂志上写文章——特别是在维兰德主编的《德意志信使》——而小有名气。1774 年起与歌德短暂交好。1780 年 7 月 5 日至 10 日，于沃尔芬比特拜访莱辛，并且在 8 月 10 日至 15 日同莱辛一起到访布伦施威克,并在哈尔贝施塔特拜会了莱辛友人,时年 61 岁的格莱姆(Johann Ludwig Gleim)。雅各比公之于众的对话,就是在此期间,即是在莱辛生命最后的岁月进行的。

1783 年 3 月,可能是莱辛暮年最为信赖的朋友艾丽丝·赖马鲁斯(Elise Reimarus)①,去信雅各比,说门德尔松想写"一些有关莱辛其人的东西"。雅各比在回信中简要提及了与莱辛对话的内容。门德尔松知悉后,希望得到更为详细的信息。雅各比在 1784 年 11 月 4 日的信中细致地报告了对话内容。我们这里所看到的即是此部分。从此时起,二者之间便书信不断。1785 年,门德尔松的《晨时》② 出版,他在此书中主要思考泛神论问题,尝试着反驳 Hen Kai Pan[一即全部],用一种"净化了的泛神论"驳斥斯宾诺莎的泛神论,并将莱辛归到这种净化了的泛神论,以此试图"挽救"莱辛。这种挽救在他看来极为必要,因为当时斯宾诺莎的泛神论被认为是无神论,而他欲使莱辛与后者保持距离。门德尔松在莱辛"净化了的泛神论"中——门氏亦援

---

① [译注]艾丽丝即为"残稿"作者神学家赖马鲁斯(Hermann Suamuel Reimarus, 1694—1768)之女,曾在雅各比和门德尔松之间的论争中起到中间人的作用。
② [译注]参施特劳斯为门德尔松纪念版全集所写长篇导言,中译见 Leo Strauss《门德尔松与莱辛》,卢白羽译,华夏出版社,2012。

例"纳坦"以及莱辛遗作《理性基督教》来作说明——协同莎夫茨伯里以及莱布尼茨反对斯宾诺莎,为自己和莱辛设定了相同的立场:莱辛的这一立场在18世纪50年代如何形成,以及门德尔松本人如何相信即便在沃尔芬比特时期的故人身上仍能看到此一立场。

紧接着,雅各比于1785年不仅发表了与莱辛有关斯宾诺莎的对话,而且另外也公开了自己与门德尔松之间的书信往来,部分以片段形式(《致门德尔松先生函论斯宾诺莎学说》)。门德尔松以《致莱辛的友人》作为回击,莱辛在文中是以"有神论和理性宗教的辩护人"形象出现的。"纳坦"的作者是一位"伪君子"和"渎神者",对他来说绝不可能。本已经备受疾病折磨的门德尔松经过此论战,健康状况更加恶化。就在刚完成对莱辛的第二次辩护,恩格尔(J. J. Engel)将其出版不久,门德尔松便离开了人世。旋即,雅各比成为众矢之的,人们谴责其应为门氏之死负责。人们将雅各比的作品同1769年拉瓦特(Lavater)督请门德尔松转信基督教的无礼要求相提并论。争执不下中,雅各比于是以第四篇文章回应:《回应门德尔松的责难》(1786,莱比锡)。

人们也许会疑问,雅各比是否正确地传达了莱辛的想法?对于这一点我们没有十足的把握;不过对话的记录似乎相当忠实。至少当时熟识莱辛和雅各比的同侪认为，文本看起来，"好像的确在听两人谈话一样——富有真知灼见，并有其特有的心绪"（艾丽丝·赖马鲁斯语）。不过，有两处看起来并不那么令人信服。首先是由歌德的诗歌《普罗米修斯》突然过渡到斯宾诺莎问题，人们在歌德的"颂歌"中几乎看不到斯宾诺莎的思想，倒是看到了雅各比自己将斯宾诺莎视作无神论的独特理解，因而他认为，莱辛的评语——"我早已看到过第一手的"——应该指的是埃斯库罗斯笔下的普罗米修斯。另一处是他的表达，说莱辛认为"与位格息息相关的人类的存续在死后……是不可能的"，这一表达尤与《论人类的教育》最后几节相违背（参Heinrich Scholz 编，*Die Hauptschriften zum Pantheismusstreit zwischen Jacobi und Mendelssohn*，导言［第 LXIII-LXVII 页］，柏林，1916）。

这绝不是说，要把一篇由他人记录的，尤其是在首次会面时记录的对话，视为莱辛对此话题的定论，特别是因为人们既不能在其发表的文字中，也无法在其遗作中找到类似的只言片语。雅各比发表的这篇对话，以及和门德尔松的论战，在舆论中引起了广泛而激烈的讨论。当时几乎所有知名的作家和哲人都表达了自己的看法。在一些哲学史观点看来，歌德时期宗教哲学的开端并非康德的《纯粹理性批判》,而是雅各比和莱辛的对话,由此,也突出了莱辛神学批判和哲学作品的影响史(参HermannTimm, *Gott und die Freiheit. Studien zur Religionsphilosophie der Goethezeit. Band* 1:*Die Spinozarenaissance*,法兰克福,1974)。

[563]①一直以来我对这位伟人充满崇敬,但是直到他的神学论战,直到我拜读了他写的"譬喻"②,与他进一步熟识的渴望在我心中愈发强烈。他对拙著《阿尔维尔》颇感兴趣③,并且先通过中间人间接投来友好的情意,最终,于1779年,他给我写了第一封信④。我在复信中说,本人在明年初想做一次旅行,前往沃尔芬比特,渴望在那里,在他那里恳请几位无法对我给出满意答案的先知的神灵,并让他们开口说话⑤。

旅行终于成行。7月5日下午,我第一次与他拥抱致意。

---

① [译按] 方括号内阿拉伯数字为 Göpfert 卷八页码,下同。
② 即莱辛在神学论战时期所著短文《一个譬喻》(*Eine Parabel*, 1778)。[译按] 中译见刘小枫编《历史与启示》,朱雁冰译,华夏出版社,2006,第145—155页。
③ 雅各比的哲学小说《阿尔维尔信札》(*Eduard Allwills Briefsammlung*)。第一稿的部分首先发表于其兄约翰·雅各比(Johann Georg Jacobi)的刊物《伊莉丝》(*Iris*, 1775)和维兰德的《德意志信使》(1775年4月、7月、12月)中,定稿于1792年在柯尼斯堡出版。
④ 参 Lachmann/Muncker 所编23卷莱辛全集第21书信往来清单,第26页。[译按] 亦可参 Barner/Bohnen 所编12卷作品书信集第12卷卷尾书信往来清单。
⑤ 雅各比1779年8月24日致莱辛信中称:"我期待那一天……因为我希望在您那里恳请几位无法对我给出满意答案的先知的神灵,并让他们开口说话。"

就在这一天,我们谈及许多重要的话题,以及相关人物:道德的、道德败坏的、无神论者、自然神论者,以及基督徒。

第二天早晨莱辛([译按]以下简称"莱")来到我([译按]下文简称"雅")的房间,当时我要写的几封信件还未写完。我从信夹中掏出一些让他可以在我写信期间消磨时间的东西。看完还给我时,他问我是否还有什么可以读的。"当然!"我回答道(此时正要把信封起来),"这儿还有一首诗;您之前惹了一些麻烦,那么,您也可能会遇到类似的不快。"

[德文编注]诗歌即当时歌德还未发表的诗歌《普罗米修斯》,该诗写于1774年。雅各比在此文第一版时未附上此诗,由于其"对一切神意冷酷无情的表达"。这首诗当时作为一张未注明写作信息的活页,以便随时可以取出来。雅各比在重印时以已经接连出版的琉善、"休谟、狄德罗作品,《论自然系统》以及其他一系列大量同类作品"来辩解(参 Scholz,第 76 页及以下,注释部分)。歌德对此发表并不在意。经过雅各比的发表和接下来的世界观之争,这首诗所处的状况长期妨害了该诗被当作角色诗(该诗本出自歌德的戏剧计划)的理解。[Rilla 注]雅各比认为这首"以强烈言辞反对一切天意"的诗作,尽管 1774 年已经写成,但是还未发表,故在 1785 年第一版时还不能放在脚注部分,而是以活页附在作品之后;1789 年第二版时这首歌德诗作出现在注释中,但仍未署名。[译按]中译可参《德国诗选》,歌德等著,钱春绮译,上海译文出版社,1982,第 87—90 页。

莱　　(读完那首诗并交还给我)我没有感到反感;我早已看到过第一手的[①]。

---

① [译注] ich habe das schon aus der ersten Hand, 直译为"直接从某人那里得来"。

雅　您已经知道这首诗了？

莱　我之前未读过，但是我觉得不错。

雅　从它的风格来看我也这么认为，否则，我不会把它给您看的。

莱　我不是这个意思。这首诗所采取的出发点与我的相同。对我来说，关于神性的正统观念早已不能激起兴趣；我无法从中获得享受。ἕν καὶ πᾶν［一即全部］。此外，我不知道还有什么。这首诗的本意也是朝这个方向去的；我不得不承认，我很喜欢它。

［德文编注］"一和全部"（译按：亦译"一即全部"），在泛神论中用来表达世界中"全部"中的"唯一"上帝。［Rilla 注］"一和全部"，在泛神论世界图景中意为：作为"唯一"的神性同时是"全部"，宇宙与上帝同一。

雅　［564］那么您就同斯宾诺莎是一致的啰。

莱　若要我给自己冠上某个人的名字的话，他是不二人选。

雅　斯宾诺莎对我来说是很不错，不过我们在他身上找到的只是一个差强人意的拯救。

莱　是啊！如果您这么想的话！但是，您知道更好的么？……

其间，德绍博爱学园校长沃尔科来访①，大家一起去了图书馆。

第二天早晨我吃过早饭回到房间准备换衣服，过了片刻，莱辛走了进来。我当时坐在梳妆台前面，莱辛很安静地随意坐在房间一头的桌旁。当只剩我们俩时，我坐在了莱辛正倚着的桌子另一边，他站起来。

莱　我来继续跟您谈论我的"一即全部"了。昨天您被吓到了。

雅　您令我大吃一惊，而且我的脸可能还红一阵白一阵，因为我虽然感到疑惑，但并未被吓到。——当然，我没有料到您是位斯宾诺莎主义者或曰泛神论者。更令我吃惊的是，您那么坦然地说了出来②！我来到您这里很大程度上是向您求教一些有关斯宾诺莎的疑惑的。

---

① 沃尔科（Christian Heinrich Wolke，1741—1825），教育学家，德绍（Dessau）博爱学园（Philanthropin）巴泽多（Johann Bernhard Basedow）和坎培（Campe，[译按] Joachim Heinrich Campe，德意志教育家、词典编纂者、作家）的后继者。
② [雅各比注] 参看作者反对门德尔松的辩护，第72—74页，及附录 VII。

莱　您了解他吗？

雅　我认为和其他极少数了解他的人一样了解。

莱　那么您就没有什么需要帮助的了。您更会成为他的朋友。除了斯宾诺莎的哲学之外，别无其他。

雅　也许是这样。因为这位决定论者，如果他想令人信服，一定会成为宿命论者：从这一点来看其余一切都不言自明了。

莱　我发现我们是一致的。这样一来，我就越渴望听您说说，您怎么看待斯宾诺莎主义的精神；我的意思是那种进入斯宾诺莎本人的精神。

雅　那种精神不是其他，正是古老的"从空无当中无物产生"（a nihilo nihil fit），斯宾诺莎根据比起那些搞哲学的犹太神秘教义者或其他前辈的概念更抽象的概念，来考量之。根据这些更抽象的概念，他发现，通过无限中的每一个生成——无论人们用怎样的图像来伪装它；通过在同样的无限中的每一个转换，设定了从无（Nichts）中生出的有（Etwas）。他拒斥了无限到有限的过渡；也就是说（拒绝了）所有的暂时因（causas transitorias），第二因（causas secundarias），远隔因（causas remotas）；将内在的无限（Ensoph）置于流溢的无限的位置；一个内在的，居于自身永久不变的世界因，[565] 它涵盖了所有的后果——同一类事物即……

[雅各比注] 我继续这里的陈述，为了不致烦冗，并将我所能够讲的概括起来，省去了中间的述说。这里接下来说的，是因为莱辛提及斯宾诺莎作品中最晦涩的部分，这也是莱布尼茨所发现但并未理解的（神义论§.173）。我在这里只做一次性提醒，在其他地方作者亦同样省去，不赘。（第一版注）

[德文编注] Kabbala [希伯来文，意为"口耳相传"]，最早既表示非摩西式的圣书，也表示口头流传的教义。自 12 世纪起表示一种犹太教的神秘教义，其部分基本特征可以上溯至波斯－马其顿时期。[Rilla 注] 中世纪形成的犹太教神秘学说的代表。

Ensoph 是中世纪犹太神秘教义中通过对名词句（没有穷尽）的名词化而产生的术语，用来表示无限性，表示所接受的至高现实中的上帝，并作为一切事物的始基；人和世界由此而涌现、"冒"出来。可参门德尔松 1774 年 2 月 1 日致莱辛信札。[Rilla 注] 根据犹太教神秘教义，从神性的 Ensoph [原光（Urlicht）、无限性] 生出理念人，从后者又生发出四个世界。这一进程在神秘教义中是以流溢、涌现的形式出现。

Causae transistoriae：从无限性中出发朝着有限性影响的原因；causae secundariae：次级/第二的，衍生的原因；causae remotae：远隔的原因。皆为中世纪哲学和神学所使用的术语，用来描述天国和俗世的关联。

这个内在无限的原因，详细来说（explicite），既没有理智也没有意志：因为按照它先验的统一和普遍的绝对无限，它并不会有思想和欲求的对象；那种具有在概念之先便能产生出概念，或曰（产生出）一个处于对象之先并且就是自身之完全原因的概念的能力，同样，还有那种影响欲求并完全决定自身的意志，都是纯然的荒谬事物……

……至于有人说,不可能有一系列影响(不是单纯的影响,因为内在因永存且无处不在),这是站不住脚的,因为每一个不来源于空无的次序,一定会是无限的。由此又可以得出,鉴于每一单独的概念来源于另一个单独的概念,并同一个真实存在的对象直接相关;那么,在天生具有无限性的第一因中,既不会遇到单独的思想,也不会遇到对意志个别的限定;而只会遇到内在、第一以及普遍的原质(Urstoff)……同第一因本身因某一意图或终极因之故而存在那样,它也很少能因意图或终极因而活动;同在其自身便是开端或者终末那样,它也很少有始因或完结某事的终极目的……但我们称作后果或者延续的事物,在根本上只是纯然的幻想;因为真实(reell)的影响同时与完全且真实的原因一道,以及仅仅根据设想,是同该原因相区别的:因此,根据真实性,后果和持续一定只是某种在无限中观察繁多的方式方法。①

某 ……我们的信条并不互相抵牾。

雅 当然不!不过,我的信条不在斯宾诺莎身上!

某 我更希望也不在书本中。

---

① [雅各比注] 附录 VII。

雅　　不仅仅如此。我相信一个理智、位格的世界因。

莱　　噢，这样更好！那我一定会听到一些新东西了。①

雅　　对此您不要太过期待。我通过"危险的一跃"（Salto mortale；［译按］即"孤注一掷"）来从这个事件中解脱；不过您对头朝下是没有什么特别的兴趣的。

莱　　请您不要这么说！我不会去模仿就是了。您会重新双脚着地的（［译按］即"安然无恙"）。[566] 那么，如果这不是秘密的话，我请求您把它讲出来。

雅　　那我就不揣浅陋，还请见谅。整个事情是这样的，我从宿命论中直接推导出了与宿命论相对的及与之相关联的一切。——若只有纯粹动因而无终极因的话，那么整个自然中的思辨能力只能袖手旁观；它唯一可做的就是与创造性力量的运作机制同时发生。我们目前互相谈论的就仅仅只是我们身体的诉求；而整个谈话的内容消解成诸元素：外延、运动、速度，包括它们的概念，此外还有这些概念的概念。钟表的发明者从原则上来讲并未发明它；他只是观察了它自盲目展现的力中的形成。拉斐尔也如此，因为他构想出

---

① 参看附录 IV。［译按］有研究者称，莱辛此处语带反讽。

了雅典学派①；莱辛也如此，因为他虚构了他的《纳坦》。对于其他所有哲学、艺术、政制、水战及陆战都如此：简而言之，对于一切可能之物。就冲动和激情是感知和思想来说，它们并不行动；或更恰切地说：——就二者自身具有的感知和思想来说。我们只相信，我们是出于愠怒、爱、大度或者理性的决断而处事。纯粹的臆说！在这样的情况下，从根本上推动我们的某物（ein Etwas），是对那些一无所知，即就此而言全然由感知和思想揭露出来的东西。但是感知和思想，二者只是外延、运动、速度等等的概念而已——我不知如何反驳能够接受这一观点的人。但若不能接受这样的观点，他一定会成为斯宾诺莎的对峙者。

莱　我发现，您更愿意让您的意志自由无羁。我并不渴求自由意志②。对您刚刚所说的，我根本一点儿也不吃惊。这属于人先见的一部分，我们把思想看作首要的、最主要的先见，并从这样的先见中得出思想；但是，一切——包括各种观念——都依赖于更高的原则。外延、运动、思想明显都基于一个更高的力量，它并未因此而消耗殆尽。比起这个或那个影响，这一力量必须更卓绝；因此，对于它一定也存在一种不仅超越了

---

① 即拉斐尔（1483—1520）绘于梵蒂冈的湿绘壁画《雅典学派》。
② 参莱辛为自杀的"忘年交"耶路撒冷（Karl Wilhelm Jerusalem）哲学作品写的编者附识，Göpfert 卷八，第448页。［译按］耶路撒冷即为歌德小说《青年维特之烦恼》（1774）主人公。小说出版后，耶路撒冷的友人极为愤慨，如尼柯莱出版了戏仿之作《青年维特之欢愉》，莱辛则将耶路撒冷的遗作出版，并写了编者按语，以示对友人的"拯救"或辩护。

所有概念，而且全然外在于概念的愉悦。[因为]我们无法想象这样的事物，所以就不能够消除这样的可能性。

雅　比起斯宾诺莎，您走得更远。对他来说，认识（Einsicht）是超越一切的。

莱　[567]对于人来说！他远没有将我们根据意图行事的可怜方式冒充为至高的方法，并将其置于思想之上。

雅　在斯宾诺莎思想中，认识是一切有限的自然中最佳的一部分，因为它是每一个有限的自然借以超越自身有限性的那一部分。人们似乎会说，他也赋予了每一个本质两个灵魂：其中一个只关涉当下个别的事物；另一个则指涉整全。他也赋予第二个灵魂以不朽。至于斯宾诺莎无限的唯一的实体，它自为地，并且超然于个别事物，没有固定的或者完整的实存。如果它对于自己的统一性（我个人是这么表达的）具有了一个自我的、特别的以及个体的现实；如果它具有了位格和生命，那么，它具有的认识就是最好的那部分。

[雅各比注]虽然只凭借这个并非可作为绝对个体的身体（在这个意义上，即一个绝对的个体正如一个个体性的绝对物一样不可能。"决断与否定"，遗作，第 558 页）；而是必须包含普遍的不变易特性和本性，禀性以及无限性的概念。借此区分，人们便可获取斯宾诺莎思想系统的众多钥匙之一，若非如此，则会深陷混乱与矛盾（第一版注释）。

莱　很好。那您是根据何种看法来设想您个人的彼世（extramundan）神性的？① 根据莱布尼茨的？不过恐怕他从内心也是个斯宾诺莎主义者。

雅　您当真吗？

莱　您当真怀疑吗？——莱布尼茨关于真理的观念是如此有特点，以至于当人们把他的真理限定在褊狭的框架时，令他难以忍受。他的许多见解都是从这样的思维方式中出发，即便对于最具洞察力的人来说，也常常很难发现他的本意。正因如此我才很看重他；我的意思是，因为如此伟大的方式思考，而不是因为他似乎持有或者也的确持有的这样或那样的观点。

雅　完全正确！莱布尼茨喜欢"从每一块鹅卵石击打出火花"。您刚论及的某种观点，即斯宾诺莎主义，是莱布尼茨打心底钟爱的。

[雅各比注] 莱辛的文章，I，第216页。[译按] 参《莱布尼茨论永罚》一文，中译见莱辛《论人类的教育》，刘小枫选编，朱雁冰译，华夏出版社，2008，第24页。

莱　请您回想一下莱布尼茨作品中论上帝的一处：上帝

---

① 彼世，即世界之外的。

处于不断的扩展和收缩之中——这就是创世和世界的产生?

雅　我知道他的《论闪电》(*Fulgurationen*)①,但此处我并不熟悉。

莱　我要把它找出来,然后您得给我说说,像莱布尼茨这样的人在这种情况下能够或者不得不想的是什么②。

雅　请您给我看看这一处。但我必须首先要告知您的是,在回想这位莱布尼茨先生作品的诸多其他出处时,他的信札、论文、神正论和新论的诸多出处时③,当然还有他的哲学经历——有个假设让我很头疼:他应该相信的不是一个超世界(Supramundan),[568]而是一个世界内的(Intramundan)世界因。

莱　我一定会给您看这一页。它一定是举足轻重的;我承认,我说得有点儿多了。可是我提到的那一处——以及其他一些地方——仍是很特别的。——可不要忘了!您究竟根据何种观点来看斯宾诺莎主义的对立面的?难道您认为莱

---

① 莱布尼茨称"闪电"是"所有被创造或衍生出的单子",它们通过"神性不断的闪电似的放射"而产生,参《单子论》§.47。
② [雅各比注]关于此疑难的说明读者可参附录Ⅶ。
③ [译注]即《人类理智新论》(*Nouveaux Essais sur L'entendement humain*)。中译见莱布尼茨,《人类理智新论》(全二册),陈修斋译,商务印书馆,1982。

布尼茨的诸原则终结了斯宾诺莎主义么?①

雅　是这样的:我坚信,那位令人信服的决定论者同宿命论者难以区分!……那些单子,及其限制(Vinculis)②,使得外延和思想,尤其是实在,对我来说一如既往地难解;我在此左右为难……此外,我不知道除了莱布尼茨的,还有哪家学说广厦能同斯宾诺莎主义如此契合了;很难说,他们两人中哪一位,把我们——但更多的是把自己——玩弄于股掌:尽管出于真诚! ……门德尔松公开宣称,Harmonia praestabilita [前定和谐]存在于斯宾诺莎思想中。单单这一点就已说明,斯宾诺莎思想中一定还涵盖了更多的莱布尼茨的基本学说,或者说莱布尼茨和斯宾诺莎(后者在沃尔夫的教义中几乎未见进展)就不会是之前那么毫无争议地令人信服。

[雅各比注]见门德尔松《哲学作品集》,第三个对话末尾处。[德文编注]沃尔夫在《自然神学》中对斯宾诺莎进行了修正,第二部分,§. 706(关于斯宾诺莎及其"和谐化"亦参莱辛的残稿,Goepfert 卷八,第 517 页及以下)。

我可以从斯宾诺莎的思想来说明莱布尼茨整个灵魂学

---

① 可能指《自然和神恩的理性原则》(*Principes de la Nature et de la Grace fondes en Raison*)一文。
② 一个"实质连接"(vinculum substantiale)使许多单子聚合在一起。[Rilla 注]形成身体的单个单子在莱布尼茨看来是由实质连接(vinculum substantiale)统一在一起的。

说……二者对自由的理解基本上是相同的，将他们的理论分开的只是一种假象。当斯宾诺莎（书信，第 62 封；遗作，第 584—585 页）用一块顽石来解释我们对自由的感觉时，这块顽石既会思考，又知道尽自己最大的努力去追求自我运动的延伸：莱布尼茨用了一个磁石的例子，该磁石朝着北的反向运动，了解自己的反转不依赖于其他原因，而不会察觉到磁性物质不引人注目的运动。

［雅各比注］"人的自由也是这样，所有人都夸耀自己他们有这种自由，可是这种自由仅在于人们意识到他们的欲望，而对决定他们的原因却无知。"斯宾诺莎在第 63 封信中如是说。（［译按］中译见《斯宾诺莎书信集》，洪汉鼎译，商务印书馆，1993，第 232 页。中译为第 58 封。）决定论者认为可借以回避宿命论的转向在斯宾诺莎那里绝非付之阙如。但此转向对于他来说无那么多哲学意味，以至于更倾向于无差别的决断（Arbitrium indifferentiae）或者平等的意志（Voluntas aequilibrii）。另可参伦理学第一部分，第 33 命题的第二条注疏结尾处。此外，第三部分第 9 命题的注疏以及尤其第四部分前言（一版注释）。

……莱布尼茨将终极因解释为企及（Appetitum），一个（具有自我意识的）内在的努力（Conatum immanentem [conscientia sui praeditum]）。同样地，斯宾诺莎在此意义上也可能完全认可终极因；在他这里，对莱布尼茨同样，对外部事物的设想及欲求构成了灵魂的本质。——总之，当人们进入一事物最内部，就会发现在莱布尼茨这里，同样也在斯宾诺莎那里，每一个终极因都预设有动因（wirkende Ursache）①……思想并非实体的源泉，而是相反。因此，在思想之前一定会有被视为第一性（das Erste）的非思想者（etwas Nichtdenkendes）；[569] 它即使不完全在现实中，也应根据想象、本质、内在的自然，被设想为最先者（das Vorderste）。因此，莱布尼茨不无诚恳地将灵魂称为精神的自动机（des automates spirituels）。

[雅各比注] 同样的称谓在斯宾诺莎那里也有出处，不过不在其伦理学，而是残篇《知性改进论》（*De Intellectus Emendatione*）中。此处不嫌辞费，略抄如下："我们已经指出：（一）真观念是简单的或由简单的观念构成的，（二）真观念能表示一物怎样和为什么存在或产生，（三）真观念的客观效果在心灵中，与其对象的形式本身相符合。这与古人所谓真知识是基于由原因推出结果的说法是相同的，不过，就我所知，他们决不是像这里所理解的那样，即认心灵遵循一定的规律而活动，就好像一个精神的自动机。"（遗作，第384页。[译按] 中译见《知性改进论》，贺麟译，商务印书馆，1960，第85节，第50页。）Bilfinger 也指出的 automaton（译按：原文为希腊文）一词之派生，笔者是知晓的（一版注释）。

不过（据我所理解的莱布尼茨最深刻最完整的意义上来说）一切灵魂的原则怎么能够在某处自为地存在（bestehen）并且起影响……物质之先的精神；对象之先的思想：所有这些大线团，他本应解开，以便我们真正摆脱困境，但是他还是一仍其旧……

---

① [译注] 即 causa efficiens，德译也作 Bewegungsursache / Bewegungsgrund / Beweggrund / Wirkursache。

莱　　……我让您不得安宁，您必须把这个对比说清楚①；——一直以来人们提起斯宾诺莎就如同提起一条死狗②！

雅　　您还是一如既往地这样谈论他。理解斯宾诺莎需要经久且艰难的精神的熬煎。谁要是将其《伦理学》囫囵吞枣，便不能理解他；谁要是不能够如同这位伟大的人对其哲学有着坚定、发自内心的信念，常常毅然决然地将此信念流露出来，便不能理解他。直至生命的尽头他还写道：……我并未认为我已经找到了最好的哲学，不过我知道我认识到真正的哲学——这样一种精神上的宁静，这样一方理智上的苍穹，如同那样一个明净纯粹的头脑为自己所创造的那样，而一定很少有人体验过！

［雅各比注］在致博许（Albert Burgh）的信中，他又写道：如果您问我如何知道这点的，我则回答说，这如同您知道三角形三内角之和等于两直角一样。任何人，只要他的头脑是健全的，不幻想邪恶的精神，他就决不会否认这一点，要知道，只有邪恶的精神才能使我们产生类似于真观念的假观念，因为真理既显示自身又显示错误（Quomodo autem id sciam, si roges respondebo, codem modo, ac tu scistres angulos Trianguli aequales esse duobns rectis, & hoc sufficere negabit nemo, cui fanum est cerebrum, nec spiritus immundos somniat, qui nobis ideas falsas inspirant veris similes：estenim verum index sui & falsi）。——斯宾诺莎在确定和不疑之间做了很大的区分（一版注释）。［译按］中译参《斯宾诺莎书信集》，洪汉鼎译，商务印书馆，1993，第293页。

---

① ［译按］参看附录 VI。
② ［译注］马克思称黑格尔哲学时也曾用类似的表达，见《资本论》卷一，第22页。

莱　　雅各比先生，您不是斯宾诺莎主义者吧？

雅　　以名誉保证，不是！

莱　　那么，以名誉保证，您必须在您的哲学上背弃所有其他哲学。

雅　　为什么背弃一切哲学？

莱　　您看，您是位不折不扣的怀疑论者。

雅　　正相反，我从那种使不折不扣的怀疑论成为必然的哲学中抽身而出。

莱　　然后抽离——向何处？

雅　　朝向光亮处，如斯宾诺莎所说的，"这光亮既照亮自身也照亮昏暗"。我喜欢斯宾诺莎，因为他比起其他任何一位哲人，更多地将我导向一种信念，即某些事物无法解释清楚的：在这些事物面前人们不能熟视无睹，而应该接受它们，就如同人们所发现的那样。对终极因的见解对我来说要更内在；没有一个比起"行我所思"（dass ich tue, was ich denke）而非"惟思吾所为"（dass ich nur denken sollte, was ich tue）更生动的信念①。毫无疑问，我必须因此假定一种思想和行动的源头，这个源头对我来说完全无法说清。若我想去解释它，［570］我不得不陷入第二个命题，从其全部内涵来看，将这一命题应用于诸个个别情形，是人类的理智几乎无法承受的。

莱　您如此热烈的表达，几乎同奥格斯堡帝国议会告白那样②。不过，我仍是一位真诚的路德宗教徒，并保留那种"与其说人性不如说是兽性的迷误以及对上帝的亵渎——'没有自由意志'"，您的斯宾诺莎聪敏纯粹的头脑也会在其中找到自身。

雅　在将其宿命论应用于整个人类行为时并有所隐藏，斯宾诺莎也不得不俯就。尤其在其第四和第五部分，正是我要提及的，他时不时地自贬为智术师。——这也正是我所坚称的：即便最伟大的人物想完全地解释一切，并且根据清晰的概念促成其相互一致而并不想承认其他时，他一定会得出不和谐一致的荒谬内容。

---

① ［译注］此处似有意模仿新约罗马书（7：15）语气：因为我所做的，我自己不明白。我所愿意的，我并不做；我所恨恶的，我倒去做（Denn ich weiß nicht, was ich tue. Denn ich tue nicht, was ich will; sondern was ich hasse, das tue ich）。中译据和合本，德译据路德译文。另外，此处两个半句的对立（Antithese）可联系德语诗歌中的亚历山大格诗行。
② 即对于路德教会意义非凡的、由梅兰希顿、路德等神学家起草的认信书，该文于1530年的奥格斯堡帝国议会上呈送国王。正统的路德派人士和改革派之间长久以来关于此"奥格斯堡信纲"都存有争论。

莱　那若有人不想解释呢?

雅　谁若不想解释那无法理解的,而只想知晓一切开始的界限在哪里,只想认识到它所是的那样:我相信,他就赋予真正的人类真理最多的空间。

莱　救世主呦,亲爱的雅各比,救世主呦!您想要设定的界限是不能确定的。而另一方面,您给幻想、无意义以及盲目以自由、广阔的天地。

雅　我认为,那个界限是可能确定的。我并不想去设定,而只是去找已经设定好的并使其保持原样。而至于幻想,无意义及盲目……

莱　这些存在于含混概念所及之处。

雅　更有甚者,杜撰的概念所及之处也如此——最盲目、最荒唐的信仰,即便不是最愚蠢的,在那里也有其一席之地。因为,人们一旦倾心于确定的解释,便会盲目地接受每一个结果,它得自于他无法驳倒的推论,也就是说,他在玩倒立①。

---

① ［雅各比注］参附录 VII。

……在我看来，研究者最大的贡献莫过于揭露并宣示此在。解释对他来说是手段，是通往目标的路径，是下一个而绝非最终的目的。他的最终目的是无法得到解释的东西：无法消解之物，直接之物，单纯之物。……不合时宜的解释怪癖使得我们过激地追求所共性，以至于不去注意相异之物；我们在本该花更大力气分开的地方，却总想着去联系……[571] 故而，由于我们一味地相互簇拥、相互联系在一起，这在许多事物中也得到说明，在灵魂里产生了某种假象，与其说它照亮，不如说它黯淡了灵魂。继而，我们用斯宾诺莎深邃而庄严地称之为最高级的认知，换来了低级的认知；我们合上了灵魂借以审视上帝和自身的眸子，只为了用双眼更集中地一味审视身体……

［雅各比注］因为笔者刚好浏览到这一页，发现《德意志信使》(*Der deutsche Merkur*)（1789 年 2 月，第 127 页）中有一处绝妙的表达，为了证明如上所述，这里一并引出："我认为，我们应该更多地观察，我们能够获得认知的事物相区别之处在哪里，而非其何以相似。比起找到相似点，区分来得更困难、更费劲，当人们极为正确地区分了，那么，这些对象便自然而然地相互对比。若以寻找事物的相同或相似为起点，人们会轻易陷入如下情况，为了顾及自己的假设或者思维方式，而疏忽了许多事物借以相互区分的种种限定。"

莱　很好，非常好！很受用；不过我不能用它做同样的事。我一点儿也不觉得您那危险的一跃（Salto mortale）很糟糕①，而且我也领教了应该如何由头朝上而至头朝下，以

---

① 该词是此争论后来众所周知的一个表达。

求从这种境况解脱。当开始的时候，请您也带我一道吧。

雅　只要您想要踏上这灵活的、把我甩向前的位置，它会自己开始的。

莱　不过这也需要一个跳跃啊，而我再也无法苛求我老迈的双腿和沉重的头脑了。

除了这里撮其要者所呈现的对话之外还有其他一些事物，它们经由不止一条路径把我和莱辛引向相同的对象。

莱辛曾似笑非笑地说道，他自己或许就是至高的存在者，并且在当下处于极度的缩小状态。我曾请求让他在意我的存在。他答道，他不是那个意思，并给出了解释，这让我想起莫尔（Heinrich Morus）和海尔蒙特（Helmont）所使用的方法①。不过，莱辛解释得更清晰些——太过清晰，以至于我有时不得已怀疑他是犹太教神秘教义者。这使得他有些许沾沾自喜。我顺势就从如下观点来为本质意义上的神秘教义辩护：从无限中生发出有限，借一个公式由这个过渡到那个，或者生成一部分，这从本身来看是不可能的；继而，若人们想对此发表什么观点，那么他就必须从启示出发来谈

---

① 莫尔，即 Henry More（1614—1687），英国柏拉图、神秘教义派哲人，撰有《论灵魂的不朽》(*The Immorality of the soul*) 等作品。海尔蒙特，即 Franciscus Mercurius van Helmont（1618—1699），神秘主义哲人，反对笛卡尔和斯宾诺莎。其单子论学说影响到莱布尼茨。

论。莱辛仍固守己见，他"想要以自然的方式"为自己祈祷出一切了；我答道，不可能有超自然事物的自然哲学，不过很显然，二者（自然和超自然）都存在。

若莱辛要设想一个位格性的神，那么他会将其设想为宇宙的灵魂，并将整全设想为有机的躯体。所以，如同所有可能的学说中所有的其他灵魂，［572］整全性的灵魂作为灵魂，仅仅是结果。就灵魂的有机范围可能与存在于自身之外的空无有关，从中获取并对其再现而言，人们无法比照着这个范围的有机部分去设想该范围。故而，它为了在生活中保全自己，就必须不断地在某种程度上退回到自身，并用生命把死与复活统一在自身。人们可以设想这种存在者的计划（Ökonomie）①。

莱辛甚为坚持此观念，并且亦庄亦谐地将其应用于各种例子。在格莱姆那里②，正当我们坐在桌子旁时，突然毫无征兆地落起雨来，格莱姆诉苦说，我们餐后本打算去他的园子里去。坐在我旁边的莱辛说：

雅各比先生，您知道，我或许会这么做的。

---

① 在此作"建设、计划"（Aufbau、Plan）解。
② ［Rilla 注］莱辛着实友好，因为当我在汉堡再次拜访了他之后，他又携我一道来到哈尔贝施塔特（见雅各比注）。

[雅各比注] 这样理解，如人们说"我消化，我产生好的或者坏的汁液（Im dem Vertande, worin man sagt：ich verdaue, ich mache gute oder schlimme Saefte, u. d. m.）"。[译按] 雅各比在这里脚注有些难解，看不出和正文内容的关联。似乎与莱辛的身体状况有关。关于莱辛的病情，参 Hugh Bahr Nisbet, *Lessing. Eine Biographie*. Beck, 2008, 第 815 页及以下，第 840—842 页。尤其第 841 页提到莱辛在 1781 年 2 月 3 日傍晚，有汁液进入肺部，他感觉身体不适。

我答道："或许我也会。"格莱姆端详着我们，好像我们有欠明智；好像我们在他这里待了整整三天，他也难以不知疲倦地应付我们了，难以不断地以轻快、透彻且诙谐的心绪、令人开怀的幽默，以及总是极为细致却颇为犀利的谈笑面对我们了。

莱辛无法忍受一个位格性、纯粹无限的存在者这样的概念，它处于对自我至高完善永不变动的陶醉。他把这种理念与一种令他惧怕并痛苦的无尽的百无聊赖联系起来。他认为人死后和位格相联系的持续并非不可能。他告诉我，说他自己正在读的伯内作品中碰到了一些理念①，这些理念同他关于这一对象的理念，甚至与他的学说极为吻合。谈话不断继续，并且以我对伯内的熟悉程度（我之前几乎将他的全部作品烂熟于心），使得我不再追问

---

① [译注] 伯内（Charles Bonnet，1720—1793），瑞士哲人，同时亦是自然科学家、律师。另一位瑞士启蒙时期牧师、哲人兼作家拉瓦特（Johann Caspar Lavater，1741—1801）将其作品《哲学的转世或论生物的未来状态》（*Palingénésie philosophique ou Idées sur l'état futur des êtres vivants*）部分（即《对基督教证明的哲学研究》部分）译为德文，并题献给莱辛好友门德尔松，以驳斥并试图劝服门德尔松皈依基督教，由此引发激烈的论战。

细节。并且，自从莱辛的学说对我来说既非神秘亦非难解之后，我再也没有因这种原因翻过伯内作品，直到目前的事件才促使我这样做。莱辛当时阅览的伯内作品不是其他，正是您一定也熟悉的"转世论"（Palingenesie）①。该文第一部分第七段，与《论自然》（Contemplation de la nature）第十三章第四段相联系，这也是伯内自己提及的，可能在其中包含了莱辛所指的理念。我认为有一处（第一版，第246页）特别明显，[573]伯内说："难道人们应该持这样的观点：宇宙并不那么和谐，我几乎要说，还不如动物那么有机[和谐]？"

就在我要离开莱辛前往汉堡那天，我们仍严肃地谈到了这些话题。我们在哲学上的分歧微乎其微，只是在信仰上有着分歧。我赠了三篇赫姆斯特豪斯最新的作品给莱辛②，他对这位作者除了知道其论雕刻的信札外一无所知。三篇作品是《论人及其状况的通信》《索菲尔》《阿里斯忒或论神性》。后者是我途经明斯特时刚拿到③，还没有读过，因此不想留下来给他，但是拗不过莱辛的恳求。

---

① 这里指的是雅各比以书信告知的对象门德尔松。
② 即 François Hemsterhuis（1721—1790），荷兰哲人、作家。作品有《阿里斯忒或论神性》（Aristée, ou de la divinité, 1779），《论人及其状况的通信》（Lettre sur l'homme et ses rapports, 1772），后者影响了雅各比1773年《致一位年轻女士的信》（Brief an eine junge Dame）。
③ 赫姆斯特豪斯的大部分作品都题献给伽莉岑侯爵夫人（Amalie von Gallitzin, 1748—1806），后者1779年来到明斯特。雅各比与哈曼（Hamann）属于该圈子。[译按] 该伽莉岑侯爵夫人为沙俄公使伽莉岑侯爵之妻，受卢梭教育思想影响较大。与启蒙人士走得比较近，如早期与法国哲人伏尔泰、狄德罗等。赫姆斯特豪斯、赫尔德、拉瓦特等人都属于明斯特圈子。后来受哈曼影响，转向天主教。

在返回沃尔芬比特时，我发现莱辛对上面所提及的《阿里斯忒》甚为着迷，以至于心意已决，要亲自翻译这部作品。他说，这显然就是斯宾诺莎主义，并且披着如此精美的显白外衣①，使得这件外衣本身重又对内在的学说做出了发展和解说。我确信地回答道，据我所知（当时本人还未与赫姆斯特豪斯相识），他并非斯宾诺莎主义者，狄德罗甚至曾给我确证过。莱辛反驳道：

读读这本书吧！之后您就不会怀疑了。在《论人及其状况的通信》中已经呼之欲出，但可能赫姆斯特豪斯本人当时还未全然了解自己的斯宾诺莎主义；而在这里，他已对此心如明镜。

要想认为此判断不悖谬，人们就必须像莱辛那样对斯宾诺莎主义确信无疑。莱辛所说的《阿里斯忒》的显白外衣，完全有理由被视为以下学说单纯的发展，即不可分、内在、恒久的无限性与有限性的结合，普遍、（就此而言）不确定的力量与确定、个别的力量的结合，在其所有方面必要性矛盾的结合等。人们很难用《阿里斯忒》中其余的东西来反对斯宾诺莎主义者。——另外，我必须郑重保证：赫姆斯特豪斯绝非斯宾诺莎主义者，相反，其重要观点与此学说背道而驰。

---

① 针对局外人，公众的，"为普通人所理解的"；与之对立的是"隐微"，针对的是内部人士和专业人士。可参 Göpfert 版本第 7 卷，第 796 页，"编辑引言"。

当时,莱辛还未读到赫姆斯特豪斯的《论欲望》(*Sur le désirs*)。这篇文章寄给我的时候,我刚上路①。莱辛写信给我说②,直至打开了邮包,他不安的好奇心才得以安宁,[574] 并把剩余的内容给我寄到了卡塞尔。他在信中又称:"对于这篇给我带来极大欢愉的作品本身,下次详谈。"

就在去世前不久,12 月 4 日,莱辛给我写信说:

> 看到＊＊＊我突然想到③,觉得很有必要告诉阁下我关于赫姆斯特豪斯论爱的学说的想法。您一定不相信,这些思想与该学说有多么准确的关联,我认为这一学说本身并不说明什么,用分析者(Analysten)的话来说④,对我来说,只不过看起来像是一个公式对另一公式的替换,使我因而陷入了新的迷途,而非更接近启明。不过,我现在还能写,我想要写的吗?——更不用说我必须写的……

在我了解莱辛以如上述及的方法思考的想法之前,已经有足够证据的确信,莱辛是一位纯正的自然神论者,这种确信当时使我对《论人类的教育》中的一部分不是很理解,尤

---

① [Rilla 注] 在我第一次沃尔芬比特之行期间,为了满足莱辛对此文极力的要求,不得不写信求得此文(见雅各比注)。
② 该信件已佚失;参 Lachmann/Muncker 版卷 18,第 346 页。
③ 省略处指的是雅各比的小说《沃尔德玛》(*Woldemar*, 1779);参 Lachmann/Muncker 卷 18,第 358 页。
④ 所指的是分析论者(Analytiker),数学家(Mathematiker)。

其是第 73 条①。我想知道，是否可以以其他方式去澄清，而非根据斯宾诺莎的理念。根据这些观念，评论将会变得轻而易举。斯宾诺莎的上帝是寓于一切现实性中的现实、寓于一切此在中的存在之更纯粹的原则，全然不含个体性，并且纯粹地无限。该上帝的一（Einheit）是基于那位不可分的上帝的一致性，因而未排除某种多（Mehrheit）。仅仅从这个先验的一来看，神性则必须完全脱离现实，因为现实只在某些个体中得以表达。这个现实，及其概念，因而是基于"被动的自然"（永恒之子）的②；就比如可然性、本质、无限性之实质及其概念，都基于"能动的自然"（父）。

我之前对呈现斯宾诺莎主义精神做出的努力，使得我在这里不得不将继续的发散视为画蛇添足。您同我一样了解，就像一些图画——尽管或多或少地有些混乱，同样的想象，自古以来就在人们那里落地生根了。——"语言在这里无论如何都受制于概念"③，就如某一概念受制于其他概念一样。

许多人都可以做证，莱辛常常并且不无强调地提及作为他神学和哲学本质的"一即全部"④。他表达并书写它，间或作为他不容置疑的座右铭。在格莱姆的园中小屋中莱辛也亲手写下了它，就在我的格言下面。

[德文编注] 类似于访客登记簿或宾客留念册，在这个小屋的墙纸上留下了

---

① 参卷 8《论人类的教育》，第 505 页及以下。[译按] 中译参《论人类的教育》，刘小枫编，朱雁冰译，华夏出版社，2008，第 121—122 页。
② "被动的自然"（Natura naturata）与 natura naturans（创造性的自然）相反。
③ 参 Göpfert 版本第 7 卷，第 506 页。
④ 前接注释部分。莱辛的这句格言未保留下来。

拜访格莱姆的常客的姓名。1780年8月14日，莱辛在上面写道："高特霍尔特·埃弗拉姆·莱辛／1780年／论争中的一天。"（Gotthold Efraim Lessing / 1780 / dies in dite）这里是否也有"一即全部"这句话，是有争议的。据赫尔德的说法，则极有可能有（参 Felix Hasselberg, *Eine Lessing-Reliquie aus Gleims Freundschaftstempel*, Berlin, 1919）。

还有其他一些与此相关的，卢戈希尼应该也知道①。[575] 我后脚来，他前脚刚离开沃尔芬比特。莱辛在我面前极为夸赞此人，认为他是个很机灵的家伙。

我所讲的，不过我可以讲的十分之一，如果我的记性还足够愿意支援我，则可以细到穿着和表达。因此，我在所讲述的里面尽量简约地让莱辛发言。当人们整天谈论各种各样的事情时，细节一定会流失掉。这里也是这种情况。因为我曾十分肯定地知晓：莱辛不相信任何从世界中区分出来的事物的原因；或曰，莱辛是斯宾诺莎主义者。因此，他之后要是以各种新方式对此的相关表达，与其他事情比起来，我并不那么印象深刻。我无法一字不差地回想起他所说的话了；至于莱辛是一位斯宾诺莎主义者，在我看来很好理解。如果他说了令我的求知欲急于了解的相反的东西，那么，我很有可能会对每一句重要的话再做汇报。

---

① 卢戈希尼（Girolamo Lucchesini，1751—1825），1780年起，任柏林的图书馆馆长和腓特烈大王的朗读者。关于此人并无相关报道。［译按］莱辛与此人的交往，见 Nisbet《莱辛传》，第812页。

书信往来

莱辛/雅各比

1. 致雅各比①

《纳坦》的作者因受教于《沃尔德玛》的作者良多,亦欲偿还此充满教谕、情意款款的时光。不过,借由《纳坦》吗?应该很难。《纳坦》是作者渐入暮年所得的子嗣,他帮助作者,使其免除论战之苦。

莱辛

1779 年 5 月 18 日,于沃尔芬比特

---

① 雅各比(Friedrich Heinrich Jacobi, 1743—1819),哲人、启蒙作家。早年是手工制品作坊主,杜塞尔多夫共济会"纯粹友谊"(La Parfaite Amitié)成员,1772 年成为选帝侯宫廷财务顾问,1779 年成为枢密顾问和普法尔茨巴伐利亚的部长。他利用这些身份推动经济政策改革并废除农奴制度。之后,雅各比作为学者退隐到杜塞尔多夫附近的佩姆佩尔夫特,为维兰德的《德意志信使》撰写书评和文章。1807 年至 1812 年,雅各比出任巴伐利亚科学院主席。雅各比曾撰有小说两部——《奥维尔书信》(*Eduard Allwills Papiere*, 1775)和《沃尔德玛》(*Woldemar*, 两卷, 1779)。通过发表《关于斯宾诺莎的书信》(1785),使莱辛得到斯宾诺莎主义者的名声。

2. 雅各比致莱辛

1779年8月20日，于杜塞尔多夫近郊的佩姆佩尔夫特

您寄来的《纳坦》以及所附文字令我欢喜，我希望借此向您表达我的喜悦。我在慕尼黑逗留了四个月郁闷的时光，回到家里时才发现寄来的包裹。重新回到我的花园、回到自我的状态、回到自己人身边的渴望难以言表，但是，再次看到那些向我热情招手的事物中，没有什么能比得上莱辛第一次友好的握手。不过，我为何不立即坐下来写回信呢？很难回答。我必须能够表露心中想要对您说的一切，您不得不忍受这颗毫无掩饰的心，就如我把它交付给您的样子，而我又不能以这种方式把我的心交付出去。

色诺芬笔下的西蒙尼德斯说①，大人物一半的事物也比小人物全部的事物更受欢迎，国王身上有诸神给予的某些荣誉和荣耀，虽然国王并不会因为王冠而更美丽，但是我们更愿意看到他，爱伴随他直到终老，只有与王者在一起，爱才能避免被玷污的危险②。

令人尊敬的先生，事实上，对鄙人而言，您太过伟大，以至于我没有勇气敢进一步接近您。我的赞美和爱，对您来

---

① 西蒙尼德斯（约前556—468），重要的古希腊抒情诗人和箴言诗人，由于"启蒙式的"睿智，也许也由于后人传说的丑陋和贪财而被莱辛戏称为"古希腊的伏尔泰"（参《拉奥孔前言》，[译按] 中译参莱辛《拉奥孔》，朱光潜译，人民文学出版社，1955，第2页及以下）。
② [译按] 参施特劳斯等著，《论僭政——色诺芬〈希耶罗〉义疏》，何地译，华夏出版社，2006，第17页。

说有什么用？尽管如此，我感到对您有一种信任，也感到我自己有一些价值。于是我心潮澎湃，就想索性这样奔向您的怀抱：但是，一个在大众那里以奇异的东西或者在高尚者中以尚可的东西而有些名声，而另一个是思想家中的王者，这两者之间的巨大差异不止一次地将我的脚步止于半途，我的胆量顿时化为飞灰。

明年春季我将拜访沃尔芬比特，到时候您会相信，我所感受到的一切就如这里所写的那样，并且这也是他内心的真实。您将会看到，我究竟有什么值得的。我希望，它可以赢得您的友谊。我对未来日子的期待无以言表，而且也因为鄙人希望在您那里恳请几位无法对我给出满意答案的先知的神灵，并让他们开口说话。

就在我从慕尼黑动身前一个小时，收到了博伊①寄来的一本《智者纳坦》。我在途中将它一读再读，由于陶醉而千百次地呼喊出来。我和申克②二人将书本从手中夺来夺去，要是我们到达目的地时能找到新的样书就好了。您怎能把我那可怜的《沃尔德玛》——这个古怪的东西——与您的《纳坦》相提并论呦！读完《纳坦》之后，我却不那么心满意足。

我把订购几册《纳坦》的资金还给了我的叔父，那位来自策勒（Zelle）的教会监理员。他在我这里待了三个星期，

---

① 博伊（Heinrich Christian Boie，1744—1806），出版家，汉诺威参谋部秘书，1781 年出任梅尔多夫总督，是启蒙时期重要的出版家和文学的促进者。
② 申克（Johann Heinrich Schenk，1748—1786），雅各比同窗好友，1770 年起担任雅各比秘书，之后在慕尼黑担任高级宫廷和管理官员。

我们每天都在开玩笑让对方转信。

您当时在慕尼黑,却未见过罗礼①。有些遗憾。这位罗礼是人们能够认识的人中最为优秀的一位。您知道他的遭际。我很期待给您娓娓道来他为何会有此遭遇。

亲爱和卓越的先生,请您保重,也请您对我保持友好。我会尽我所能向您表达友好。

F. 雅各比

3. 雅各比致莱辛

杜塞尔多夫,1780 年 6 月 1 日

我怀着难言的愉悦拜读了您完整的《论人类的教育》,并且第一次鼓起勇气寄给您随信所附的未完成书稿,您也许还没有读过,或者它还没有引起过您的注意。您无须通读全部,只需读一读第二部分。当我本月末在沃尔芬比特——如果允许——拥抱您的时候,我想和您谈一谈这一部分②。倘若您愿意在消遣的时候瞥一眼我在第四封信中所谈的德·鲍《关于埃及人和中国人的哲学研究》,我将十分高兴③。这封

---

① 罗礼(Johann Georg Lori, 1722/1723—1786),慕尼黑科学院的支持者之一,以及科学院历史院首任主任。
② 雅各比于 7 月 5 日至 10 日拜访了沃尔芬比特。
③ 指的是荷兰哲人德·鲍(Cornelius de Pauw, 1739—1799)1773 年发表的 *Recherches philosophiques sur les Égyptiens et les Chinois*。德译(*Philosophische Untersuchungen über die Aegypter und Chineser*)出版于 1774 年。

信见于《德意志信使》卷七（1774年8月），是一个十分粗浅的思考，不过某些观念也许可以从中得到拯救。

我希望，您可以在柏林、德累斯顿、莱比锡，并在这附近稍做逗留，或者，您是否愿意同我一道在这片地区游玩？我将会面对面给您重复我的建议，并告诉您详细的情况，三周之后我会再次返回并询问您的决定。也许我们到时会决定到另一处您有兴趣的地方旅行。

我的兄长①告诉我，您以最大的赞扬，甚至钦佩谈到《奥伯龙》②。我无法理解。

亲爱且卓越的先生，请您原谅这封毫不见外的书信，它充满了（必然）自然流露的爱意。

您的雅各比

4. 致雅各比

1780年6月13日，沃尔芬比特

我可以丝毫不迟疑，在回复您于本月1日（不过我本月12日才收到）寄出的令人愉悦的书信时告知您，估计不错的话，我将在整个6月份，直到7月中旬都会在沃尔芬比特。我十分期

---

① 即 Johann Georg Jacobi（1740—1814），诗人，在哥廷根研习神学和语文学，与诗人格莱姆友善。
② 指的是维兰德（Christoph Martin Wieland, 1733—1813）的作品《奥伯龙》（*Oberon. Ein Gedicht in vierzehn Gesängen*, 1780）。

待在寒舍欢迎阁下的到来，希望这里的几日小憩能使您欢喜。

我们的对话虽然可能是自发地开始，不过，最好告知我，我们从何时开始①。若没有您的告知，我可能并不会读到《沃尔德玛》的续篇。我无法完全想起来《信使》中的内容了②。

至于是否有可能同您一同旅行，目前我无法给您确信，不过我确有此心愿。我希望，也曾希望，怀着如此多预先感受到的欢愉，即幸福大多时候脱胎于辛劳，来满足愿望。

亦向您的兄长问好。致以最崇高的敬意。

您最忠实的莱辛

5. 致雅各比

致杜塞尔多夫的枢密顾问先生雅各比，目前在布伦施威克。

免邮资

用蓝天使送寄

亲爱的雅各比：

我本不应在口头上同您分别③。我也不愿以笔头形式。或者无

---

① 对话的出发点可能是《论人类的教育》第 73 条。雅各比后来在《论斯宾诺莎的书信》中提到这些对话。

② 《沃尔德玛》第一部分于 1777 年发表在维兰德的《德意志信使》，题为"友谊和爱情，一则真实故事"。第一卷 1779 年出版于弗伦斯堡（Flensburg）。续篇《生活与人类哲学一则；出自沃尔德玛第二卷》于 1779 年发表在《德意志博物馆》（*Deutsches Museum*）。

③ 莱辛陪雅各比一直到布伦施威克，在这里却无法亲自和雅各比告别。这封信未能赶上雅各比，他当时已经身前往汉堡。莱辛在 8 月份亲自将这封信交给雅各比。

论如何都同样的,并免去了我这样幼稚的反题:我也不应这样。

我会常常挂念您。除了在思想中,人们还会如何相互聚首?

祝您旅途愉快,并健康、心满意足地再次返回。其间我会尽一切努力,使自己以后同您一起旅行。

代问您的妹妹安好①。

您的莱辛

1780 年 7 月 11 日

于沃尔芬比特

6. 雅各比致莱辛

致沃尔芬比特宫廷顾问莱辛先生:

[免邮资]

汉堡,1780 年 7 月 23 日

我在此地所待的时间比我预计的长了八天。有些时间完全在闲谈中被消磨掉了,但我也享受到其他一些难忘的时刻。我这么晚才结识赖马鲁斯一家人,这可是您的过错啊。可惜您属于大洪水,您属于那类既不愿被惩戒又不愿被责罚,甚至,在危急关头会鼓起勇气奔向魔鬼的人。总之,我

---

① 指的是雅各比的妹妹 Helene Jacobi (1753—1838),她在旅途中一路陪同雅各比。

同时也愿您身体健康，并且坚持自己的想法，让我回程时取道沃尔芬比特。克劳狄乌斯也许会陪我一起返回①。不过，柏林之行应该不会有什么成果，我一定会去拜访格莱姆。关于这一切，我们面谈。8月10日或11日我会拜访您。最亲爱的莱辛，我们再会！您已经在生命中获得了永恒安宁的馈赠，请您以此为乐吧！

致以真心实意的祝福。

您最忠实的雅各比

又及，8月2日我们将从这里启程前往策勒，在那里会待5至6天。

7. 致雅各比②

亲爱的雅各比先生：

当我回到家里时，除了发现前一天从明斯特用快马寄给您的包裹之外，别无其他。因为我在上面认出了王子的徽

---

① 克劳狄乌斯（Matthias Claudius，1740—1815），诗人、翻译家。自1768年起在汉堡担任编辑，在这里结识莱辛和赫尔德。1776年至1777年出任位于达姆施塔特的州立特派员，担任雅各比几个儿子的教育者。克劳狄乌斯以主编杂志 *Der Wandsbecker Bothe* 而出名，这是一份轻松的文学杂志，在他的领导下（1770—1775）该杂志在短期内成为当时德国最受欢迎的一份刊物。

② 此信在 Heinrich Schneider 著 *Lessing. Zwölf biographische Studien*（1951）中首次得到完整披露。

章,而且我又回想起 Pr. Gall①.许诺说要给我寄来赫姆斯特豪斯的《论欲望》②,所以,我不可按捺的好奇心令我很不安,于是我打开了邮包。其中,寄给您的物件如下:一封封好的信件,两篇文章,这估计不是您同伯爵夫人,而是和 F 部长交往的内容。希请原谅!

关于这篇带给我极大乐趣的文章,我们见面详谈。小女告诉我,她目前因为重病正待在埃施韦勒(Eschweiler)。我希望您在哈尔茨山的行程一路顺风,并企盼您一行人在卡塞尔身体康健。替我向您的妹妹问好!也祝您开心到达您的心之所系之处。

您的莱辛

1780 年 8 月 18 日

布伦施威克

8. 雅各比致莱辛(1780 年 9 月末或 10 月初,散佚)

---

① 此人未详。
② 赫姆斯特豪斯(Franciscus Hemsterhuis,1721—1790)的《论欲望》(*Lettres sur les désir*,1770)对雅各比、赫尔德,以及浪漫派诸君有影响。根据 LM 版(卷十六,第 521 页),雅各比在 1780 年 7 月 10 日拜访沃尔芬比特时,除了这部作品之外,还给莱辛留下了赫姆斯特豪斯的 *Aristée, ou de la divinité*(1779)。月底,雅各比重返沃尔芬比特,发现莱辛"完全被这部作品所吸引,以至于决定亲自去翻译它。莱辛在这部作品中注意到最精美的显白外衣下明显的斯宾诺莎主义"。这份没有流传下来的翻译计划属于 1780 年 7 月下旬。

9. 雅各比致莱辛

佩姆佩尔夫特，1780 年 11 月 28 日

亲爱的莱辛：

上周三我的书商突然给我寄来了六卷《大德意志文库》，我从第六卷附录（第 3426 页）一则关于《伊丽斯》的书评①中读到如下内容："不过，读者诸君要如何对付这不自然的浮夸废话，所谓的《奥维尔书信》（重印在《德意志信使》），无疑，与我们一样，他们也不知所措。这个重音以完全奇特的方式，与温柔的伊丽斯柔和的气质形成鲜明对比。"这个批评以及其中的语气，太让我感到陌生，并令我难过。我想到过会处于这样一种情形，但是未曾企料会有人写出这样的批评。自这之后，我思前想后，最终决定，一次性地解决掉所有类似的小动作。也就是说，我要为作品署名。不过，关于如何操作，我需要您的建议。希望您不吝赐教。

科腾出版社为《沃尔德玛》每个印张付给我 2 个金路易。协商之后，出版社会在我交付第二卷书稿时付给我第一卷的收益。他们十分礼貌，并预先付给我 30 个金路易，不过现在催着我交下一卷。我从书展书目看到，他们对这本书做了优惠。——我怎样才能以最好的方式让这些好人们满意呢？我想，以如下方式吧。

---

① 杂志 *Iris*（1774—1776）由雅各比兄长主编，专门针对女性。雅各比的《奥维尔书信》前几篇发表在该杂志 1775 年 9 月号。

当我一回到家里，就修改了第一部分已经写好的内容，并且继续往前写了一些。在"告别"中①，我想谈一谈本书的道德性和作者写书时心里的意图，于是，新的一卷就会从第一卷的优点中突显出来。接下来我不会再写第三卷了，而是放弃《奥维尔书信》的写作，以及我的作品中其余还值得保留的东西。我一直认为希莉致克莱尔顿的第三封信、奥维尔致克莱尔顿的信，尤其是奥维尔致露泽的信以及回信是我所能——或许将能——写得很好的②。如果如尼柯莱所言，它们是那么糟糕的废话的话，那么，我就不仅是没有天赋的人，而且是个毫无理智、毫无品味的人。亲爱的莱辛，至于除了最后的两封信和前五封信之外，《奥维尔书信》中是否还有其他值得保留的，我请您来决定。您可以在 1776 年的《德意志信使》的 4 月、7 月以及 9 月刊中找到所有的内容。我认为，除了那些活泼的几篇之外，其余的都不值得保留。一旦了解了您的决定，我将会修改应该保留的部分，因此，在此之前我不会再看这堆东西。随信附上的是我后来给《德意志信使》供稿的目录。唯一可能有价值的也许是第四封关于德·鲍的书信，不过，我应该如何将这一封与其余的分开？——亲爱的莱辛，请您原谅我给您造成的麻烦。很明显，我不是毫不知耻的，要是我知道有其他解决的方法的

---

① 即《沃尔德玛》卷二的最后一段对话，该部分 1781 年首次发表在《德意志博物馆》，之后再次发表在雅各比《文集》（Vermischte Schriften）卷一。
② 希莉（Sylli）、克莱尔顿（Clerdon）、露泽（Luzie）等都是小说《奥维尔》里的人物。

话,您就能免受其扰了。可是,我在当下情形中能够信赖其判断和严格的正派的唯一一个人就是您。

还有另外一件事。如果我既不用发表已经成书的《沃尔德玛》第二部分,也不用发表的《奥维尔书信》,您认为这样更好的话,请您径直告诉我,以老实人的诚实。这样的话,我会把科腾出版社付我的 30 金路易返还,如果他们要求的话,我会再付他们一笔赔偿金。

敬请速回。我的兄长 3 周后将动身旅行,他可能会——也许会有各种各样的郊游——和博伊商量、解释,并达成一些必要的东西,博伊是科腾的小叔子,我和他的确有过较量。

10. 致雅各比[①]

亲爱的雅各比:

眼下,我刚收到一封朗格尔从阿姆斯特丹寄来的信件。他可能告诉过您,他打算离开我这里,前往汉堡。我很久没有去过汉堡,除了还有这样的希望,希望可以在那些老朋友中间再次找到离我而去的健康和好心情。我自己也记不清,这是多久之前的事了。当然,应该说是我放弃了它,放弃了这份希望。但是,除了被迫无奈,谁又会欣然放弃希望呢?

[①] 这封书信并不是对雅各比上一封书信的回复,上封信后来才到莱辛手上,而是对散佚的第 1854 号书信的回复。

不久前，我终于又缓过来了。从身体到眼睛，无论如何都好了很多，不过在精神上仍然力不从心，无法胜任即便只需要最少精力的事情。

否则，我不是早就给您写信了么？——但愿您能够完整地在我的灵魂里察觉一切，就像我敢于在您的灵魂里去察觉那样！我也很清楚，自您给您的叔父写过信之后，再给我去信一封，这会使您感到厌恶。对于您的幸福来说，您不可能在意1000塔勒①。您不可能再次迈出索还它们的第一步！您不可能想要让他人注意到您极不体面地丧失了它们！这个人就是那位不可能察觉您想法的好叔父，当您觉得不想接受他的想法时，似乎就会轻视他。

当我决定不去写信给博伊时，差不多也是这样的想法。当写给博伊的信也许会有这么一段解释时，这封信会是怎样的呢？它既不能有损于雅各比的体面，也不能有损于传达关于他的消息的我的体面。——总之，请您见谅，如果我预见不到能够以好的方式做某件事，我是不会做这件事的。我也不清楚，除了想读到您对自己的辩护词之外，还有什么值得一读。像您这样的人在我眼里永远都是在理的，即便他要与整个他不愿意同流合污的世界作对。

亲爱的雅各比，请您改掉您如履薄冰的心态，心平气和地坐下来，然后完成您的《沃尔德玛》。

---

① 1780年8月31日，由于从事不明不白的"政治活动"，雅各比被罚去普法尔茨－巴伐利亚枢密工资1000古尔登，包括两匹马的粮草。

在阅读《沃尔德玛》时我突然想到，我曾自告奋勇地告知过您我关于赫姆斯特豪斯爱之学说的一些想法①。您无法想象，这些想法与他的体系关联得多么密切，在我看来，他的体系其实并没有说明什么，用这位分析家的话来说，在我眼中只是以一个公式取代了另外一个公式而已，以这种方式，我与其说得到了启发，毋宁说陷入了新的迷途。不过，现在我是否能够写下来我想写的？——更不用说我必须写的。因为，我必须是一致的。而且，我还得追问，魔鬼是否完全飞到了尤利希－贝尔格公国的教士那里②。我想，也许是您曾给我寄过那份文告——抑或叫作什么其他讨厌的名字。上帝呦！这些无耻之徒！如果再次被教皇压迫，并且成为残酷的宗教裁判所的奴隶，是他们罪有应得！倘若您还知道关于这种非路德宗做法的详细信息，烦请告知。

请向您的朋友，尤其是我认识的那些转达我的问候。如您所知道的那样，我们各自的好感在不同的人们——无论是谋过面还是未曾谋面的——之间造成了区分，这可不是我的杜撰。

请您转达您的兄长——他回头将会经过这里——多林一家已出门在外，而且这里所有的旅店，包括我自己的住处，

---

① 莱辛关于爱的体系的想法并没有以文字形式流传下来。
② 尤利希－贝尔格公国教会代表韦斯特霍夫（J. F. Westhoff）请求当地政府，对那些不去教堂或者不参加晚餐礼的人，处以财产处罚，倘若这些人继续拒绝，就对他们施以体罚，甚至驱逐出境。政府同意这么做，韦斯特霍夫于1780年8月13日请公国所有的布道坛宣讲教会代表会议的《文告》（Proclama）。

都会因为瘟疫而大门紧闭。

莱辛
1780 年 10 月 4 日
于沃尔芬比特

11. 雅各比致莱辛

杜塞尔多夫，1780 年 12 月 22 日

亲爱的莱辛，为何我在这么多人中只妒忌您一人，并且在眼下尤甚，是因为，您在上一封信中赋予我的欢乐和支持，远非我能够给予您的。不过很遗憾，那封信是以您令人不安的健康状况开始的。我希望可以从兄长那里了解关于您健康的更详细消息，以及如果您无法工作，您会以什么来打发时间。我想，您要是在杜塞尔多夫的话，能比在沃尔芬比特更好地打发时间。在沃尔芬比特除了其他各种痛苦之外，您还有如下的苦恼，您会像坦塔洛斯一样被水淹到嘴唇下面，除了咽下袭来的洪流之外别无他法，而这唯一的事情您也无法去做。而在杜塞尔多夫，您也许一下子就来到了干燥处。我们给您斟到不会带来害处的酒杯里的，您一定会一饮而尽。——它们那个没有被施魔法——您一定会咽下去。单单从杯中饮酒就能够促进您的康复，而随之也会给健康的源泉带来一些好处。我无法给您许诺太多赏心悦目的事物（除了骑马、乘车、桌球之外），而只能向您承诺周围安静的喜乐，恬静的生活，而不是死寂。真心的——噢，极其真心的照料，不过不会多于您所要求的。以及毫无限制的自由自在。总之，向您许诺一个美好舒适的环境。

亲爱的莱辛，您说，您愿意去察觉我的灵魂。噢，那就请您尽管在其中察觉和您有关的一切吧！只要您有一丝半点想法想来住在我这边，请一定要来！不过，莱夏也要陪同①！我愿意坐车到奥斯纳布吕克迎接您。您可以租一辆马车坐到那里。噢，要是您决定了就好啦。我已经计划好了明年春和您一起的出行了，我们去游览比利时，去参观亚琛，去斯帕城。倘若您能待到冬天，我们就去巴黎。亲爱的莱辛，说真的，您在沃尔芬比特会垮掉的，以伟大的潘神发誓，以及潘神掌管的一切元素发誓，您不能对我这样做！

"老父"格莱姆会给您当面讲我的政治事务的进展②。从您给我的上一封信的回复来看，关于我希望在《博物馆》里寻找的告示，似乎表达得不够明确。因此，一切没有发生，是加倍的好事。高尚的人呦，您在这件事情上对我所说的提振信心的话，对我来说，远比寰宇之内最伟大的君主能够赠予我的更让我高兴。

此外，您让我完全改掉如履薄冰的心态，心平气和地坐下来，然后完成我的《沃尔德玛》，也让我如沐春风。最珍

---

① 莱夏（Recha）为《纳坦》中的人物，这里指的是莱辛的继女 Amalia König。
② 从这里开始是以不同颜色的笔书写，如写信人所言，即 12 月 23 日。雅各比这里指的政治活动是经济政策上与选帝侯特奥多（Karl Theodor, 1724—1799）的差异，以及与一位普法尔茨-巴伐利亚关乎雇员之间的口角，也可能还包括赡养选帝侯私生子方面的分歧。

贵的人呦，我多么愿意不带任何保留地听从您的建议，但是一说到《沃尔德玛》，就有许多原因促使我将它保持原样，最主要的是告别我们的读者。Quae ego scio, non probat populus: quae probat populus, ego nescio［我所知晓的，大众并不认同；大众认同的，我并不知晓］①。11月28日，我已经就我的决定给您写了一封信。不过在我兄长的劝说下，我把信按住未发。但是由于我没有其他任何办法，我的兄长将会把那封信呈递给您。亲爱的［莱辛］，说实话，对于我来说，我们的读者太过混乱、太过放肆，他们中那些强势的人对我而言太过激烈。我觉得我难以胜任这件事。不怕羞地讲，到处都令人不舒服。最好是我从来没有从事过这样的行当，同样，最好也没有从事过政治事务。用您的话说，我最好从未同流合污。就请您让我一股脑抛开锁镣，一股脑地扔给那属于它的一群人。

"老父"格莱姆会给您进一步讲尤利希-贝尔格公国的教士以及奔向那里的魔鬼的相关信息，因为他是（如海伦娜前天写信给赖马鲁斯医生②所说的）大天使米迦勒，他展翅高翔，与恶龙战斗。

26日

---

① 引文见塞涅卡《道德书信集》（*Epistulae morales ad Lucilium*）第29封。
② 指的是赖马鲁斯之子J. A. H. Reimarus 的第二任妻子 Christiane Sophie Louise Reimarus。

又及，

前三页是我于周五和周六所写的。今天本应补充一些，尤其是与基督教不宽容行为相关的一些想法，我认为可以赋予这些想法一种论证的尖锐性。我想我们之前谈起过这一点。不过，我昨天旧风寒未愈又添新的，现在头脑昏昏沉沉，我情愿没有头脑。——我的妹妹也给您致以衷心问候，我另一位您不认识的妹妹以及我的妻子亦致以问候。请您在最最真诚、最最急切的邀请下，越早来到此地越好。

您是否在《共济会对话》的第四和第五篇的发表上有意放过和疏忽？又或者这只是一次恶作剧？而且是您未曾料想的恶作剧。

请您保重，并让我尽早听到您令人愉快的消息。

您的雅各比

[附]

莱辛与友人的泛神论之争

绍尔茨（Heinrich Scholz）

一 论争的核心：泛神论问题

标题中暗示了本书中论战文章的核心是泛神论问题。这样说并不意味着，论战者本人已明确意识到这一核心。通过雅各比将此论争步步为营地向前推进的方式来看，这里的假设甚至极为令人难以置信。人们不得不从亲身参与者的立场出发来判断，论争的中心发生了多次推移：从莱辛到斯宾诺莎，再从斯宾诺莎到唯理主义的世界观。

因而，我们不能以此给论争者本人强加一种他们明显并未挑明的核心。只要通观全部的读者认识到这个核心点就足够了，我们围绕这一点清晰地编排了以下论争作品中积累起来的讨论。新刊旧文之所以以雅各比和门德尔松之间泛神论之争的主要作品为主，就应该在此意义上来理解。

泛神论问题实际上是论争作品的根本主题，它同时也是这些论争作品其余实质性兴趣的所在,并且是促成本次新刊的首要动机。一系列讨论的中心点不是出发点和目的,而是处在两点之间,对此,我们没必要详细说明。之所以需要提示,只是为了防止泛神论问题的中心位置受到下面这种质疑的威胁,即争论的出发点是对莱辛泛神论的追问,而目的则是围绕唯理主义世界观的斗争,也就是说,这两点其中的一点与泛神论只有松散的联系,而另一点甚至完全与之无关。这些观点并无不妥,只是结论并不正确。雅各比和门德尔松之间的争论,是因为雅各比揭露莱辛的斯宾诺莎主义而起,这一点并不能得出结论说,莱辛居于中心位置。人们虽然得到了这一结论①,但是无疑,毫无道理。相反,以莱辛为中心,更多意味着对事实状况的一种严重误判。只有在当下读者看来,唯理主义的讨论意味着走出泛神论的问题域,而对于雅各比而言,它的意义并不是这样的,对他来说,披着斯宾诺莎主义外衣的泛神论是唯理主义最直接的表现。

根据我们的观点,本书论争作品②中需要探讨的是以下四个问题:

一、对泛神论和斯宾诺莎主义关系的问题的追问;

---

① Fritz Mautner 在其新出版的 *Jacobis Spinoza Büchlein* (1912) 中如是说。
② [译按] Heinrich Scholz 所编文集收录作品为:1. Aus Moses Mendelssohns *Morgenstunden oder Vorlesungen über das Dasein Gottes* [Vorlesung Ⅷ, ⅩⅣ, ⅩⅤ],第 1—44 页;2. Friedrich Heinrich Jacobi:*Ueber die Lehre des Spinoza, in Briefen an den Herrn Moses Mendelssohn*,第 45—282 页;3. Moses Mendelssohn:*An die Freunde Lessings*,第 283—326 页;4. Friedrich Heinrich Jacobi:*Wider Mendelssohns Beschuldigungen in dessen Schreiben an die Freunde Lessings*,第 327—364 页。

二、对被称作斯宾诺莎主义的前提和后果的精神的追问；

三、对斯宾诺莎主义泛神论可证误性的追问；

四、对莱辛泛神论的追问。

二 对泛神论同斯宾诺莎主义关系的追问

泛神论同斯宾诺莎主义关系的问题，构成了系统性讨论的基础。这个问题可以更详细地表述为：斯宾诺莎主义寓于泛神论之中，抑或相反，泛神论寓于斯宾诺莎主义？假设我们思考第一种情况，那么，斯宾诺莎的学说从根本上只是泛神论形而上学诸多形态的一种。这种形而上学随后在其许多可能性中远远超出了斯宾诺莎主义，换言之，人们可以想象一种泛神论，作为整体，它与斯宾诺莎主义有着本质上的区别。这种泛神论明确拒绝了斯宾诺莎学说的某些因素，相应地又接受了其中的一些。不过，并不是因为它们来自斯宾诺莎，而是因为它们正好符合本身思想的要求，而且，只有通过斯宾诺莎所获得的经典形式相较于其他而更为可取。在这种情况下，就产生了泛神论这种可能，从斯宾诺莎学说立场出发，人们可称其为净化了的斯宾诺莎主义。

门德尔松为了友人莱辛之故而为这种可能性奔走呼号。为了莱辛，门德尔松需要一种泛神论，这种泛神论局限于寓于上帝中的万物本性，相反，却以外延属性的后果坚决地拒绝上帝在世界结构中的消散①。比起门德尔松所允许的，莱辛无疑在更为斯宾诺莎主义式地思考，但无论怎样，相比于要将莱辛确立为坚定的无神论者的雅各比，门德尔松解读的莱辛无疑总体上要更真确些。当莱辛向雅各比坦陈自己对斯宾诺莎的信仰时，毫无疑问，他想要说的就是一种净化了的斯宾诺莎主义。就连赫尔德和歌德也和门德尔松处在同一阵线。不同于门德尔松的只是，他们对斯宾诺莎学说有着更高的评价，并且他们也别有心思，即认为这一学说并不是最高的，更不消说是泛神论唯一可能的外延了。

后来，德意志唯心主义者在门德尔松、莱辛、赫尔德和歌德曾踏过的这条路径继续前行。凭借对斯宾诺莎主义的崇拜，他们创造了属于自己的泛神论形而上学，但同时也有最为强烈的意识去超越斯宾诺莎学说。在此意义上，我们可以将这个最初的思想史争论结果总结为如下：有一种远远超越了斯宾诺莎体系的泛神论，它的未来体现在深化斯宾诺莎主义形而上学，与之相伴的是对斯宾诺莎成就充满敬畏的赞同。

雅各比则有自己不同的判断。他至为坚决地赞成另一观点，即泛神论寓于斯宾诺莎主义之中。这并不意味着他似乎否认了，或者仅仅忽略了斯宾诺莎学说之外其他泛神论学说的历史存在；相反，他明确指出一条线索，即斯宾诺莎主义

---

① 门德尔松：《晨时》，14、15自然段，本版第15页。[译按]下文脚注凡引自Scholz所编文集，页码随文标注（"本版页"），不再说明。

世界观在中世纪的前驱是犹太教神秘主义形而上学（本版第78、92、196页）。在第二版中，雅各比继而添加了首个论布鲁诺学说的相关概貌（本版第205页及以下第一个附录）。总之，雅各比所追求的将泛神论学说化约为斯宾诺莎主义的做法，不能在历史意义，而应在体系层面来理解。对他来说，斯宾诺莎主义是泛神论在方法上最完美、最连贯的形式，所有萌芽在其中得到发挥，可以毫无保留地得出所有只能通过改变来削弱，但永远无法改善的结论。换句话说，从体系完善性的视角来看，斯宾诺莎主义是唯一可能的泛神论。从体系方面看来，不存在净化了的斯宾诺莎主义，只存在因改造而败坏了的斯宾诺莎主义。

值得注意，雅各比没有更为纲领性地表述这一信念。该信念本可以在诸多指导原则中取得一席之地，雅各比曾尝试在其中得出总体认知（本版第173页及以下）。他认为：

> 斯宾诺莎主义是最连贯的泛神论表达，作为这种表达，它经不起任何净化。一切净化斯宾诺莎主义的尝试，都是泛神论思想在其中已经达到的发展阶段上的倒退。

倘若雅各比在明确表达他的指导原则时，已经预计到门德尔松和赫尔德的净化尝试，那么，他就会以此方式或以类似的方式来表达。然而，他并没有预料到他们的尝试，因此，他未做出这样的解释，就可以理解了。此外，雅各比之后对门德尔松和赫尔德的强烈批判，也接近这一解释，并且可视为对该解释的替换。

雅各比曾说，可以用斯宾诺莎主义泡沫吹出最漂亮的气泡（见于第一版；本版第173页及以下，脚注），这句话明确所指的就是上述意思。随后，在驳斥门德尔松指责——由于其分析的纯粹主观化，本编并未将其刊出——的第一部分中，雅各比以最强烈的说教口吻加倍回击门德尔松，这是再明显不过的表达。门德尔松在文中为莱辛所声张的净化了的斯宾诺莎主义，被当作粗鄙的虚构而拒绝，而且，雅各比将莱辛从所有与此种斯宾诺莎主义有关的关联中剥离出来：

> 不朽的图书馆馆长莱辛先生一定清楚，与无法从清水净化出脏水一样，人们同样很难从斯宾诺莎主义净化出泛神论，事实正好相反。①

相反——只会意味着，在明确洞见到泛神论世界观内部的真实情况时，只会发生从泛神论到斯宾诺莎主义的进步，而绝不存在从斯宾诺莎主义到一种更为纯粹的泛神论形式的升华。雅各比进一步提到莱辛时曾称：

> 依愚见，持有净化了的、为了自身康复而采取的泛

---

① 雅各比：《驳门德尔松指责》（*Wider Mendelssohns Beschuldigungen*, 1786），第31页；雅各比文集卷四第2部分，第199页。

神论的他,只是个半吊子,我可不愿意让门德尔松在莱辛死后而将后者培养成这样的人。①

这一判断的言外之意就是,净化了的斯宾诺莎主义只会博得半瓶醋或者门外汉的好感。

我们在此处若注意到雅各比的尖刻批评,即他在第二版的第四和第五个附录中对赫尔德的新斯宾诺莎主义的批评(本版第236页及以下),那么可以完全清楚的是,雅各比认为,所有对斯宾诺莎主义的改造都是扭曲。即便歌德认信一种基于斯宾诺莎但完全与斯宾诺莎主义毫不一致的泛神论世界观,也绝不会让雅各比改变初衷。总之,这一判断明显具有最为原则性的意义。因为斯宾诺莎主义是泛神论世界观最为纯粹的表达,所以,对它的改造只会导致混浊,而不会使其澄清。

雅各比的这种判断并不成功。那个时代基于赫尔德和歌德而取得的形而上学成就反驳了雅各比,——倘若反驳本身在这些形而上学范围内有可能的话。与在其他地方一样,雅各比在这里主要是以反题(antithetisch)的方式行事。通过无情的批判,招致其他人最为强烈地努力反驳,雅各比从根本上促进了歌德时代将斯宾诺莎主义超验化的伟大尝试。

然而,他虽然在此处失败了,却使得另一种具有重要意义

---

① 雅各比:《驳门德尔松指责》(*Wider Mendelssohns Beschuldigungen*, 1786),第8页;文集卷四第2部分,第181页。

的信念得以贯彻，即认识到斯宾诺莎主义的典型（typisch）意义。这一认识寓于如下判断：斯宾诺莎主义在泛神论思维方式中是无与伦比的。因为，当泛神论和位格论（Personalismus）成为人类生活状态的两种基本方式，作为泛神论最纯粹表达的斯宾诺莎主义，明显一定会取得最高的独特意义。继而，它就是一切世界观和生命诠释的两种主要形态中的一种经典表达。

这种观点取得了成功。自雅各比开始，斯宾诺莎主义便被视为一流的形而上学类型，就像人们对其他形而上学类型的数量和方式的规定那样。这一认识对于德意志唯心主义哲学的影响有多大，在这里只能一笔带过。只需看一眼青年谢林1795年论及教条主义和批判主义的书简，这一影响便一目了然。

三　对斯宾诺莎主义精神的追问

哲人雅各比必须根据自己认识到斯宾诺莎主义独特意义的程度，来为斯宾诺莎主义精神进行斗争。也许他希望，利用这种精神同时可以理解泛神论的精神。因此，使泛神论隶属于斯宾诺莎主义之后，自然而然就产生了对斯宾诺莎主义本质的第二个追问。雅各比以他特有的方式回答了这个问题，而这一方式与他早前和后来的观念稍有出入。

在雅各比看来，斯宾诺莎主义的基本概念是一种可以从中解释一切的存在（Sein）。这一存在本身不需要任何解释，因为它应该是绝对的解释原则。因此，它必须是自设的，换言之，必须是永恒的。此外，它必须包举全部，因为万物的解释皆由它而出，也就是说，无论是思想还是外延，无论是现状还是本质的事件①。由于无论在大的方面还是小的方面，理智都无法领会虚无的造物，故而，它不得不要么放弃理解世界，要么声称世界实体（Weltsubstanz）的永恒性，即一切现象的原则无一例外都包含在它之内，而世事（Weltgeschehen）是这种世界本质（Weltwesen）的一种状态变化，后者与世界内涵（Weltgehalt）一样永恒并且持续。

［绍尔茨按］参对斯宾诺莎学说第二种介绍的前七条，本版第143页及以下，另参第78页及以下和第89页及以下，在那里的说法是，即便当盖世大智想要完全地解释一切，根据清晰概念使一切和谐，此外并不想承认其他，那么，他也不得不得出荒谬的东西。在我们的语境里这意味着，斯宾诺莎属于这样一类唯理主义者，他们意图完全地解释一切，并且由此出发而为人所理解。

雅各比在致赫姆斯特豪斯的一封信中给出了更为紧凑的概述。此处称，斯宾诺莎主义的"巧妙之处"在于机智地颠转了思与存在的自然关系。斯宾诺莎从思中制作出存在，前者存在着，并且在任何创造性时刻，都以对于理智而言无疑不可领会的方式，生成存在；后者是思的存在，因为它是一切，故而不得不连带着思作为必要的使命（参本版第124页）。换言之，斯宾诺莎用思之源泉的存在替换了存在之源泉的思（参第87页）。也就是说，就只从一种本身已经包举了一切的原则，便能够毫无保留地——即严格排除一切创造性的、对于理智而言不可捉摸的潜能——解释万事万物而言，他是最为连贯的。根据雅各比的说明（本版第143页，脚注a），编者倾向于第二种表述。

---

① 顺便说一下，此二者在根本上只是幻想，参本版第80页；之所以如此，是因为，持存与变迁的对立本身根本就不存在。

很明显,这样的学说是不会给创世的至高者留有余地的,之所以不会,是因为根据这一学说,根本不存在创世,同样,在这个永恒世界中,也不存在最初的绝对事件。倘若世界既是自律也是唯一的话,那么,它本身便是至高者,因此便代替了上帝的位置。斯宾诺莎的上帝只会是对无与伦比的世界整全本质一种高贵,但根本上是误导性的表达。这种整全凭借其存在的自律性和运行的颠扑不破的自然法则,使理智惊讶不已和充满热忱。与之相应的是,斯宾诺莎的至高者既不具有理智,也不具有意志。即便二者在其中生成并且不断新生,这个至高者仍不具有理智和意志。因为,只有某种朴素的人神同形论才会意图为宇宙——如果它自身是至高者而非更高者的造物的话——赋予自我意识[①]。

因此可以得出如下结论,如果人们理解的斯宾诺莎精神是斯宾诺莎体系的形式和内涵,那么,根据其形式,斯宾诺莎主义便是前后一致的唯理主义学说,根据其内涵,则是无神论——倘若这一表述太过强烈(因为斯宾诺莎口中一直都在言说上帝),那么,或者可以说是对世界的神化,宇宙神论(本版第 173 页及以下)。

形式与内涵在这里如何直接关联,现在一目了然。当人们与雅各比一起,把唯理主义定义为意图领会一切的体系,那么,唯理主义形式所造成的是具有内在必然性的无神论内

[①] 参对斯宾诺莎学说的第二种介绍的第 10、11、14、19、25、36 条,本版第 149 页及以下。

涵。当雅各比自己把斯宾诺莎的主要作用看作是对自己智性的检验（本版第143页），并且，当他对莱辛这样评论斯宾诺莎，"我认为和其他极少数了解他的人一样了解他"（本版第98页），也许雅各比首先已经考虑到上述内在关联。

在雅各比看来，必须将斯宾诺莎主义的内涵理解为其形式的逻辑一贯性，因此，对形式原则的认识是解释的最重要任务。不过，雅各比认为，斯宾诺莎的形式原则是前后一致的唯理主义，它不承认不可理解的事物，因为，与其说是它不知晓这样的事物，不如说为了能够知晓，它预先不得不对自身做出限制。对他而言，这种一贯的唯理主义是用来理解斯宾诺莎主义的诀窍，它可以满足一切要求。雅各比所提的要求非常之高：

> 谁要是将其《伦理学》囫囵吞枣，便不能理解他；谁要是不能够如同这位伟大的人对其哲学有着坚定、发自内心的信念，常常毅然决然地将此信念流露出来，便不能理解他。（本版第88页）

根据雅各比的观念，也就是说，根据他所理解的包含实定论在内的唯理主义，斯宾诺莎前后一致的唯理主义会因为典型的连贯性，而导致斯宾诺莎主义的无神论。显而易见，对这一连贯性的认识是他的认知成就，即便他自己未能清晰地表达出来，他将其作为自己独特的贡献据为己有。这个认知不是"斯宾诺莎主义及无神论"这句话所表达的内容，因为，培尔和莱布尼茨以及雅各比之前几乎所有合格与不合格的斯宾诺莎解释者都认识到这一点。雅各比的过人之处在于他对这一认知的独特论证，换言之，他从斯宾诺莎的唯理主义中明确地推导出斯宾诺莎的无神论。就此而言，他认为自己是真正理解了斯宾诺莎的第一人。根据他自己的说法，培尔和莱布尼茨最多只是没有误解斯宾诺莎而已。他们虽然正确认识到斯宾诺莎主义的无神论特征，但是并未能从根本上理解它，原因在于，他们没有认识到这种无神论与该体系的唯理主义前提息息相关的内在必然性。因此，他们没能足够"举一反三地理解"斯宾诺莎主义。雅各比自认为，与他们相比，他是第一个如其必要地这样做的人，可以说，理解了斯宾诺莎主义①。

我们可以按照雅各比的意思再进一步，倘若莱布尼茨以这样的方式肯定地理解了斯宾诺莎，那么，他就不会反对斯宾诺莎，相反，他更会不得已而制止自己。他会认识到，基于自己与斯宾诺莎共有的唯理主义根基，他无法反驳斯宾诺莎主义，而必然只会对其表示惊讶。他会认识到，真正危险的与其说是斯宾诺莎主义的结论，毋宁说是其原则，并且，人们不能从唯理主义原则推导出结论反对斯宾诺莎无神论，相反，只能从斯宾诺莎无神论推导出结论来反对唯理主义原则。斯宾诺莎和莱布尼茨在思想上的亲缘性基于唯理主义原

---

① 参第 104 页启发性的解释，该段落如此开始："理解与不理解之间是有差别的。"雅各比面对前辈而据为己有的进步便基于这一差别。

则的一致性，雅各比片面地强调了这种亲缘性，他的片面性顽固地压制了二者生命感觉的明显差异，从而将上述亲缘性当作进一步发现据为己有。

［绍尔茨按］参本版第85页："我不知道除了莱布尼茨的，还有哪家学说广厦能同斯宾诺莎主义如此契合。"第177页："莱布尼茨－沃尔夫哲学并不比斯宾诺莎哲学缺少宿命论，将前赴后继的探究者引回到斯宾诺莎哲学的原则。"对这些基于片面"方法论"的表述的详细论证，见附录六（本版第248页及以下）。

雅各比在斯宾诺莎书信中只暗示出的唯理主义和无神论的逻辑关联，在前言中以一种提纲挈领式的着重得到讨论，雅各比将这个前言同时作为"哲学作品集导言"置于1815年全集卷二开端。对于雅各比所理解的斯宾诺莎问题而言，这个关联尤其重要，在这里作为补充引入其中一段是颇为可取的：

当人们以内在感知去观察呈现给他外部感知的自然，并且试图极力用自己的理智去理解、去领会、去论证自然的无限本质时，他在努力的最后所发现的并不是为他解释这一自然和宇宙的基底（Grund），而只会是晦暗的深渊（Ungrund）。还处于童稚期的理智视这一深渊为混沌，必然性与偶然性的混交物逐渐产生出形塑材料，继而产生形塑物，诸神和世界、动物和人。成熟的理智摒弃深渊和混沌，因为它已经得到清晰的洞见：宇宙在永恒发展的思想是完全荒谬的，凭此，人们能够将任何产生该思想的思想推回到绝对的虚无。于是，便出现了这样的学说：宇宙永恒同一的完善说，从永恒到永恒在自身不断循环的无限本质说，这一本质以无限的方式、唯独通过自然的必然性，无意地要么使无限生于无限，要么使无限灭于无限，但又不至于某种本质性的生成或消灭在某时某地发生。这是一种关于自然的学说，这个自然不是一种创造力，而只是永恒的改造力。

只是不断深入自然的理智并无法领会更高的事物，即这里提到的"一即全部"的概念。它在其中无法找寻到其中不存在的事物，即其创造者，故此就有了这样的格言：自主、自在的充分、完完全全地有效，甚或生命本身即是自然。只有它存在，在它之外和之上，无物存在。

换言之，纯粹理智的形而上学不可避免地会导致过分高估与自然一致的可领会世界，同样会导致过分误解精神、自由、上帝支配的不可领会的世界。在这种唯理主义中，高估自然会表现在所有夸张之中，它们用只属于上帝的谓项将自然包裹起来：

斯宾诺莎已经懂得将无意识盲目的命运解释为天意，基于这一解释，从而侃侃而谈其上帝的决议和世界统治，上帝普遍和特殊、内在和外在的引导和领导，上帝的援助，以及诸多此类从未言及的。①

新派的自然哲人——雅各比在晚年首先想到的是谢林，就如同斯宾诺莎书信时期那样想到的是赫尔德——将这种滥用上帝之名发挥到了极致，并以魅惑性的语言极力美化，对宗教造成了最大的损害，它就像一种致力于得出有用概念的思想。这种形而上学，一方面不够果敢去摧毁唯理主义的偶像，另一方面不够强大来放弃宗教的需求。它生产出一种宗教幽灵，该宗教过分苛求人类意识，从盲目天意、无意的企图、自由的必然等不可行的概念去认识宗教和精神体验的表达②。

［绍尔茨按］参雅各比晚年反谢林的作品《论神性事物以及启示》（*Von den Göttlichen Dingen und ihrer Offenbarung*. 1811）（雅各比文集卷二，第247页及以下）。"自然之所以遮蔽上帝，是因为它处处只启示命运、无始无终纯粹发挥效力的一系列不断的因，但以同样的必然性排除二者：天意与偶然。一种独立的效力和一种自由原始的开始，无论在它自身之内还是由它而出，都是完全不可能的。它毫无意志地发挥效力，既不以善亦不以美进行提议。而且，它也不创造，而只是无意地、无意识地从自身晦暗的深渊出发，永恒地自我改变，以同样的孜孜不倦，既促进堕落亦促进生成，既促进消亡亦促进生命，但从不产生只出自上帝并以自由为前提的事物：即德性和不朽性。——人揭示上帝，方式是，他以精神提升自己超过自然，并凭借这一精神，作为独立于自然、由自然不可克服的力量，将自身与自然相抗衡、战胜、克服、主宰自然。"（同上，第425页及以下）

---

① 雅各比文集卷二，第114页。
② 参雅各比文集卷二，第144页。

相反，谢林的《雅各比论神性事物》(*Denkmal der Schrift von den göttlichen Dingen des Herrn Friedrich Heinrich Jacobi und der ihm in derselben gemachten Beschuldigung eines absichtlich täuschenden, Lüge redenden Atheismus*. 1812）（WW I 8，第19页及以下）。该文为谢林所写最为尖刻和毁灭性的论战文章。比起论斯宾诺莎的书信，这部"论神性事物的非神圣作品"更令歌德扫兴，他在当时所作的诗歌《伟大的以弗所的狄安娜》中坚决地反驳了青年时期友人的形而上学。参 F. Warnecke, *Goethe, Spinoza und Jacobi*, 1908。

  斯宾诺莎主义和根本上在其中才能完全发展成为前后连贯的现象的泛神论，即在此概念最广泛意涵上的泛神论，愈发达便愈明确，最终不得不以无神论结束。这个原理获得了一种独特的明确意义。它不仅是一种单纯的认识判断，而且同时也是对如下企图的批判，即试图以带有新宗教成分的泛神论世界观和上帝观来满足对超自然的有神论产生怀疑的人类意识。毫无疑问，这样一种复兴，曾是德意志唯心主义至高的形而上学目标，在这个意义上，人们可以将雅各比看作是对歌德时代所有宗教－哲学研究最为坚定的批判者。

  雅各比的成功一方面在于对19世纪受康德启发、建基于人格主义的科学神学的批判，这种神学毫无疑问基于神学科学的主线；另一方面是他对实定论的批判，以可想而知的理由填塞任何新宗教意识，对于这种实定论来说都是喜闻乐见的。

  但是，雅各比在时人眼中却是彻头彻尾失败的。雅各比激发同时代的大人物思考泛神论体系，后者的宗教活力不会被任何批判消灭，当然，即便还存在以辩证方式去诽谤它的可能性。雅各比在这里的做法仍然是纯粹反题式的。与雅各比的意愿相悖，以歌德为中心的世代创造出一种泛神论，它走得太远而不再是无神论，相反，会有助于克服无神论，或者从最为广泛的意涵来看，的确起到过这种作用。

当观察其最广泛的外延、其最终的可分性中的世界广厦时，我们无法抗拒如下观念：这个整全以一种理念为根据，在这一理念看来，自然中的上帝、上帝中的自然永恒地创造并发挥效力。……

> 就以谦逊的眼光
> 观察永恒织工的杰作，看看她
> 一次踩踏长出万千丝线，
> 纺梭来回穿行，
> 一次击打产生万千结合
> 这不是她辅助为媒，
> 而是从永恒连贯经纬，
> 令永恒的大师能够
> 安心纺织。①

倘若不最为强烈地歪曲这些概念，就不可能把这种歌德

---

① Goethe, *Bedenken und Ergebung* (1820), Cottasche Jubiläumsausgabe 卷三十九，第 34 页及以下。

式泛神论视为无神论。无论有关斯宾诺莎主义不容改变性的雅各比定律，还是他从高等唯理主义精神推演出泛神论，都会在这一自白上破裂。存在一种完全并非囿于唯理主义成见，而是源自智性观察深度的泛神论，这种观察只属于那些最为强大的人。通过最为坚决的否定，雅各比反而促进了这一重要认知的产生。

不过，也许雅各比至少正确认识到，斯宾诺莎主义是连贯一致的唯理主义体系。人们也必须严肃怀疑这一点。一套以直观认知来计算，并从中得出至高的情感价值的体系，可能是唯理主义的，但很难被称作是纯粹唯理主义的表达。为了拯救自己的思维开端（Ansatz），雅各比本人不得不谴责《伦理学》卷四和卷五——这两部分的唯心论严重扰乱了他的考量——诡辩式的歪曲，也就是说，雅各比远离了人们貌似能够在其中彻底地解释斯宾诺莎每一句话的路线。今天，几乎没有人会苛求在解读斯宾诺莎学说时，去彻底地澄清所有细节，相反，放弃这样一种澄清，会被看作是适当理解的特征。

即便绝对唯理主义的形式原则可以合理地存在，人们也无法从该原则中建立起斯宾诺莎体系。为了建构这样的体系，人们至少必须附加作为第二本质原则的无限性思想，它位于尤其是独立于世界架构、本质上斯宾诺莎主义式的模态中。人们必须用一个更为有力的出发点替代雅各比软弱无力的出发点：用一个真正得自斯宾诺莎主义精神的表达，比如

ex infinito infinita sequuntur［来自无限的无限性］①，来替代雅各比那个本应表达绝对唯理主义原则的公式 a nihilo nihil fit［从空无当中无物产生］。倘若人们将"来自"infinitum［无限性］的 infinita［无限］理解为一系列世俗现象，那么，斯宾诺莎主义看起来就像宏伟的抱负：从上帝思想中推导最严格的理智中、最为广泛的事实和现象中的世俗思想，其中，上述现象承接这种世俗思想；并在世俗事物的镜鉴中反观永恒事物、从永恒事物的镜鉴中反观世俗事物，并且是以所有的连贯性，它们产生于这一既针对统觉神性事物，又针对观照世俗和生命的意图。

雅各比自己愈是远离这样的观念，他个人对斯宾诺莎的尊崇便愈发显著，而他恰恰是因为尊崇斯宾诺莎而产生了开创性的影响。如果说在他之前，人们提起斯宾诺莎就如同提到一只死狗（本卷第 88 页），那么，他从那时起就成为那种清醒纯粹的人，如少数几位前辈和后进那样，为自己争取了精神的宁静和理智中的天空（同上）。他成了伟大的，甚至神圣的本尼迪克（本卷第 342 页）。雅各比完全有理由质问同侪：

> 在鄙人之前，有谁人以自己的名义，像我这样充满崇敬、赞叹、爱意地提起过斯宾诺莎的大名？②

---

① 参《伦理学》卷一第 16 页。
② 雅各比，*Wider Mendelssohns Beschuldigungen*，1786，第 69 页（文集卷四第 2 部分，第 225 页）。

事实上，雅各比开启了一个源泉，歌德时代难以胜数的斯宾诺莎颂歌皆由此出，而且，从洞见斯宾诺莎主义的独特性方面而言，雅各比贯彻了一种观念：斯宾诺莎由此一跃跻身成为一流的伟人、世界史意义的人物。

四 对斯宾诺莎主义可证伪性的追问

就雅各比对斯宾诺莎宗教虚无主义深信不疑而言，人们还必须向雅各比——像他那样亟须宗教的人——追问斯宾诺莎主义泛神论的可证伪性。这便是雅各比与门德尔松论争中的第三个大问题，人们可以看到，这一问题与对前两个主要问题的回答关联得何其紧密。

门德尔松认为，能够以莱布尼茨和沃尔夫思辨批判的风格驳倒斯宾诺莎体系，即便他至少与雅各比同样坚信该体系令人难以承受。雅各比由于自己的前提而不肯承认这一点，相反，他坚决强调，斯宾诺莎主义作为思辨性唯理主义最为连贯的体系，只能从纯粹思辨的立场去反驳：

> 我关于斯宾诺莎学说的书信……已经写就，……以便从使用逻辑理智的方面来阐明斯宾诺莎主义的不可克服性。凭借纯粹的形而上学，我绝不可能获得胜过它们［即斯宾诺莎的根据］的优势。

倘若人们无法用理智撼动恰切理解的斯宾诺莎体系，那么，人们只能用尽管无法理解但存在的事实来推翻它，这些事实是人类生活最有价值的组成部分。自由、神意信仰等事实都维系于一种原始现象，即人格主义现象，而由于它的不可领会性，斯宾诺莎主义必须将其隐去不谈。

当出现强大的人物时，人们会在他之中或通过他，最为果断地表达出超感性的趋势和对上帝的信念。苏格拉底、基督、费奈龙等都以他们的人格向我证明了我所祈祷的上帝，对我而言，上帝作为这些人物的创造者，比作为创造星空的创造者更为高尚，他在创造后者时必须遵循在造物时所服从的内在必然性法则。

单纯专注于自然的理智……不得不必然既否认根本的和唯一真正天才的创造的现实，也否认根本的和唯一真正有德性的行为的现实。仅仅精神就见证了二者的现实性，这内在的精神无时无刻都揭示着奥秘，高深莫测的奥秘，而非科学——后者必然在自由发挥作用的地方终止。

任何纯粹道德性、真正德性的行为针对自然而言，都是个奇迹，都揭示了只能够行奇迹的灵，揭示了创造者，全能的自然主宰、宇宙的统治者。

因此，我们大可以果断地说，我们之所以信上帝，是因为我们看到了他……愿他对我们显现于所有高人之中。

但是，如果至高者只仅仅在人物或者人格生命的事实中显现，那么，他自身也必须是人格性的。

除了在人之中，不存在理性；因此，由于存在理性，故而存在上帝，而不仅仅是某种神性事物。

基督教在本质上是人神同形的，它唯独说明了一位凭借智识和意志创造着世界的上帝，异教则是宇宙神论的。

斯宾诺莎主义的宇宙神论是连贯一致的唯理主义，基督教的人格主义和雅各比哲学基于对非理性的认可。雅各比在斯宾诺莎书信里从中得出根本性、引人注目的结论：连贯一致的唯理主义只能以连贯一致的非理性主义来克服。

首先，对于雅各比而言，至关重要的仅仅是确保非理性不受唯理主义的侵犯。于是，为唯理主义时代灌输对不可领会之事物的敬畏，怀着这种敬畏，同时坚信，要洞见生活的至善就必须拥有这样的敬畏，这是雅各比反击的第二个目的。唯理主义应该思考自身的边界，它应该认识到，存在某些无法得到解释的事物，虽则如此，这些事物仍须得到最高的尊重；它应该放弃不合适的推论并认识到，存在某些价值，它们只能直观地得到把握，直观地揭露它就算是探究者至高的功绩；总而言之，它应该认识到，生活并非思辨的产物，而是其前提，思辨并不能创造生活，而只能去解释它，生活的事实先于一切思辨，是任何理智都不能建构的。

这则生活优先性的定律正是对唯理主义的纠正，它不仅是雅各比批判主义最根本的动机，同时也是其最强有力的因素。他在这里的确重要和伟大，并且道出的真理在歌德的原始现象及其对未经探究之事物的敬畏中尤其得到放大。于是，由此出发产生一种哲学理念，这种不愿建构生活的哲学，试图通过谨慎的思辨来解释生活的内涵，这是洛采（Lotze）意义上的哲学理念。只不过，雅各比自身却不具有耐力和耐心、思辨力和表现力，而这正是这样的尝试所要求的。其次，雅各比疏忽了，人，尤其是作为哲人的人，在谈论眼光敏锐的界限之前，必须先得检验过自己的敏锐眼光。此外，在人们有资格使认知服从于生活之前，必须先得使认知本身成为生活的一种类型。最后，倘若要令人信服地为理智设定边界，它必须来自对理智成就的洞见，它得以喜闻乐见其成就为前提，并且必须避免来自外部的最遥远的压力假象。

雅各比并不能满足任何有成效的理性批判必不可少的前提。尤其在斯宾诺莎书信中，他践踏了旨在启明生活的理智，以这样的方式，雅各比被指责为厌智（Misologie）。此外，他的批判也颇为过火，它使得如下谬见占得上风，即在事实性中不可把握的生活，即便在显现的过程中也不能为理智所参透，另外，它还造成这样的假象，即似乎从生活的不可把握性中可以得出不可把握之事物先验的生活特征。不可把握的事物也可能是荒谬的事物，但对雅各比而言这并不成问题，他会立即将其视为深刻的事物。

不过，对唯理主义的限制仅仅是如下反驳的前奏曲：经由后来著名的 Salto mortale，它会被送到连贯的非理性主义的怀抱。雅各比利用一种所有知识以其为根基的信仰，来抗衡自以为是的知识，唯理主义试图以此为宗教信仰奠基。

门德尔松在《回忆》中谈及向信仰的旗帜之下的撤退，雅各比试图凭此信仰，来摆脱基督教精神中的宗教怀疑。雅各比接着说：

> 我的宗教，除了有义务依据理性消除类似的怀疑之外，对义务一无所知，它不强求任何对永恒真理的信仰。

雅各比以尖锐对立的方式设置了一种信仰，来对抗门德尔松用来承载宗教信仰的理性根据。雅各比的这种信仰不仅应是宗教信念（Überzeugung），而且应是任何信服（Überzeugtheit）的基础。我们能够进入的终极确定性，不再基于证明，而是直接的洞见。——也就是说，既是对感性，也是超感性事物的洞见。二者都是一种并非源自理性根据的信以为真（Fürwahrhalten），在此意义上都可称作是信仰（Glaube）：

·[附] 莱辛与友人的泛神论之争·

通过信仰，我们知道，我们有一个躯体，并且，在我们之外还存在其他的躯体和其他思考着的存在者。

这一信仰与我们借以占有宗教真理的信仰区别只在于程度，而非种类。因此，认知与宗教信念可能会极其迥异，但在根本上相交，只不过这个根底不是令信仰窒息的知识，而是以相同方式既承载认知，也承载宗教意识的信仰（本版第168页）。

我们在此禁不住继续发问，这种信仰以何种方式得到更为确切的限定。雅各比得给我们做出回答。我们只听到：这种信仰是一种并非源自理性根据的信以为真。但我们无从知晓，这种信以为真所基于的实定理由是什么。可以猜测到的只有这些：这里说的并非毫无根据的，更非随意而为的信以为真。当人们注意到关于唯心论和唯实论的对话（1787）时，这种猜想便得到了证实。雅各比本人曾暗示，这个对话是对他的解释的必要补充①。我们在这里所见识到的信仰是不自觉的、直接的、在直观和情感上受制约的信以为真，总而言之，作为一种有动机的信以为真，无论如何是一种基础性的强制体验（Erlebniszwang）。雅各比认识到自己的信仰概念同休谟的现实情感（belief）特有的亲缘性，并做了进一步说明（雅各比文集卷二，第150页及以下）。

---

① 这则重要的对话见于雅各比文集卷二。

客观来讲，对于雅各比而言重要的是，在一切现实主张中，或者确切而言，在一切存在判断（Existenzialurteil）中，"直接观念的比重明显多于所有的结论"（同上，第283页）。他在这里反对出自《纯粹理性批判》第二版的名言"驳斥唯心主义"，康德在其中做出了对外部世界现实性的著名证明。雅各比认为，这样的证明是可以被排除在外的：

> 事物显现为外在于我们，明显不需要证明。但是，这些事物不是内在于我们的纯粹现象，相反，作为内在于我们的观念，它们以现实外在的、自在存在的存在者为参照，并被它们所接受：对此，人们不仅会心生疑虑，而且，最为严格的理智中的理性根据也无法消除这些怀疑。（同上，第143页）

这些怀疑只能由精神对自身的信任进行消除，换言之，即对雅各比和休谟称之为信仰的直接的显明感觉（Evidenzgefühl）的信任。

[绍尔茨按] 同上，第108页及以下：一切现实性，无论是向感官显明自身的身体性，还是对理性显明自身的精神性现实，对于人而言，只通过感觉来证明。别无超越于这种证明之外和之上的其他证明。此外，在注释中还有引自舒尔策（Aenesidemus-Schulze）逻辑学中的句子：一切信以为真最上位的来源是对我们意识之表达的直接信任。当意识丧失了，信任也全然消失。

故而，根据雅各比自己给出的解释，这种信仰就应该被理解为普遍的确定性原则。愈发引人注目的是第六个总结性原理和上述结论明显相悖的论点，根据这个论点，目前为止只被证明是个确定性原则的信仰，突然被称作所有人类认知和影响的因素（本版第180页）。这一论断只能作如此理解，即信仰应该因此被提升为普遍的认知原则。对此如今连证明的踪影也未见到。相反，从确定性原则到认知原则的决定性跨越，仅仅借助含糊的"因素"概念①。然而，此前根本未谈及认知原则。就雅各比在这一语境下谈到的所有人类认知的原则而言，他说的是启示，而非信仰②。

雅各比本人后来认识到了这种巨大的歧义性：他引入了启示概念，却在一个要求最为细致的区分点上未进一步给出定义。倘若他立即意识到这种歧义性，他也会发现，在经由感官和仅仅经由心性传达的启示之间，存在着任何语用都无法掩盖的种差（Artunterschied），后者以一种内在的必然性反过来影响我们用来相互确保的信仰。于是，他会发现自己建构的认知论站不住脚，并且无论如何都会放弃反驳唯理主义的这种方式。一定要战胜门德尔松，并且危险地仿效莱辛通过一系列对立来提出各种定理的意志，使雅各比在面对自己方法明显的缺陷时盲目，并且误导他做出一些由于粗心而对唯理主义错误显得麻木的修改。不

---

① 雅各比至多或许谈到过其前提：信仰是一切认知的系数（Coeffizient），即与所有真正认知相伴随的确定性系数。
② 参本版第169页，在那里称由信仰所支撑的对外在世界现实性的信念为奇迹般的启示。此外，参第178页第五条原理，在那里称：任何证明都以已经得到证明的事物为前提，其原则是启示。

管怎样，在雅各比看来，无论从这个观点，还是从洞见到自己建构的纯粹对立性结构的失败，可以获得的一样多。人们可以说，他以独特的敏锐眼光认识到所有理性认识论最为薄弱的地方，但是，在斯宾诺莎书信时期，他还完全没有能力做出更好的反抗。

直到晚年，雅各比才以更为精确的概念术语，在某种程度上成功地补救了自己理论最为严重的缺陷。至少就确定性原则本身与认知原则的区别而言，确定性原则虽然一如其旧，但是得到了重新表述。启示概念消失不见，但消失了的区分则重见天日。从这时开始，雅各比提出了作为最为普遍的认知原则的观点，它可以分为感性的观感和另外一种我们更愿意称之为智性的观感，尽管雅各比避免这一称谓，而称之为理性的观感或者理性观。感性观是真正所谓的认知的原则，同理，智性观是形而上学和宗教信念的原则。对于选择"观感"这一表达，如下观点至关重要，即在两种情况中重要的是把握现实性而不是主观意识状态。无论在感性事物还是超感性事物上，雅各比都是一位连贯的实在论者。正如他所相信的那样，必须重建可视世界的现实性来反对康德，他以一种对于形而上学家和宗教人士的自我意识而言精细的感觉，把康德口中不可见世界的理念性转变为现实性：

> 正如存在一种感性观、一种经由感官的观感，也存在一种经由理性的理性观。作为根本性的认知源泉，二

者相互对立，既不能从前者推导出后者，也不能从后者派生出前者。二者与理智——就此而言也与证明（Demonstration）——的关系同样如此。

就一切证明都只是将概念还原为证明了后者的……感性观而言，任何证明对于感性观而言都是无效的。……同理，针对理性的观感或者理性观而言亦如此，它使我们认识到自然彼岸的对象，也就是说，使其现实性和真实性得到确证。

［绍尔茨按］雅各比文集卷二，第59页。十分值得注意，雅各比之后将这里提到的理性观等同于情感，参第62页：某种程度上，动物也具有理智……不过，它们完全舍弃了与理性一致的情感能力和用来感受超感性事物的非躯体性感官。此外参第63页：关于理性观或者纯粹情感的学说。——因此，与智性观处于竞争中的情感被提升为形而上学-宗教性的认识原则。不过不是变得更为清晰，因为清晰性一定要求细微区分认知原则和确定性原则。前面脚注强调的一处——根据那里的内容，无论是身体还是精神性的现实，对于人类而言，都只是情感得到证明——表明，雅各比已经意识到上述区分。身体世界在同一个定理中也被称作向感官启示的世界，而精神性的世界则被称作向理性启示的世界，这样一来，情感在这里明显是确定性原则，而感性观和智性观则被视作不同的认知原则。通过感性观和智性观启示的现实，在两种情形下都由情感得到证明，就笔者来看，这即是雅各比认识论最为精确和精辟的表达。

关于将更高的观感描述为理性观，需要补充一点。雅各比在斯宾诺莎书信（本版第171页，边码214）中用来俯视理性的巨大轻慢，最为尖锐地与这样一种提升相矛盾。雅各比称新的理性概念为晚年的所得，此概念从与听闻功能的关联中获得，并将此功能提升到超感性事物的统觉器官。这样一来，雅各比便揭开了关节（参雅各比文集卷2，第9页及以下）。斯宾诺莎书信的最后版本中暗示出这一认知进步，因为，他请读者在可怜的理性下思考只是成为理智的理性（参本版第171页）。

与这种净化了的认知原则理论相对应的还有一种更为庄重的理智观，雅各比非理性主义最为强劲的挑战至少因此而在事后得到推迟：

> 正如理智不应优先于感性，而感性亦不应优先于理智，因此，理性也不应优先于理智或者相反。

因此，在诸多拔高——它的始作俑者逐渐清楚意识到这一点——之后，雅各比的泛神论批判最终以一种认识论结束，它确定了两种观感，并使之优先于思辨。倘若唯理主义为思辨布置的**任务**是在概念上制造现实性事物，那么可以说，雅各比将理智的效力限制在对直观上可把握和情感上得到认可的现实性的**澄清**，这些现实性能够得到理智的深思熟虑，以这种方式，它们可以凭借理智而摆脱一切生产行为。

* * *

在这里就产生了如下问题：在雅各比之前，人们对认识、评价、批判斯宾诺莎主义做出了哪些贡献。逐条回答这一问题所要求的绝不亚于一部至今尚付阙如的斯宾诺莎主义史，即便它——倘若提出正确的观点并且具有必要的周详——会成为17、18世纪普遍思想史最为有价值的贡献之一。虽然不乏精细或较大手笔的专著研究根据出处探讨这段历史的重要部分：一些细致的研究给出了尤其是早期批判的结论，比如穆塞俄斯（Musaeus）、波伊雷（Poiret）、克托尔特（Kortholt）等人的神学宣言，以及庆恩豪斯（Tschirnhaus）、托马修斯（Thomasius）、培尔（Bayle）、莱布尼茨（Leibniz）等人的哲学讨论中的批判。但是，至今仍未看到一部囊括并处理了所有材料的历史撰述，使得细节与意义完全相符地显明出来。

［绍尔茨按］关于早期的斯宾诺莎主义史，很好的概貌可参 F. Erhardt, *Die Philosophie des Spinoza im Lichte der Kritik*, 1908, 第 1—34 页，尤参第 471 页及以下；此外可参 L. Bäck 博士论文：*Spinozas erste Einwirkungen auf Deutschland*, Berlin, 1895（十分依赖于 J. G. Walch 作品 *Historische und theologische Einleitung in die Religionsstreitigkeiten, welche sonderlich ausser der evangelisch-lutherischen Kirche entstanden*, 卷五：*Von den Atheisten, Naturalisten und Indifferentisten*, 1736, 第 36 章给出早期斯宾诺莎文献的概貌）和 M. Kraukauer, *Zur Geschichte des Spinozismus in Deutschland waehrend der ersten Haelfte des 18. Jahrhunderts*, Breslau, 1881（讨论自由思想者 Konrad Dippel 及其学生 Johann Christian Edelmann 的斯宾诺莎主义）；另参 L. Stein, *Leibniz und Spinoza. Ein Beitrag zur Entwicklungsgeschichte der Leibnizschen Philosophie*, 1890（有大量附录）。

Max Grunewald 辛勤汇编的作品 *Spinoza in Deutschland*（1897）由于完全缺乏观点和对材料的整合，最终只能被视为预备工作。可以参看谨慎处理的斯宾诺莎主义上帝概念史纲要，见 J. H. Loewe, *Die Philosophie Fichtes nach dem Gesamtergebnisse ihrer Entwicklung und in ihrem Verhaeltnisse zu Kant und Spinoza*, 1862, 第 271—286 页（不过关于雅各比的斯宾诺莎观点对谢林和黑格尔造成的后续影响的说明［第 283 页及以下］值得慎重看待）；此外也参 F. Erhardt 关于斯宾诺莎主义晚近发展的章节（前揭，第 35—66 页）。

对于我们的目的而言，在这里重温一位先生的研究就足够了，他在雅各比之前无疑是德意志大地上最后一位伟大的斯宾诺莎主义真正的行家，他以自己的斯宾诺莎批判有理由得到同侪的信任。这个人正是沃尔夫（Christian Wolf）。他对斯宾诺莎主义的批判见于《自然神学》（*Theologia naturalis.* Frankfurt/Leipzig, 1737）第二部分（§671—716），这里的批判之所以出众，并不仅在于它严格的系统性，也不仅在于它一方面不理会一切毁谤，另一方面建基于对斯宾诺莎作品彻底的了解，而在于其独特的敏锐和可靠性。因此，斯宾诺莎学说的脆弱部分从自身的前提下被揭露出来，那些寓于前提中的基本概念以彻底背离传统哲学语的方式被公之于众。

该批判于 1744 年由沃尔夫主义者施密特（Johann Lorenz Schmidt）① 译为德文并附在他的斯宾诺莎伦理学译文②——德意志土地上的首类译作——之后作为附录。不过这种方式使这部占据了该作品大部分的伦理学根本上看起来只是用来更好理解沃尔夫批判目的的手段，译文前言如是说：

> 人们不必姑息一位被战胜的敌人，相反，人们必须让公众看清他，这样，可以使毫无经验的人不再视其为魔鬼，而是逐渐习惯于鄙视他令人惧怕的鼓噪。这一直

---

① 关于施密特，可参 H. Hettner, *Literaturgeschichte des achtzehnten Jahrhunderts.* III/1, 1913 第六版，第 240 页及以下。
② *B. v. S. Sittenlehre, widerleget von dem beruehmten Weltweisen unserer Zeit Herrn Christian Wolf*, Frankfurt und Leipzig, 1744。

以来都是头脑最为清楚的神学家的观点,而且这也是本译文的意图。

这部对我们的目的而言显得充分的作品之所以突出,还因为鉴于斯宾诺莎《遗著》(*Opera posthuma*)非同寻常的罕见,沃尔夫的这部作品不仅让其他人,也让雅各比与斯宾诺莎初次相识(雅各比文集卷二,第 188 页)。无疑,在门德尔松解释中清楚回响的沃尔夫的批判,对于雅各比来说也曾是严肃思考的对象。倘若与沃尔夫(和门德尔松)不同,雅各比深信斯宾诺莎主义的不可证伪性,那么,认识他眼前的沃尔夫原理就变得更富有教益,他曾认为,出于更为深刻的理解的缘故,必须否定对这些原理的认同。

下文引用的节选忠实于原文,试图以简化性的系统观点和对文本尽可能地压缩,来概括地呈现沃尔夫的斯宾诺莎批判。

五 沃尔夫的斯宾诺莎批判

1. 斯宾诺莎主义的本质

所谓的斯宾诺莎学说是这样一种观点,它认为,具有无限属性的唯一持存的事物(unica substantia)不多于一个,诸多无限属性中的两种分别为无限思维和无限外延,二者都体现了永恒和无限的本质。然而,在这一观点看来,有限性事物产生自上述持存事物诸多属性中各种方式的必然交替

（necessaria modificatione attributorum istius substantiae），比如，灵魂来自无限思维中各种方式的交替，躯体来自无限外延中各种方式的交替。（§671）

总而言之，人们称斯宾诺莎之说体现在混淆了上帝和自然，抑或，如教书匠所言，它体现在作为上帝的原始的自然（ursprüngliche Natur/natura naturans；[译按]亦译为"创造的自然"）和人们常常称为真正自然的有来自的自然（entsprungene Natur/natura naturata；[译按]亦译为"被产的自然"）。不过，这样的指控仅仅是推论而已。因为，在斯宾诺莎遗作中首部成书的作品《伦理学》中，斯氏断定，必须区分原始的自然和有来自的自然，并且附释，在他看来应该如何区分二者。由于我们意在攻破斯宾诺莎之说，所以，除了将其奠立者明确教诲的东西放回到他的观点之外别无他法，原因在于，一旦他教诲的谬误得以说明，那么接着，另外通过推论所派生的其他东西自然而然同时倾覆。为了只获得我们能够反驳的东西，我们的习惯并不是指责他人明确抛弃的语句。（§671附释）

由于斯宾诺莎宣称万物盲目的必然性并否认灵魂的自由，故而，人们常常把为万物盲目的必然性辩护的人称为斯宾诺莎主义者，这种必然性甚至外延到人的行为。只不过由于这种谬误并非斯宾诺莎所独有，在其他许多人那里都可看到，尽管这些人在关于上帝和万物的自然等部分与斯宾诺莎意见多有不同。因此，我们不能也不允许做出这样的解释，以便相信普遍宿命说的人不至于招致怀疑,好像他在上帝和万物的自然问题上与斯宾诺莎观点一致。由于人们认为斯宾诺莎赞同将上帝与自然混为一谈,故而,人们常常会将那些在他们看来混同了上帝和自然的人冠以斯宾诺莎主义者之名。(§678附释)

2. 来源于笛卡尔主义的斯宾诺莎主义

众所周知,斯宾诺莎极其重视笛卡尔的绝世智慧,并且思想中充满了笛卡尔原则。人们也知道,笛卡尔将一切可以从存在着的(daseiend)事物身上得以认识的事物分为两个概念,即外延概念和思维概念。他同时也教导,任何持存事物都具有某种组成自然和本质的主要属性,一切其他属性都可以归结到这一属性。他称,人们必须从这种属性来认识持存事物。

此外,人们还知道,笛卡尔曾说,通过明确和明晰的感知可以认识真理,因此,他视可以被明确和明晰地感知到的事物为真。

最后,为人所熟知的是,除了外延和思考概念之外,笛卡尔那里还存在某种最为完善的存在者的概念,它包含了必然和永恒的此在(Dasein)。这即为上帝概念。

那些细心阅读斯宾诺莎《伦理学》时留心一切的人,都会充分认识到斯宾诺莎将这些概念深深地印在了自己的心性中。因为斯氏曾认为,人们对所谓的创世——神学家所称的第一创世,即从虚无中的创造——并没有明确和明晰的概念，故而，他舍弃了虚构的创造性力量概念，并认为，人无法正当地为上帝赋予这种力量。不过，由于外延概念和思维概念都不包含此在，所以，他也无法承认，就好像可以从这些概念得出如下结论，即外延事物和某种思想以某种特定方式必然存在。继而，他也不把躯体上持存的事物和有限思考的持存事物视为必然或者未被创造的事物。因此，斯宾诺莎只会接受唯一持存的事物，即具备必然此在本质的上帝，而且他称上帝在自身包含了无限外延和无限思考，特殊事物便产生于属于二者的各种方式的无限交替，人们称这些特殊事物为躯体和灵魂①。当斯宾诺莎在思想中确立了这些原则之后，他便根据这些原则——倘若有必要的话——来改变笛卡尔的解释。

因此，斯宾诺莎之说来源于创世的不可能性，与笛卡尔绝世智慧的基本原则息息相关，也就是说，通过滥用这种智慧中业已确立的真理的标志。于是，那些意图摧毁斯宾诺莎之说的人，就要么必须证明创造性力量概念是现实的，要么得表明那些与真理相悖的事物已经包含在笛卡尔的基本原则中。当人们改善了这些事物并且清除掉错误的内容，那么结论就是，无论是否明确和清晰地感知到创世活动，我们都得像接受其他可以意识到的事物那样去接受创世。（§677 附释）

---

① 拉丁文为 Nihil igitur relinquebatur, quam ut unicam admitteret substantiam, nempe Deum, de cuius essentia est existentia necessaria, cuique insit extensio et cogitatio infinita, utriusque autem infinita modificatione prodire res particulares, quae corporum et animarum nomine veniunt。

3. 斯宾诺莎主义的基本概念

A 对斯宾诺莎主义基本概念的一般批判

我们愈是使用更多的汗水和精明来探究斯宾诺莎的解释，便会在其中找到更多本应相互区分的概念的混乱。（§682 附释）

尽管诸多专名解释是混乱的（arbitrariae），并且似乎与如下事实无关，即斯宾诺莎称总体上可用本质（essentiae）之名证明的事物为属性（attributum）。不过，在概念以及在解释上，在人们使用它们推导其他真理之前，必须提前证明其现实性，以便人们不会把假概念视为真，并因此陷入误区，尤其当人们还无法从专名解释中认识到事物是否可能。

只要学说允许，斯宾诺莎就会接受笛卡尔的基本原则。笛卡尔会把某一概念视为真，当他明确和清晰地感知（percipit）——或者如斯宾诺莎更愿意说的那样——领会到某物，因为，笛卡尔还未充分地解释这种明确和清晰的感知。因此，斯宾诺莎也几乎不关心要如何证明其解释的现实性（parum sollicitus de de definitionum suarum realitate evincenda），而是径直将其当作给定的来使用。（§679 附释）

可以看到，整个斯宾诺莎学说的根基何其不可靠（quam lubricum sit totius Spinozismi fundamentun），以至于配不上任何掌声，即便人们只考虑斯宾诺莎的解释。不过，斯宾诺莎本可说服自己，认为这个根基是如此牢固和不可动摇，以至于他将基于此根基所解释的学说广厦视为已经得到证明，并且相信，在确定性方面，它会动摇几何真理本身的优越性。对此，人们不用吃惊。因为，他将笛卡尔的基本原则视为毋庸置疑的，即人们明确和清晰地感知到的所有事物皆为真，或者，如他自己更愿意表达的那样，人们以此方式所领会或者所思考的事物［皆为真］。因此，他几乎不关心自己在解释中所持观点的证明。于是就可以看到，斯宾诺莎将其学说广厦建造于被认为是徒劳的定律（principiis precariis）之上。

无论笛卡尔还是斯宾诺莎都未解释明确和清晰的感知，或者，为了将理智与感官和想象力区分开来，如斯宾诺莎使用的理解力（Begriff）。相反，二人将不明晰的概念—仍其旧，这样的概念来自心性中的范例。因而，斯宾诺莎异想天开，就好像他明确和明晰地感知到或者思考着他还没有把握到的明晰、确定的概念；另外，他将其置于极其朦胧和歧义的语词的纯粹明确性之上（claritate verborum satis obscurum et ambiguorum acquieverit），而这些语词正是他从早已在心性中确立的观念——在他想到证明它们之前——中祈求来的。（§687附释）

［绍尔茨按］沃尔夫在他的德文版逻辑学第一版（*Vernünfftige Gedancken von den Kräfften des menschlichen Verstandes*, Halle, 1712）前言中就已经抱怨过笛卡尔和斯宾诺莎基本概念的混乱。"他们用其他无谓的词语来解释许多词语，不经证明便接受了常常最应加以证明的东西，有时并不像本应合理的那样将一些结论联系起来。"《大逻辑学》（即 *Philosophia rationalis sive Logica methodo scientifica* pertractata，1738，第159页，§88）也指出笛卡尔满足于 in confusa notione notionis claræ et distinctae [一种有关明确和明晰概念的混乱观念]。即便这里没有提到斯宾诺莎，但毫无疑问也指向了他。

沃尔夫在德文版逻辑学的第一章（§9和13）中也阐明了构成明确和明晰概念的特点。如下：

> 当我们所据有的概念足够重新认识出现的事物，如我们知道，这就是那个事物，它的名字是某某，我们在某地见到过，因而，它就是明确的；反之则为朦胧的：当它不能够重新认识该事物。关于颜色，我们就有着明确的概念，因为，当它们出现时，我们能辨识并将其区分开来……当我们在花园中看到陌生的植物，却不能够准确地回想起，是否它就是我们在其他地方见到过或者听过别人唤其为某名称的那个，因此，我们对其就只有一种朦胧的概念。因此，我们对数学和哲学中运用的人造词只有一些朦胧的概念。
>
> 如果我们的概念是明确的，我们要么能够给他人说出据以认识某物的特点，要么至少能够尤其按照先后设想出这些特点。否则，我们会无能力做出这些。在第一种情况中，明确的概念是明晰的，在第二种情况中则是非明晰的。比如，当某个人可以告诉我们，一座钟表是这样一个机器，它通过指针的摆动或者通过敲击钟来指示时刻，那么，他对钟表就据有明确和明晰的概念。……相反，我们对红的颜色的概念虽然明确，但不明晰。因为，当我们看到红色，虽然可以辨识出它，但说不出我们依据什么来辨识的它。……类似不明晰的概念还有风的萧萧、水的潺潺、浪的滚滚。

因此，在沃尔夫看来，概念的明确性同其可用性一致，明晰性同其受其他概念规定的规定性一致。明晰的概念以明确的概念为前提，而明确概念的前提则是谨慎的适应包含在前科学或一般科学语用中的相互关系。在现实性概念上还需追问的是形成现实性概念的总体结构中设想的概念内容不矛盾的可能性。亦参拉丁文版《大逻辑学》§80及以下。

总的来说需要注意的是，斯宾诺莎是按照先前在思想中拟定的学说来安排自己的解释，这样一来，他能够从这一学说广厦自身来证明它，就像出于预设的理由。但是他并未从事物本身来推导这些理由，并且就如本应发生的那样，由此得出自己的定律。（§677附释）

[绍尔茨按]参斯宾诺莎关于自己的术语的表述：Meum institutum non est, verborum significationem, sed rerum naturam explicare, easque iis vocabulis indicare, quorum significatio, quam ex usu habent, a significatione, qua eadem usurpare volo, non omnino abhorret, quod semel monuisse sufficiat.（《伦理学》卷三，"情绪的界说"，20，说明）[译按]中译参斯宾诺莎《伦理学》，贺麟译，商务印书馆，1997，第156页。

B 对斯宾诺莎主义最重要的基本概念的批判

a 上帝概念

当人们想要去探明斯宾诺莎谬误——他说服自己和他人，称已经证明过它们——的源泉时，就必须考量他的诸多解释。然而，这些解释并不明晰，反而自身带着某种朦胧，它会给不那么细心的读者眼前蒙上一层荫翳。

斯宾诺莎说上帝自身具有无限性，却在说明中不再表明外延和思想是这个同一者的两部分，而是称此二者为无限的。这样一来，就会产生如下的疑惑：究竟是得根据目前的解释，根据数量赋予上帝以无限属性，抑或，至少根据数量赋予上述二者以有限属性，而它们各自本身都是无限的。不过，由于他在附属的解释中区分了两种事物，一种从种类上为无限的，一种本身便是无限的；他称，人们可以否定前者的无限属性，而后者在自身并不包含任何否定。因此，看起来似乎人们必须根据数量来理解无限属性。——其他反复出现的说法也证实了这一点，就好像斯宾诺莎在说，上帝以无限的方式创造着无限的事物，就好像在教导，某物愈是具有更多的现实和本质性，那么它就会得到更多的属性。

此外，斯宾诺莎曾称，任何属性都表达出永恒和无限的本质。这句话里同样也有不少朦胧的成分。因为，他并没有解释，他所理解的本质究竟为何意，而是满足于其不明晰的概念（in notione confusa acquiescit）。

因此，人们就无法充分理解，本质这个表达究竟何指，尤其因为整个作品都表明，任何属性都以不同的方式表达出同一个事物，以至于它是用思考和外延所表达的同一事物。只是表达的方式不同罢了。（§672附释）

b 外延概念

斯宾诺莎将外延视为某种现实性事物，这是没有道理的。

斯宾诺莎径直拿过笛卡尔的说法，即外延是某种现实性的事物。但是他并没有证明它，原因在于，他信赖这种关于明确和明晰感知的十分具有欺骗性的基本原则。

谁若是看到，外延并非某种寓于某一事物中的现实性事物，相反，它以其他现实性事物为前提，这一现实性事物以这种方式——当无法明晰地感知时——在某物中显现，就好像颜色并非某种寓于躯体中的现实性事物，而是以其他现实性事物为前提，颜色概念是通过躯体混乱的感知所产生的；谁若是充分洞见到，外延概念是如何在灵魂中产生的，他就会从这唯一的概念中看出斯宾诺莎之说的矛盾。

倘若笛卡尔和斯宾诺莎在研究颜色概念时使用了外延概念，并且同样足够关注这一概念，那么，他们也许就会很轻易避免我们在这里发现的谬误了。（§689 与附释）

如果外延并非现实性事物，那么，它也不会是上帝的属性。然而外延之不适用于上帝的属性，甚至可以从斯宾诺莎自己的前提得到证明。外延不会是斯宾诺莎理解的上帝的属性。（§691）因为，倘若如此，那么它就可以通过自身来得到把握。但是，它无法做到，因为它以万物的内在状态（status internos）为前提，它的概念通过它们不完善的感官观察才最终在意识中产生。（§690）

如果外延并非上帝的属性，那么，就更不能按照斯宾诺莎的原则将上帝视为外延性的事物。外延表达的也并非上帝的无限性本质。因此，人们也不能按斯宾诺莎的意思称躯体为某种方式，该方式以某种特定方式表达了上帝的本质——就其被视为某种外延性的事物而言。（§694）

c 无限性概念①

任何无限的现实性,尤其无限的思考,都不是由有限的现实性组成,它们在数量上是无限的。

就人类理智不能够区分一切在对象中无法区分的事物而言,它在设想这些对象的方式上有局限。因而,那些能够区分一切在某个对象中可以区分的事物的理智,就是无局限的。只不过,人们可以随心所欲使用这样一种理智,它无法区分一切可以相互区分的事物,虽然如此也不会产生这样一种理智,它的确可以区分一切在任何对象中能够区分的事物;但是只是众多理智的集合,它们中的任何一个绝对无法区分一切在某个对象中可以区分的事物。因此,有限理智是完全不同于无限理智的种类(Gattung)。

因此,可以清楚的是,任何无限的现实性都不是由有限的现实性组成的,它们在数量上是无限的。这一无限性的概念纯粹是一种想象出来的概念(notio imaginaria),这没有引起斯宾诺莎足够注意,尽管他总是批评其他人搞混了想象力和理智,并且不区分人们想象的事物和人们清晰领会的事物。(§706 与附释)

d 有限性概念

斯宾诺莎所解释的有限性是不正确的而且是有歧义的②。

---

① 参本版第 11 页及以下;与之相反,Jacobi,第 146 页,原理 7。
② Non recte atque ambigue definit finitum。沃尔夫对斯宾诺莎主义有限性概念的批评是对斯宾诺莎主义将有限性与内在性等同的尖锐批判。

因为，他用那种能够以其他具有相同本质的事物来设定界限的事物，来解释在种上（nach der Art）有限的事物。人们只在数学中才称那些借以标记界限——从何处起止，或者能够被放大——的事物为有限的①。

同理，一条直线并不能因为它能够被另外一条直线设定界限而被称为有限的，而是因为人们在两端设想了该线所不能逾越的界限。因此，任何其他事物也不能因为它被其他具有相同本质的事物设定界限而被称为有限的，而是因为那一事物所附着（ankleben）的界限，人们在其中所领会的现实性不能够逾越它而被放大。

[绍尔茨按] Res aliqua appellatur finita, quatenus determinationibus intrinsecis, per quas concipitur, inhaerent termini, ultra quos realitas earundum minime extenditur. 这种对有限性的定义似乎与前面的相矛盾，在前者看来，有限性包含了界限，它可以突破这些界限。不过，通过这里所包含的对有限性现实成分的附注，这一矛盾得以解决。当然，有限性现实成分在任何个别情况下都是一个十分确定的、得到固定界定的，而且也不可放大的成分。在第一个定义中谈到了有限性自身，在第二个定义中谈到有限的个别事物。两个定义可以总结如下：有界限的即为有限的，这个界限尽管原则上可以被超逾，但是实际上超逾的话则会丧失属性。

因此，斯宾诺莎所解释的在种上有限的事物是不正确的，他说它可以通过其他具有相同本质的事物获得界限。因为，斯宾诺莎本应该解释说，人们所设想的现实性事物自身

---

① Finitum dicimus in mathesi, cui assignari possunt termini, unde incipit et ubi desinit, seu ultra quos augeri potest, et ideo assignabile est (*Ontologia* § 798).

附着有界限，不能超过它而被放大。用我们的方式，也就是说，包含在同一事物概念中的内在规定附有界限，只要人们愿意设想同样的事物，这些界限就不能够从界限中分离开。此为其一。

说某一事物被其他具有相同本质的事物设定界限，这样的话不够明晰，以至于无法使人们准确认识到它究竟何指。因为，可以设想一种比给定的躯体更大的躯体，以这种方式并不能理解，为何其大小有界限。由于上述的话语有歧义，它们的意义无法得到准确地确定，因此毫无疑问，斯宾诺莎所解释的在种上有限的事物或者具有界限的事物是有歧义的。此为其二。

这样的解释在斯宾诺莎学说中具有重要意义。因为，若某个人受上述话语歧义性（verborum ambiguitate）的诱导，就会因此轻易地承认持存的事物（即实体）的无限性和统一性，并将有限性事物从持存的事物（实体）中抽取出来。因此，我希望读者诸君三思我们在这里提供的解释，这样，他们就愿意从斯宾诺莎学说的根基处洞见到、认识到此说与真理相距何其遥远。（§685 与附释）

e 从无限性事物派生有限性事物

由于无限性的本质从不会被理解为无限多的有限本质的总和，故而，反过来看，有限性本质也不会是如下意义上无限性本质的一种功用，即如斯宾诺莎所希望的，通过纯粹的修正，在无限性本质中产生有限性本质。（§707）

f 实体概念

1）根据习惯意义，持存事物（即实体）是这样一种事物，本质性和属性在其中同一，因为与此同时各种方式在交替地改变①。（§698）因此，斯宾诺莎并不是在习惯意义上来使用持存事物（实体），原因在于，他将其与依自而在的事物（ens a se）搞混了。故而毫不奇怪的是，斯宾诺莎如此表达对持存事物的看法，而他并不能在习惯意义上来证明这些表述：无法设想就好像它在数量上是唯一的，同样，像是必然存在的或者不存在的。（§683 与附释，§684）

2）根据习惯意义，诸多相同者属于同种或者同类，这并不与持存事物（实体）概念相悖。事实上有着诸多相同者的实体。任何灵魂都是持存事物，人们不可以否认事实上存在这些相同者。因此，事实上存在着同种或者同类的持存事物。如果人们想说，按斯宾诺莎的理解，灵魂并不是持存事物，这个异议无济于事。因为，斯宾诺莎本应在习惯意义上使用"实体"这个词语，如果他可以的话，继而证明，在这种意义上，任何持存事物都必定是依自而在的事物。不过，斯宾诺莎并未证明这一点，而且他也不能够证明。（§698 与附释）

3）斯宾诺莎并未证明，持存事物必然此在。因为他要

---

① In recepto significatu substantia est subiectum, cui insunt essentialia et attributa eadem, dum modi successive variant (§ 770 *Ontol.*).

证明，某物此在，同时是某个持存事物的本质的一部分，那么，他的前提是，任何其他事物都无法创造出这样的事物。由于他并没有证明其他的事物无法创造持存事物，那么，人们就不能说，他证明了此在同时是持存事物的本质，或者持存事物必然此在。（§700）

4）斯宾诺莎没有证明，任何持存事物必然是无限的。因为，斯宾诺莎想要证明这一点，于是，他的前提就是，只存在唯一一种具有同一属性或者种类的持存事物；它必然存在，而且如果它是有限的，它必须由具有相同自然或者相同本质的其他事物来设定界限。所有这些前提都是错误的。（§702）

g 属性概念

斯宾诺莎混淆了属性（attributum）和构成事物本质的限定（Bestimmungen），于是，属性在他那里成了本应叫作事物本质的东西。（§680）

h 样式概念

［绍尔茨按］对斯宾诺莎主义样式概念的批判，是一种康德式的尖锐批判来将样态（Modalität；即隶属［Dependenz］）和内在性（Inhärenz）等同起来的做法。——在一篇针对艾伯哈特（Eberhard）的檄文（*Ueber eine Entdeckung, nach der alle neue Kritik der reinen Vernunft durch eine ältere entbehrlich gemacht werden soll 1790*）中，康德也在十分类似的意义上批驳斯宾诺莎，称后者"宣称世间万物都依赖于一种作为它们共同原因的原始物质，他将这种普遍起作用的力变成实体，正是以这种方式，斯宾诺莎将万物的隶属变成实体中的内在性"（*Immanuel Kants kleinere Schriften zur Logik und Metaphysik*，K. Vorländer 编，1905，第三部分，第 46 页注释）。

斯宾诺莎在样式的概念定义中，将那种自我的此在来自他者（ens ab alio）的事物，等同于自我的此在存在于他者（ens in alio）的事物。这样的等同是错误的。

存在于他者和被他者思考，意思完全不同。否则的话，人们就不会这样说存在于他者的事物了：说它可以被他者思考。"为何存在"的根由在于他者之中的事物才会被他者思考。因此，如果说某物被他者思考，那么，人们可以从中足够明晰地看到，人们是不能够将其理解为可能的。"存在于他者"表达的不是纯粹的可能性，而是某种其他的东西，因此，它同时指涉的是此在。"存在于他者"同时意味着，此在的充分理由可以从他者中找到，因此，为了此在而存在于他者的事物需要他者的力量。但是，它就是依（von）① 他者而在着的事物，它为了此在而需要他者的力量。因此可以说明，斯宾诺莎搞混了方式（即样式）和依他者而在着的事物。（§682）

4. 斯宾诺莎主义的后果
A 无宇宙论

---

① 而非在（in）。这里的思路似乎是这样的，存在的根由在他者中的事物因此首先只能通过同样的事物存在，但不是存在于其中，相反，可以设想很有可能是外在于这一事物而存在。

斯宾诺莎把自然的权能变成上帝的权能，并且从构成世界的躯体中夺走了整个真正所谓的自然，或者说，他把真正所谓的自然变成一个非物（non ens）。（§696）

B 宿命论

斯宾诺莎是位普遍宿命论者，因为，他宣称万物绝对的必然性，并将其使用到人类的行为上。

斯宾诺莎主义者并不否认他们是宿命论者，同样也不否认他们是普遍宿命论者，原因在于，他们认为普遍的宿命之说是一种合乎真理的事物。因此，宿命之说，尤其是普遍的宿命之说常常混同于斯宾诺莎之说，以至于人们经常把那些通过推论被赋予盲目必然性的人称作斯宾诺莎主义者。不过，虽然普遍宿命之说与斯宾诺莎之说的联系亲密无间，但是二者并不相同。（§709与附释）

5. 斯宾诺莎主义同无神论的关系

斯宾诺莎学说与否认上帝之间的距离仅一步之遥，两者同样有害。而且相比之下，前者甚至更为有害。

因为，虽然斯宾诺莎承认作为万物首要和唯一原因的一位上帝，但是，因为他也否认这个上帝是智慧的和依据意志行事的以及主宰世界的；他称，躯体和灵魂，包括其他思考的事物（倘若存在的话），作为寓于整体中的部分，皆见于上帝之中。所以，斯宾诺莎虚构了一位完全不同于真正上帝的上帝。真正的上帝秉有至高的智慧和最大的意志自由，并通过智慧来主宰世界，而且，灵魂和躯体以及其他思考的事物（倘若存在的话），作为整体中的部分，并不包含在上帝之中。这不多不少就好像斯宾诺莎否认了真正上帝的此在。那么，由于否定上帝此在的人即是否认上帝者，因此可以清楚的是，斯宾诺莎之说与否认上帝仅一步之遥。此为其一。

此外，斯宾诺莎学说取消了一切宗教和一切神性约束力（做某事但忽略其他事），就如同否认上帝。那么，由于就一切宗教和神性约束力因为否认上帝而被扬弃而言，否认上帝是有害的，因此，毫无疑问，斯宾诺莎之说与否认上帝同样有害。此为其二。

但是，普遍宿命说与斯宾诺莎学说亲密无间。那么，由于普遍宿命说将盲目的必然性联系到人类的一切行为，而普遍宿命说并不必然与否认上帝相联系，那么，比起否认上帝，斯宾诺莎学说更为背离对道德行为的践行，因为普遍宿命说只是偶然伴有对上帝的否认。但是，如果否认上帝与践行道德行为相悖，那么，它就是有害的。因此，斯宾诺莎学说在某种程度上比否认上帝更为有害，就显而易见了。此为其三。（§716与附释）

六　雅各比与莱辛

雅各比与门德尔松之间的泛神论之争是因莱辛的宗教世

界观问题而起。与大多数哲学界的同侪一样,门德尔松视莱辛为理性的有神论者。而在雅各比看来,这种理性的有神论仅仅是显白的外衣。莱辛按照莱布尼茨的手法(本版第84页,亦参《莱布尼茨论永罚》),并以自己共济会对话的风格(本版第345页),在这显白外衣下掩盖了这样的信念:对宗教文化的顾虑,无论是教会抑或教会之外的,以及自己最亲近的友人包括门德尔松身上所体现的文化,不允许他将该信念宣讲出来。雅各比认为,莱辛打心底是一位完全的,也就是说极其熟悉自己立场的无神论后果的斯宾诺莎主义者(本版第343页及以下)①。门德尔松反对这种说法。因此,对莱辛泛神论的追问,即整部论争文集的第四大问题,就形成了整个论证的出发点。

在进一步观察这一点之前,我们要预先概览雅各比和莱辛的关系。

1779年5月18日,莱辛从沃尔芬比特向雅各比寄出一份《纳坦》的样书,附信如下:②

《纳坦》的作者乐意以《沃尔德玛》作者赐予的热情和富有教益的时刻来报答他。不过,用《纳坦》吗?

---

① 参雅各比 Wider Mendelssohns Beschuldigungen (1786) 第一部分注释,第 8 页:在我看来,他(编按:即莱辛)对那净化了的、本应为了自己的康复而使用的泛神论只是半心半意。我可不愿意让门德尔松在莱辛故去后将后者教育成那样(文集卷四第2部分,第181页)。

② *Friedrich Heinrich Jacobis auserlesener Briefwechsel*, Friedrich Roth 编,卷一,1825,第 234 页及以下。

似乎不可能。《纳坦》是作者的老来得子，帮他解除论战。

[绍尔茨按] *Woldemar. Eine Seltenheit aus der Naturgeschichte*，卷一，Flensburg/Leipzig，1779。这部哲理小说的德性－伤感"气息"令歌德难以忍受，1779年8月的一天，歌德在位于埃特斯堡（Ettersburg）的魏玛圈子的热烈掌声中对该小说大加挞伐，其结果是几乎造成歌德与雅各比的完全绝交。参 H. Düntzer，*Freundesbilder aus Goethes Leben*（o. J.），第166页及以下；Max Morris，*Fritz Jacobi über seinen Woldemar-Streit mit Goethe*（*Jahrbuch der Goethe-Gesellschaft*，卷一）1914，第139页。

雅各比在一封1779年8月20日寄出的长信中做出回应，信中如是说：①

> 鄙人将在来年春季前往沃尔芬比特……鄙人对未来时光的渴望，无以言表。而且也因为鄙人希望在您那里恳请几位无法对我给出满意答案的先知的神灵，并让他们开口说话。

后来的行程由春季改成来年（1780年）夏季的七月和八月（本版第68页［译按］参莱辛与雅各比的通信）。雅各比和莱辛在这两个月中两次会面，讨论形而上学问题。两次对话都持续多日。

---

① 雅各比，*Briefwechsel*，前揭，第288页；参新版第74页，注释。

第一次会面在沃尔芬比特，时间为7月5日至11日（参本版第74及78页［译按］1780年7月11日莱辛致雅各比）。谈形而上学的主要对话发生在7月6日，是一个星期四（［德文编按］根据1780年的日历）。莱辛在这次对话中表明了自己的"斯宾诺莎主义"。

第二次未注明日期的会面在布伦施威克和哈尔伯施塔特（参本版第95、97页）①，极可能在8月10日至15日进行，也就是说，雅各比和莱辛于8月10日晚至12日早晨在布伦施威克，8月12日至15日在哈尔伯施塔特的格莱姆处会面（参本版第95页）。

［绍尔茨按］1780年7月23日，雅各比从汉堡写信告诉莱辛："8月10日或11日，我将造访您。"（LM XXI，第302页）这个说法与1780年10月20日致海因泽（Wilhelm Heinse）那封详细的信中所说的一致（Rudolf Zoeppritz, *Aus F. H. Jacobis Nachlaß*，卷一，1869，第36页）："在一个星期六下午，我们（［德文编按］莱辛、雅各比以及陪伴他整个行程的妹妹）来到格莱姆处，星期二我们离开。"从1780年的日历来看，这个星期六是8月12日。因此，在哈尔伯施塔特的格莱姆处逗留的时间为8月12日至15日。在此之前，他们在布伦施威克逗留两天，参雅各比自编的书信集，WW I，1812，第341页及以下。因此，整个第二次会面从8月10日一直到15日。

从致海因泽的信中可以详细地知道，在前往汉堡的旅途中，雅各比结识了克劳狄乌斯（Claudius）和爱丽丝（Elise Reimarus），她是雅各比和门德尔松之间的传信人。

---

① 并不在沃尔芬比特，不是第98页注释中所推断的那样。

雅各比曾在布伦施威克结识莱泽维茨（Leisewitz）和老耶路撒冷（Jerusalem）①，他与莱辛于8月11日晚在哈姆雷特②。在哈尔伯施塔特的格莱姆家中度过的时光想必极其愉快。雅各比后来写信告诉海因泽③：

"老父"格莱姆真是一位极和蔼的人。他谨慎地避免以任何细微的表情伤害到我们，以至于勾起了我的同情。而我和莱辛偶尔用我们的玄谈来折磨他，并且在窘境中证明，形而上学对于一切事物都是有利的，并且享有此生和来生的赐福，因为所有当下、未来、现实、可能事物的确定性都依赖于它。

雅各比在一封致爱丽丝的信中（1781年3月15日）极其动人地描述了第二次会面时莱辛的状况：④

巨大的阴郁笼罩着他，我从不会忘记我在回程中和他共度的早晨。我们一开始先争辩，我坚决地反驳了他的几个论断，以至于他无法继续。他的脸色突然变得很可怕，我从未见到过这样的脸色。不过很快，他变得温和起来，时间越久，便越可亲。

---

① Zoerppritz，前揭，第29页。
② 雅各比文集卷1，第342页。
③ Zoerppritz，前揭，第36页。参新版第95页。
④ 雅各比，*Briefwechsel*，前揭，第318页。

雅各比曾急切地请求莱辛访问佩姆佩尔夫特（［译按］1780年12月22日，雅各比致莱辛），莱辛的去世使得这场旅行以及其他诸事都化为泡影。

七　莱辛的泛神论

莱辛果真如此表达——如雅各比令其表达的那样——之所以不容置疑，是因为所传达的表述让人联想到的是一种与雅各比的解释相去甚远的见解。不仅小赖马鲁斯①和赫尔德②持此观点，就连门德尔松也不怀疑莱辛在此情境下也有可能会如此表述。雅各比应该有理由说，所有认识莱辛的人……都言之凿凿地说，他们认为莱辛的音容笑貌宛若眼前③。

雅各比的报告中只有两处值得商榷。第一处是从普罗米修斯颂歌转至讨论斯宾诺莎主义这一颇为生硬的奇怪过渡。比起后来的诠释家，莱辛的同时代人更为敏锐和有把握地察觉到这种突然的思想跳跃。

［绍尔茨按］雅各比本人称"莱辛一开始接过普罗米修斯的时候"是整个对话中最为"反感的"（后来改为"最为引人注目的"）（*Wider Mendelssohns*

---

① 参1783年11月14日爱丽丝的说法："他（［德文编按］即兄长）认为对话极其有趣味，在哲思上极富启发。他和我都说，就好像真切地听到您二位的对话，睿智并且都有独特的心绪。"（*Wider Mendelssohns Beschuldigungen*，1786，第11页；文集卷四第2部分，第188页）
② 赫尔德致雅各比，1784年2月6日："以至于我耳闻目睹了他（［译按］即莱辛）在说话。"（*Aus Herders Nachlaß*，卷二，1857，第256页）
③ *Wider Mendelssohns Beschuldigungen*，第48页；文集卷四第2部分，第213页。

Beschuldigungen, 1786, 第 3 页；文集卷 4 第 2 部分, 第 177 页）。但是, 是否他在令人讶异的"普罗米修斯－斯宾诺莎"关联中而不仅仅在公开地承认普罗米修斯式的无神论中看到了有失体统的东西, 在我看来是成问题的。"反感的"这一表述似乎会导致最为简便的暗示。尽管如此, 还有另外的可能性, 即雅各比不仅看到了事实, 而且亲眼看到接受的独特方式。

普罗米修斯颂歌表面上的斯宾诺莎主义特征使后来者未能看到颂歌和接下来的阐释之间的裂隙。在雅各比的误导下, 人们并未注意到这一点, 而是将这首丝毫不斯宾诺莎主义的普罗米修斯颂歌视为歌德的斯宾诺莎主义纪念碑①。不过, 将这首颂歌与斯宾诺莎主义联系起来的纽带, 至多是对超自然主义神意信仰的批判。在其余部分, 言辞激烈并诉诸万能的时间和永恒的命运的普罗米修斯的反抗, 极其有悖于超然物外、维系于上帝之思的斯宾诺莎生命观：斯宾诺莎的至高存在者无限地超越于时间和命运, 因此, 以至于对神意信仰的共同放弃完全消失在这种对立之中。斯宾诺莎主义几乎不会是一种普罗米修斯宗教, 以至于人们不得不将其视为从泛神论对普罗米修斯无神论的克服。只有如下见解, 即雅各比也同样坚信斯宾诺莎主义具有无神论特征, 才能试图解

---

① F. Saran, *Goethes Mahomet und Prometheus*, 1914, 第 75 页。萨兰（Saran）本人持相反的立场，"如下不断重复的看法证明了他几乎不理解这首诗, 即普罗米修斯［颂歌］包含了对斯宾诺莎主义的认信"（第 74 页）。——歌德自己似乎默默地反对对这首诗歌的斯宾诺莎主义式解读, 他说："尽管人们——正如看到的那样——可以给这首诗塞上哲学的、宗教的观察, 但是它根本上完全属于诗。"（*Dichtung und Wahrheit*, 卷十五）

救关联的假象①，但是，这不仅是以粗鲁地混同反有神论和无神论为代价，而且是对如下对立的忽视，这一对立存在于普罗米修斯的愤怒的原因和斯宾诺莎主义沉着的动机之间。

[绍尔茨按] 众所周知，对于斯宾诺莎而言，时间是隶属性的 modus imaginandi（ep. 12; opp. van Vloten und Land 编，ed. min. II, 231）；同样，在他看来，命运也不是他可以用来与任何崇高想象相联系的概念，更多的是相反。Gott sub ratione boni handeln lassen, nihil aliud est quam Deum fato subicere, quo nihil de Deo absurdius statui potest（eth. I 33 schol. II 末尾）。

倘若莱辛鉴于普罗米修斯颂歌而说了"我早已看到过第一手的"（本版第76页及以下），那么，他几乎不会想到斯宾诺莎，如早期的批评者正确认识到的那样，而是**埃斯库罗斯的《普罗米修斯》**。

[绍尔茨按] 雅各比后来在这里默不作声地做了修改。*Wider Mendelssohns Beschuldigungen*，第50页（文集卷4第2部分，第215页）："就在我们分别的早晨（编按：1780年8月15日），在哈尔伯施塔特吃早餐时，莱辛再次找我要普罗米修斯诗歌，夸奖并赞叹——真正鲜活的古代精神，无论就形式还是内容而言，在其中再现生机。"亦参本版第304页注释31。——还值得注意的是，在著名的对话中，雅各比的名字最先出现在雅各比这一方（新版第77页）。我认为可以这样解释，"普罗米修斯－斯宾诺莎"关联只能记在雅各比名下，而不应归给莱辛。

而他拥护普罗米修斯颂歌的观点仅仅是反－超自然主义

---

① 亦参 G. Schneege, *Goethes Spinozismus*, 1911，第61页，注释2：只有当人们把斯宾诺莎主义与无神论而非泛神论视为一致时，就如雅各比的确那样做的，人们才允许称普罗米修斯独语为斯宾诺莎主义的。

（antisupranaturalistisch）的。对他而言，这首颂歌回响出的 Hen kai pan 只能以世界秩序为参照。除了自然世界秩序之外，不存在第二种超自然的世界秩序，相反，我们从上帝统治和上帝临在所体验到的一切，必须以自然世界秩序的形式来进行思考。这种内在性（Immanenz）的立场——虽然它也是普罗米修斯颂歌的立场——之所以更具前提性，是因为《人类的教育》中朝着这一立场的发展被解释为人类精神的目的①。但是拥有这种立场就本身而言，不过意味着放弃宗教。这一连贯性虽然是"普罗米修斯"中的特点，但是内在性原则本身完全不会要求无神论。相反，就其自身而言，它只要求对神性事物有新的统觉，莱辛的意图似乎就是这种统觉。

就算雅各比也不敢将莱辛称赞颂歌时的观点径直称为无神论的。除非雅各比认为证明了，具有特殊宗教成分的泛神论是不可能中立于有神论和无神论之间的。在解释莱辛的观点时，雅各比只满足于反有神论的（antitheistisch）解读：

> 莱辛不相信任何与世界相区别的事物的原因、任何位格性的神、任何自由的世界创造者、万物任何有目的的发展、任何天意。②

---

① 众所周知，教育的意义是从世俗和超世俗的幸福动机到达纯粹道德自决的渐进进步。
② 本版第102页以及 *Wider Mendelssohns Beschuldigungen*，第60页（文集卷4第2部分，第224页）。

·［附］莱辛与友人的泛神论之争·

报告中的第二处是，雅各比称，莱辛认为，与位格关联的人的长存，在死后并非不可想象（参本版第 96 页）。倘若人们将其理解为一种与自我意识以及回忆的保存相关联的长存——人们尤其不会将其理解为其他的长存，那么，这与《人类的教育》最后几段便处于几乎无法消除的矛盾之中。在《人类的教育》中，记忆的消亡正是被称为创世者智慧的安排和对于复归的主体而言的幸福。

［绍尔茨按］《论人类的教育》，第 98 条及以下。"为什么我不应该经常回来，恰如我能够获取新的认识、新的能力？［难道］我一次带走的东西如此之多，以致不值得再为重回此世而付出努力？就因为如此而不该回来？或者因为我忘记自己曾经活过？我忘记此事是我的福分。对我前世的记忆，也许只会容许我滥用当前的状况。"［译按］中译参莱辛《论人类的教育》，第 132 页。

相反，如果人们把与位格相关联的长存理解为，精神性主体为了尘世的复归而做的必不可少的保存，即在此意义上的位格的长存，那么，虽然消除了矛盾，但并未讲出什么新意，而是接受了如下解读：它更多意味着雅各比的修正，而不是对其表述的阐发。

抛开这些冲突不谈，雅各比的报告很能唤起人们的信任，以至于人们可以基于这一基础来纠正雅各比本人。在这里，人们只需谨慎地沿着门德尔松的脚步，便可以相当稳妥地到达目的地。《晨时》的作者门德尔松证明了自己是更为娴熟的阐释者，尽管雅各比心怀自以为是的情绪极其轻鄙门

291

德尔松。虽然门德尔松时不时让人们看清雅各比已经沦为故弄玄虚（Mystikation）的牺牲，他本人在这时也有越过目标的危险①，但是就整体而言，毫无疑问，门德尔松比雅各比看得更为透彻。门德尔松完全有理由质问，莱辛是在什么意义上宣称自己是斯宾诺莎主义者的。同样，他也有理由猜想，它一方面是反题意义上，另一方面是完全非教条的意义上所说的（本版第69页及以下及第118页）。从《为卡尔达诺辩护》（1754）到"残稿之争"（1774—1777），莱辛一直都表现出"同情被排挤者"的开阔理智和心胸，而且这位天生的伟大辩证者会关心受迫害的斯宾诺莎而非其迫害者，这些本来都是理所当然，完全不用考虑其反面情况。因此，绝不会得出莱辛是雅各比意义上连贯一致的斯宾诺莎主义者。雅各比自己的描述恰恰证明的是反面。莱辛对雅各比表达了自己对斯宾诺莎的认信，并不是因为他放弃了上帝，而是因为正统的上帝概念无法使他满足（本版第77页）。这是两件截然不同的事情，对于莱辛这样懂得进行敏锐区分的人而言，更是加倍的不同，像莱辛这样的人不仅自己可以高超地运用区分的技艺，而且也以不容商量的坚定性要求他的对手具备这样的技艺。

倘若如上述所言，认识到反题特征对于评价莱辛的表述是基础性的，那么，它由此而获得的保留便会被莱辛认信斯

---

① 本版第117页及以下："我略过诸多机智的想法……很难说它们究竟是玩笑抑或是哲学。"

宾诺莎时的假设性观点强化：

> 如果要我给自己冠上某个人的名字的话，他是不二人选。（本版第77页）

是"如果"！在此之后，雅各比反驳说：

> 不过，我的信条不在斯宾诺莎身上！

莱辛立即以伟大的方式答复：

> 我希望也不在任何书本中。（本版第80页，注释d）

［绍尔茨按］不可理解的是，为何雅各比在最终版中略去了这句无疑是莱辛的话。难道在他看来，三十年之后，莱辛的斯宾诺莎主义的自由已经消散了么？

最后莱辛幽默地猜测①，说自己也许是至高的存在者并且以极端的收缩状态临在，以及此后在格莱姆家里开玩笑说的呼风唤雨（Wettermacherei）（本版第95页），人们都不能教条地去强解这些表述。这都是理所当然的。当门德尔松将这些表述或者类似的灵机一动比作火炮，"它们照亮了瞬间、发出巨响、继而消失"，也绝非没有道理的（本版第118

---

① 雅各比自己说，莱辛"似笑非笑地"说了这些，参本版第92页。

页)。

雅各比所理解的莱辛太过教条。他忽略了莱辛表述中反题性的、假设性的,以及诙谐的事物——对莱辛而言极其重要的三个要素,并以此种方式在某种意义上故弄玄虚。在某种意义上,也就是说,就他必须恣意地超越莱辛而将莱辛变为连贯一致的斯宾诺莎主义者而言。当时他自己这么回应莱辛:"您比斯宾诺莎走得更远。"(本版第83页)因此,他本人在一个重要点上不由自主地承认了莱辛式斯宾诺莎主义的自由。

比起门德尔松所想象的,莱辛也许更接近斯宾诺莎。莱辛不仅仅与斯宾诺莎一起认信上帝中万物的内在性①。在这一学说对立的作品《人类的教育》背后明显是如下假设,即认为人类精神中的神性精神具有神秘的内在性,存在一种神人(gottmenschlich)生活关联,这种关联在宗教史的进程中——十分类似于后来黑格尔的宗教哲学——逐渐从晦暗迈向光明。只有在这一前提下,上升到道德的自我教育——整全的发展在其中达到顶点——才能被理解为神性世界统治的工,否则我们就不得不忍受如下古怪的结论:上帝做着最为智慧的工,为的是最终清除自身。——这样一种结论既配不上莱辛的敏锐也配不上他的睿智。

[绍尔茨按]在我看来,莱辛研究至今仍未注意到这一点。在这里可以去探寻《论人类的教育》的斯宾诺莎主义,但不是如雅各比所说的在第73条的思辨中,这些思辨之所以已经无法用斯宾诺莎的 natura naturans 和 natura naturata 概念来澄清,

---

① 门德尔松在其《晨时》的第十四段中如是说,本版第15页及以下。

是因为莱辛在这里确立的神子并不是世界,而是上帝的自我分身(Selbstverdoppelung),它与相应的自我意识的理念相符。参 G. Fittbogen, *Lessings Gottesbegriff* (Protestantische Monatshefte XIII), 1914, 第 181 页及以下以及第 240 页及以下, 尤参第 246 页及以下。——不过,这一思辨的更深层意味似乎是人类天赋中至高者的自我分身。原因是,如果第 75 条中的救赎说(Satisfaktionstheorie)被如此解读,以至于考虑到他的儿子,也就是说考虑到他能独立达到自身完美的顶点(与此相比以及在这一范围内,任何个别人身上的不完美都将消失),上帝仍然要宽恕人的越轨行为。那么,上帝考虑到可以独立达到顶点而如此行事的完美性也许就只是作为整体的人类完美性,因此,神子就是这些完美的象征,或者如我们所说的,是人类的天赋。只不过莱辛丝毫未曾暗示第 73 条和 75 条关联的蛛丝马迹,第 73 条无论如何都不能如雅各比那样做宇宙学的解释,而且,人们完全不需用倚借斯宾诺莎,来澄明这些思辨独特的晦涩。——毋宁可以用梅兰希顿式的思辨来解释莱辛的思辨。在梅兰希顿给 *Loci* 后来的版本插入的三位一体教义的解释中可以看到如下十分值得注意的内容,它几乎逐字逐句地预见了莱辛的思路。

梅兰希顿: Mens humana cogitando mox pingit imaginem rei cogitatae. Sed nos transfundimus nostram essentiam in illas imagines, suntque cogitationes illae subitae et evanescentes actiones. At pater aeternus sese intuens, gignit cogitationem sui, quae est imago ipsius, non evanescens, sed subsistens communicata ipsi essentia。见 *Philippi Melanchthonis Loci theologici*, L C. G. Augusti 编, 1821, 第 250 页。

莱辛: 诚然,我在镜中的图像无非是我的一种虚空映象,因为,映象所反映的我,只是其光线落在镜面上的部分。但是假若这幅映象包容着、无一例外地包容着我自己拥有的一切,它也仅仅是一种虚空的映象吗? 这幅映象难道不也可以是我的自我之真正的分身?〔译按〕中译第 122 页。

在我们看到的对话里,内在性思想(Immanenzgedanke)表现在风趣地拒绝雅各比的 Salto mortale 与真正的莱辛式要求中,即他当然早都想为自己祈祷出一切(本版第 81、92

页）。莱辛不能也不愿"以自己老迈的腿和沉重的头"去模仿雅各比向超自然主义的跳跃（本版第 91 页）。与斯宾诺莎一样，莱辛也几乎无法设想外在于自然世界秩序条件之外的神性统治。仅仅在这个意义上，莱辛拒绝了"与世界相疏离的万物的因由"（本版第 102 页），即 causa transiens［外在原因］。与斯宾诺莎的宗教意识一样，莱辛的宗教意识同样几乎不需要一位在超自然自由意识的混沌荫翳中向人类启示的至高者。"我并不渴求自由意志"（本版第 82 页），为了得到自我理解，这种意志必须先推翻（神性）世界秩序①。

  至善这一概念之所以起作用，所依据的是强制和必然性，比起那些在同样情况下以不同策略予以应对的空洞的能力，前两者是多么令人喜闻乐见。[因为]我不得不行善，不得不行至善，为此，我感恩造物者。如果我自己在这些框架中又有一些失误，那么，当我只沉湎于自身时，会发生什么？或者只沉湎于不以任何法则为准的盲目的力量，它正好使我屈服于在我内部起着作用的偶然，那么会发生什么？②

  莱辛所设想的通过世界秩序起作用的神性足够具有神

---

① 在编者看来，通过这个同样简洁和启发性的解释，人们常常谈起的莱辛的决定论与"没有人必须行善"定律的自由理念论之间的矛盾问题便得到了解决。
② 见莱辛为《耶路撒冷哲学文集》（1776）所撰的著名后记。

性，从而可以被视为"与世界相疏离的万物的因由"。因为，无论至高者的统治可以被想象得多么内在于世界——比如，相信像莱辛这样的思想家会把至高者之名滥用在被动情地夸大的世界——都是完全没有根据的。莱辛无法想象一位飞掠于世界秩序之上的上帝。当雅各比将疏离于世界的原因只设想为一种飞掠于世界秩序的原因，这并非莱辛的过错。

在拒绝这个原因时不可能包含对神性的放弃，同样，从拒绝父权一位格性上帝也得不出对至高者智性特征的放弃。尽管如雅各比所证明的那样，莱辛把一种上帝理念——这个上帝沉迷于对自身至高的完善的位格享受（persönlicher Genuss）——与令人不安的无限的乏味观念相联系（本版第95页及以下），但是，莱辛之所以这么说，是因为这种观念的差强人意令他压抑。并且，仅仅出于这种原因，莱辛也睿智地拒绝了一种禀有类似于局限的人类自我意识的上帝理念。

> 这属于人先见的一部分，我们把思想看作首要的、最主要的先见，并从这样的先见中得出思想；但是，一切——包括各种观念——都依赖于更高的原则。外延、运动、思想明显都基于一个更高的力量，它并未因此而消耗殆尽。比起这个或那个影响，这一力量必须更卓绝；因此，对于它一定也存在一种不仅超越了所有概念，而且全然外在于概念的愉悦。[因为]我们无法想象这样的事物，所以就不能够消除这样的可能性。（本版第82页及以下）

对于莱辛而言，斯宾诺莎的最为伟大之处在于他敢于这样思考，并且在赞赏智性时放弃"将我们根据意图行事的可怜方式冒充为至高的方法，并将其置于思想之上"（本版第83页）。

赫尔德早就十分细致地注意到，莱辛的理智从未怀疑过上帝的理智①。莱辛只可能怀疑理智的那种"可怜方式"，局限的人类精神以这种方式凭借高尚的言辞闯入神性的本质。总而言之，莱辛会抛弃自我意识的概念，以便为至高者确保唯独配得上他的绝对智性。莱辛的做法恰恰就如同二十多年后费希特在无神论之争中的做法。

[绍尔茨按] 请对比费希特在 Gerichtliche Verantwortung gegen die Anklage des Atheismus（1799）中的表述："上帝是灵，这个定理只有作为否定的定理、作为对身体性的否定，才具有其善好的、令人信服的意义。就此而言，我对此深表赞同，并用它来反对我的对手，就像耶稣用它来反对犹太人，后者同样给上帝赋予了在耶路撒冷圣殿中身体性的临在"；"同一个定理，作为肯定的、用来确定神性本质的定理完全是无用的。因为，我们几乎不知晓灵的本质何在，同样也不知晓上帝的本质何在"；"我们所抓住的现实性仅仅是有限的，它之所以是有限的，是因为我们抓住了它。一切对我们而言是某物的仅仅是某物，就像它也不是其他事物一样。所有论断只有通过否定才是可能的，比如规定（bestimmen）一词的意思正是限制（beschränken）"；"我只是在这种考量下，在对限制和以此为条件的可理解性的考虑下否认上帝的意识。从物质来看……神性是纯然的意识，是智性，纯粹的智性，经神性的生命和活动。用某个概念来把握这种智性并描述它是如何知晓自己和他人，简直是不可能的"；"总之，某物若被领会了，那么它就不再是神；任何号称的上帝概念必然是假神的概念"（雅各比文集卷五，第265页及以下）。——费希特的无神

---

① Herder, *Gott*, 1787, 第133页。

论之争是真正的泛神论之争，这在今天看来毫无疑问。

因此，莱辛的斯宾诺莎主义表现在以独特的方式复兴了斯宾诺莎主义的崇高动机。因为，这些动机包括与感知世界和认清上帝统治处于双重关系的内在性原则，此外，还包括使神性事物脱离或更为粗鄙或更为精致的位格论的人神同形图画。

除此之外，莱辛正是那位具备精神力量之人，他使自己不受限制地成为自己。他使自己足够高远地超拔于他那个时代，以便在斯宾诺莎的某些理念中重新辨识出自己的信念。他以人人为师，但绝未成为任何人的门徒，原因在于他自己就是大师。雅各比在某些方面与斯宾诺莎相一致，若是因此而与雅各比一起，将莱辛，这位不懈的探究上帝者变成无神论者[①]，那么，人们就既没有理解斯宾诺莎，也没有理解莱辛，相反，仅仅表明人们把对至高者的认同混同于对某些观念的假设，而这些观念是由至高者在特定文化圈中特定生活状况影响下形成的[②]。

[①] 雅各比将莱辛视为无神论者间接地出自如下事实：他将斯宾诺莎主义等同于无神论（本版第173页）；直接地出自如下情形：他反对他人的控告，说他将莱辛变成了渎神者。当然，他将莱辛视为否认上帝者。参 Wider Mendelssohns Beschuldigungen，第57—69页（雅各比文集卷4第2部分，第222—232页）。

[②] 我很高兴在自己对莱辛泛神论的整体看法上与后来补充的两位研究者对比性结论相近：K. Rehorn, G. E. Lessings Stellung zur Philosophie des Spinoza, 1877, 第50页及以下；G. Fittbogen, Lessing und Spinoza（Protestantische Monatshefte XVIII 1914, 第59页及以下）。菲特波根（Fittbogen）恰好说到"雅各比所造成的误解"（第65页）。

[附录]
莱辛年谱

据 Wilfried Barner/Gunter E. Grimm/Helmut Kiesel/Martin Kramer 等编 *Lessing. Epoche-Werk-Wirkung*（第 6 版，München，1998）译出，有增删。

阿拉伯数字 1 代表莱辛生平、作品；2 代表同时代文学、批评、戏剧领域；3 代表同时代哲学、神学、观念史领域；4 代表同时代音乐、绘画、建筑领域；5 代表同时代政治史、社会史领域；6 代表同时代自然科学、科技、新发现等领域。

1729

1. （清雍正七年）1 月 22 日：莱辛生于卡门茨（萨克森州上劳西茨），为主祭约翰·哥特弗里德·莱辛和茹斯汀·萨洛美·莱辛（娘家姓斐勒尔，父为牧师）第三子（兄弟姐妹共十二个）。

2. 特尔斯特根（Gerhard Tersteegen）发表《内在灵魂的宗教园圃》（*Geistliches Blumengärtlein inniger Seelen*）。哈格多

恩（Friedrich von Hagedorn）发表《诗集》（Gedichte）。

3. 门德尔松（Moses Mendelssohn）生。柏克（Edmund Burke）生。

4. 巴赫创作《马太受难曲》（Mattaeuspassion）。

5. 吉德（William Ged）发明铅版印刷复印技术。

1730

2. 哈曼（Johann Georg Hamann）生。

歌特舍德（Johann Christoph Gottsched）发表《批评的诗艺》（Critische Dichtkunst）。

3. 维科发表《新科学》（Cinque libri de' Principj di una Scienza Nuova d'intorno alla commune Natura delle Nazioni）第二版。

1731

2. 笛福（Daniel Defoe）卒。

歌特舍德《将死的卡托》（Der sterbende Cato，印于1732）首演。施纳贝尔（Johann Gottfried Schnabel）发表《菲尔森堡岛屿》（Insel Felsenburg）。李洛（George Lillo）发表《伦敦商人》（The London merchant）。普雷沃（Antoine-François Prévost d'Exiles）发表《骑士德格里奥与曼侬·雷斯寇传》（Histoire du Chevalier des Grieux et de Manon Lescaut）。

5. 禁止英国工人移居到美洲殖民地；普鲁士取消行会的自主权。

6. 哈德利（John Hadley）发明八分仪。

1732

2. 哈勒（Albrecht von Haller）发表《瑞士诗歌尝试集》（*Versuch schweizerischer Gedichten*）。伏尔泰发表《扎伊尔》（*Zaïre*）。

3. 蔡德勒（Johann Heinrich Zedler）出版《大全万有百科辞典》（*Grosses vollständiges Universal-Lexicon*，1732—1750）。

4. 海顿（Joseph Haydn）生。

5. 腓特烈一世令17000名被驱逐的萨尔斯堡新教徒填因瘟疫而人口锐减的东普鲁士。

6. 布尔哈夫（Herman Boerhaave）发表《化学基础》（*Elementa Chemiae*）。

1733

2. 维兰德（Christoph Martin Wieland）生。尼柯莱（Friedrich Nicolai）生。

歌特舍德发表《首论大全盖世智慧》（*Erste Gründe der gesamten Weltweisheit*，1733—1734）。

3. 蒲柏（Alexander Pope）发表《论人》（*Essay on man*）。洛克《基督教的合理性》（*The Reasonableness of Christianity*）德译本出版。

4. 巴赫创作《B小调弥撒曲》。

5. 普鲁士发布征兵条例，农民被强制服兵役。

奥古斯特三世统治萨克森（1733—1763）。波兰王位继承战（1733—1738）。

1734

3. 莱布尼茨《神义论》（*Essais de Théodicée*）增订版出版（歌特舍德德译本，1763）

4. 巴赫创作《圣诞节清唱剧》。

1735

2. 诺伊贝（Friederike Caroline Neuber）发表《表演艺术状况》（*Umstände der Schauspielkunst*）。

6. 亨茨曼（Benjamin Huntsmann）发明坩埚铸钢。达比（Abraham Darby）在炼焦高炉中熔化生铁。林奈（Carl von Linné）发表《自然体系》（*Systema naturae*）。

1736

1. 莱辛未来的妻子爱娃（Eva Catharina Hahn，König 氏遗孀）生于海德堡。

2. 歌特舍德发表《详说演说术》（*Ausführliche Redekunst*）、《诗集》（*Gedichte*）。

位于哈勒（Halle）的第一个诗人圈子成立。

3. 亲岑多夫（Nikolaus Ludwig von Zinzendorf）被逐出萨克森。

6. 橡胶输入欧洲。欧拉（Leonhard Euler）发表《论机械》（*Mechanica*）。

1737

1. 就读卡门茨拉丁语小学。

2. 格尔斯滕贝格（Wilhelm von Gerstenberg）生。

皮拉（Jakob Immanuel Pyra）发表《真正诗艺的圣殿》（*Tempel der wahren Dichtkunst*）。诺伊贝受歌特舍德影响，将小丑从莱比锡舞台剔离。

3. 亲岑多夫成为赫恩胡特教区主教。德意志第一个共济会团契成立。哥廷根大学建校。

1738

2. 施纳贝尔发表《在爱的迷宫中跌跌撞撞的骑士》（*Der im Irrgarten der Liebe herumtaumelnde Cavalier*）。哈格多恩发表《诗体寓言和故事尝试》（*Versuch in poetischen Fabeln und Erzählungen*）。

3. 王子腓特烈二世加入共济会。教皇革除共济会（1738—1751）。

4. 亨德尔发表《薛西斯》。

5. 殖民地战争开战。犹太人奥本海默（Joseph Suess Oppenheimer）被处绞刑（此人为维滕堡亚历山大大公财政顾问，二人狼狈为奸剥削当地）。

6. 怀特（John Wyatt）发明纺织机。贝尔努利（Daniel

Bernoulli）提出动力学气体理论。

1739

2. 舒巴特（Christian Friedrich Daniel Schubart）生。

利斯柯夫（Christian Ludwig Liscow）发表《讽刺与严肃作品集》（Sammlung satirischer und ernsthafter Schriften）。

3. 休谟发表《人性论》（A Treatise of Human Nature: Being an Attempt to introduce the experimental Method of Reasoning into Moral Subjects, 1739—1740）。

5. 柏林交易所引入交易规则。

1740

1. 莱辛弟弟卡尔（Karl Gotthelf）生（卒于1812），后来编辑出版莱辛的遗作，并撰写了第一部莱辛传记。

2. 克劳狄乌斯（Matthias Claudius）生。

博德默尔（Johann Jakob Bodmer）发表《批评地论诗歌中的奇异性》（Critische Abhandlung von dem Wunderbaren in der Poesie）。布莱廷格（Johann Jakob Breitinger）发表《批评的诗艺》（Critische Dichtkunst）。理查森（Samuel Richardson）发表《帕梅拉》（Pamela）。冯·博克（Caspar Wilhelm von Borck）翻译莎士比亚戏剧《恺撒》（Julius Caesar）。

勋讷曼（Johann Friedrich Schönemann）表演协会成立（1740—1757）。《柏林政治与文人消息》（Berlinische Nachrichten von Staats-und gelehrten Sachen）问世。

5. 腓特烈二世发表《驳马基雅维利》（Antimachiavell）。腓特烈二世主政普鲁士（自此称"腓特烈大王"，1740—1786）。特蕾西娅（Maria Theresia）主政（1740—1780）。奥地利王位继承战。第一次西里西亚战争（1740—1742）。普鲁士取消绞刑。奥地利女巫审判。

6. 莫罗（Anton Lazzaro Moro）建立"火山学"（Vulkanismus）。同年，德·玛耶（Benoît de Maillet）亦提出"水成论"（Neptunismus）。英格兰首次炼焦高炉。

1741

1. 就读梅森的圣阿弗拉亲王中学（1741—1746）。

2. 歌特舍德发表《依据古代规则和范例建立的德意志舞台》（Die deutsche Schaubühne nach den Regeln und Exempeln der Alten，1741—1745）。维也纳市民剧院成立。歌特舍德与诺伊贝剧团决裂。

3. 亲岑多夫在美国（1741—1743）。腓特烈大王改革了由莱布尼茨促成并建立于1700年的柏林学院。培尔《历史批判词典》德译本出版（Dictionnaire historique et critique，四卷，歌特舍德译，1741—1744）

4. 宽慈（Johann Joachim Quantz）成为腓特烈大王的宫廷作曲家和帝王师。

1742

1. 发表《新年祝词》（Glückwunschrede an den Vater zum

Jahreswechsel)。

2. 利希滕伯格（Georg Christoph Lichtenberg）生。

盖勒特（Christian Fürchtegott Gellert）发表《关于优秀的德语书信的思考》（*Gedanken von einem guten deutschen Briefe*）。哈格多恩发表《新颂歌集》（*Sammlung neuer Oden und Lieder*，1742/1744/1752）。扬（E. Young）发表《夜思》（*The complaint, or night thought*）。菲尔丁（Henry Fielding）发表《约瑟夫·安德鲁斯的经历》（*Joseph Andrews*）。

4. 亨德尔发表《弥赛亚》。

5. 《柏林和约》签订，西里西亚划归普鲁士。

6. 摄尔修斯（Anders Celsius）首次使用今天常用的温度计；易北河－哈维尔运河建成。

1743

1. 12月30日，从梅森致信姐姐窦绿黛（此信目前为莱辛最早的信札）。

2. 施勒格尔（J. E. Schlegel）发表《赫尔曼》（*Hermann*）。伏尔泰发表《梅洛珀》（*Merope*）。

雅各比（Friedrich Heinrich Jacobi）生。孔多塞（Marie Jean Antoine Nicolas Caritat, Marquis de Condorcet）生。

1744

2. 赫尔德（Johann Gottfried Herder）生。蒲柏卒。

格莱姆（Johann Wilhelm Ludwig Gleim）发表《诙谐诗歌》

(Scherzhafte Lieder)。扎哈烈（Justus Friedrich Wilhelm Zachariae）发表《吹牛大王》（Der Renommiste）。《不莱梅撰稿》出版。

3. 维科发表《新科学》（Principj di Scienza Nuova d'intorno alla commune Natura delle Nazioni）第三版。休谟发表《道德和政治论集》（Essays Moral and Political）。斯宾诺莎《伦理学》德译本出版（Baruch von Spinozas Sittenlehre widerleget von dem berühmten Weltweisen unserer Zeit Herrn Christian Wolf, Johann Lorenz Schmidt 译）。

4. 巴赫创作《平均律键盘曲集》。

5. 第二次西里西亚战争（1744—1745）。

6. 柏林首家棉织厂建立；工业开始进一步分工。

1745

1. 莱辛早期的诗歌尝试：阿那克里翁诗歌和教诲诗；《青年学者》（Der junge Gelehrte）首个草稿，但未保留下来。

2. 斯威夫特（Jonathan Swift）卒。

盖勒特发表《假虔诚的人》（Die Betschwester）。布洛克斯（Barthold Heinrich Brockes）翻译汤姆森（James Thomson）的《四季》（The seasons）。皮拉与朗阁（Samuel Gotthold Lange）发表《蒂尔希斯与达蒙的友谊之歌》（Thirsis und Damons freundschaftliche Lieder）。

3. 沙夫茨伯里《道德教诲师》（The Moralists, a Philosophical Rhapsody）德译本出版。

5. 《德累斯顿和约》，确定了普鲁士在西里西亚的占领。

1746

1. 在莱比锡读大学（1746—1748），注册学习神学，但对其他科目亦极感兴趣，尤其是哲学、语文学、考古学、医学。

2. 盖勒特发表《寓言与杂谈》（*Fabeln und Erzählungen*）。施勒格尔发表《卡努》（*Canut*）。

亨德尔创作《犹大·马加比》（*Judas Makkabaeus*）。

3. 康德发表《论对活力的真正评价》（*Gedanken von der wahren Schätzung der lebendigen Kräfte*）。

6. 铅室中大量生产硫酸（伯明翰）。

1747

1. 结交魏斯（Christian Felix Weiße）。早期接触剧院。为诺伊贝剧团翻译戏剧。在由表兄弥琉斯（Christlob Mylius）主编的《自然研究者》（*Der Naturforscher*）和《激发灵魂的快乐》（*Ermunterungen zum Vergnügen des Gemüts*）上发表早期的创作和诗歌。修改《青年学者》（1748年1月由诺伊贝剧团首演）。构思《轻信者》（*Der Leichtgläubige*）和《以弗所的主妇》（*Die Matrone von Ephesus*）。

2. 毕尔格（Gottfried August Bürger）生。勒萨日（Alain René Le Sage）卒。

盖勒特发表《瑞典 G 伯爵夫人生平》（*Leben der*

schwedischen Gräfin G，1747—1748）。

施勒格尔发表《沉默的美人》(*Die stumme Schönheit*)、《关于吸收丹麦戏剧的思考》(*Gedanken zur Aufnahme des dänischen Theaters*，1764 年出版)。

3. 坎培（Joachim Heinrich Campe）生，佩斯塔洛奇（Johann Heinrich Pestalozzi）生。

海克（Andreas Petrus Hecker）在柏林开办首家实用中学。沙夫茨伯里《德性或美德的探究》(*An Inquiry Concerning Virtue or Merit*) 德译本出版。

6. 马克格拉夫（Andreas Sigismund Marggraf）发现了甜菜中的糖分。

1748

1. 维滕堡：染疾，短期医学学习。柏林之行（1748—1751）。《柏林特许报》(*Berlinische priviligierte Zeitung*) 记者、自由撰稿人、评论（1748—1755）。完成《厌女者》(*Der Misogyn*，印于 1755 年）。

2. 歌特舍德发表《德语语言艺术基石》(*Grundlegung einer deutschen Sprachkunst*)。理查逊发表《克拉丽莎》(*Clarissa*)。克洛普施托克（Friedrich Gottlieb Klopstock）发表《救世主》(*Messias*，1748—1773）。

3. 拉美特利发表《人是机器》《人是植物》。孟德斯鸠发表《论法的精神》(*De L'esprit des lois*，德译 1753）。休谟发表《人类理解新论》(*Philosophical Essays Concerning Human*

Understanding，德译 1755）。

4. 拜罗伊特歌剧院开幕。

5.《亚琛和约》终结了奥地利王位继承战。农民反抗"圈地"。内部殖民下，普鲁士农庄数量增多。

6. 延森（Johannes Janssen）发明钢笔。柏林成立首家丝厂。

1749

1.《犹太人》,《自由思想者》,《老处女》,《衡齐》（未完成）,《戏剧史和戏剧采录文丛》（Beyträge zur Historie und Aufnahme des Theaters）。

2. 歌德生。

乌茨（Johann Peter Uz）发表《诗集》（Gedichte）。克莱斯特（Ewald von Kleist）发表《春》。菲尔丁发表《汤姆·琼斯》。

3. 英国和英国殖民地承认了赫恩胡特兄弟会。

5. 衡齐（Samuel Henzi）在伯尔尼起义。

6. 阿亨瓦尔（Gottfried Achenwall）发表《新政治学概要》（Abriss der neuesten Staatswissenschaft），该书成为第一部所谓的统计学教材。

1750

1. 在弥琉斯主编的《学术王国的批评性消息》（Kritische Nachrichten aus dem Reiche der Gelehrsamkeit）帮手。结识伏

尔泰。

2. 克洛普施托克来到苏黎世。

哥尔多尼（Carlo Goldoni）发表《咖啡馆》。柯赫（Heinrich Gottfried Koch）演员协会成立（1750—1775）。《福斯报》（Vossische Zeitung）在柏林问世（1750—1934）。不莱梅首家读书协会成立。

3. 卢梭发表《论科学与艺术》（德译1752）。伏尔泰发表《路易十四时代》。鲍姆伽滕发表《美学》。

4. 巴赫卒。

5. 普鲁士-勃兰登堡取消女巫审判。

6. 德意志开始使用邮递车。德意志首座"英国公园"，位于哈默尔恩（Hameln）。

1751

1. 接手《柏林特许报》中"学术专栏"和《诙谐王国最新消息》副刊文章的主编工作。发表讽刺小诗《论康德先生〈论活力〉》。发表第一部诗集《玉屑集》（Kleinigkeiten）。翻译伏尔泰散文十五篇，1752年以《伏尔泰先生史论集》（Des Herrn von Voltaire kleine historische Schriften）为题目发表。维滕堡时期（1751—1752）：以西班牙哲人胡安·瓦特（Juan Huarte de San Juan）生平研究获得硕士学位。与伏尔泰因为误解而决裂。

2. 福斯（Johann Heinrich Voß）生，伦茨（Jakob Michael Reinhold Lenz）生。

拉博纳（Gottlieb Wilhelm Rabener）发表《讽刺作品集》（*Sammlung satirischer Schriften*，1751—1755）。盖勒特发表《书简》（*Briefe*）。哥廷根科学院成立。

3.《百科全书》（*Encyclopédie ou Dictionnaire raisonné des sciences, des arts et des métiers*，1751—1772）出版，撰稿人有狄德罗、达朗贝尔、伏尔泰、霍尔巴赫、卢梭等。拉美特利发表《享乐的艺术或论快感教育》（*L'Art de Jouir ou L'école de la volupté*）。杜尔哥发表《普遍历史两论提纲》（*Plan de deux discours sur l'histoire universelle*）、《政治地理论著纲要》（*Plan d´un ouvrage sur la géographie politique*）。拉美特利卒。

6. 肖梅特（Isaac de la Chaumette）发明后膛填装步枪。弗克（Focq）发明龙门刨床。

1752

1. 11月再次回到柏林。结识苏尔策（Johann Georg Sulzer）和拉姆勒（Karl Wilelm Ramler）。

翻译伏尔泰和腓特烈二世作品（1752—1753）。翻译胡安·瓦特作品《对科学头脑的考察》（*Examen de ingenios para las sciencias*，1575）。

2. 克林格（Friedrich Maximilian Klinger）生。魏斯发表《女扮男装》（*Die verwandelten Weiber*）。博德默尔发表《诺亚》（*Noah*）、《阿妹复仇》（*Die Rache der Schwester*）。朗阁翻译贺拉斯。

6. 富兰克林发明避雷针。

1753

1. 六卷本《文集》（*Schriften*，1753—1755），包括《诗集》（*Gedichte*）、《寓言集》（*Fabeln*）、《正名集》（*Rettungen*）、《文评集》（*Kritiken*）、《谐剧集》（*Jugendlustspiele*）、《萨拉小姐》（*Miß Sara Sampson*）。

2. 歌特舍德发表《德语语言艺术的本质》（*Kern der deutschen Sprachkunst*）。

慕尼黑王府剧院开幕。什未林的演员学院成立。阿克曼（Konrad Ernst Ackermann）演员协会成立（1753—1767，1769—1771）。

3. 伏尔泰从柏林"出逃"。休谟发表《关于若干主题的散文和论文》（*Essays and treatises on several subjects*，1753—1754）。亚里士多德《诗术》德译本出版（*Dichtkunst*，Michael Conrad Curtius 译注）。

1754

1. 结识门德尔松和尼柯莱。发表《给劳布灵根牧师朗根先生的简明手册》（*Vade mecum für den Herrn Sam. Gotth. Lange, Pastor in Laublingen*）、《为贺拉斯正名》（*Rettungen des Horaz*）、《戏曲文库》（*Theatralische Bibliothek*，1754—1758）。

2. 菲尔丁卒。

3. 沃尔夫（Christian Wolff）卒。赖玛鲁斯（Hermann Samuel Reimarus）发表《论自然宗教最主要的真理》（*Abhandlungen von*

den vornehmsten Wahrheiten der natürlichen Religion》。沃尔夫著《自然法与国际法原则》（Grundsätze des Natur-und Völckerrechts）德文版发表（拉丁文版 1750 年）。

6. 柯特（Henry Cort）在英国开设首个轧钢厂。

1755

1. 结识格莱姆和盖勒特。与拉姆勒关系愈发紧密。与克莱斯特开始接触。波茨坦和奥德河畔法兰克福之行。

《蒲柏：一位形而上学家!》（与门德尔松合著）。莱辛与拉姆勒一同观看阿克曼剧团在奥德河畔法兰克福首演《萨拉小姐》。莱比锡岁月（1755—1758）。

2. 11 月 24 日，阿克曼的剧院在柯尼斯堡开幕。曼海姆科学院成立。

3. 孟德斯鸠卒。

门德尔松发表《论感觉的通信》（Briefe über die Empfindungen）。卢梭发表《论人类不平等的起源》（门德尔松德译，1756 年）。哈奇森（Francis Hutcheson）发表《道德哲学体系》（A System Of Moral Philosophy，莱辛 1756 年德译）。康德发表《对形而上学认识论基本原则的新解释》（Principiorum primorum cognitionis metaphysicae nova dilucidatio）。

5. 英国与法国之间的殖民地战争（1755—1763）。里斯本地震。

1756

1. 德累斯顿之行。与富商之子温克勒（Johann Gottfried Winkler）启程前往英国，不过，因为"七年战争"打响，尤其由于普鲁士占领莱比锡，二人在阿姆斯特丹终止了旅行。结束旅行之前参观了沃尔芬比特图书馆。在汉堡初次接触到演员艾克霍夫（Hans Conrad Dietrich Ekhof）和诗人克洛普施托克。

2. 盖斯纳（Salomon Gessner）发表《田园诗集》（*Idyllen*）。俄罗斯首家剧院开幕。

3. 伏尔泰发表《风俗论》（德译 1760—1762）。赖玛鲁斯发表《理性学说》（*Die Vernunftlehre, als eine Anweisung zum richtigen Gebrauch der Vernunft in der Erkenntnis der Wahrheit*）。

4. 莫扎特生。

5.《威斯特敏斯特条约》签订。俄罗斯与奥地利结盟。奥地利与法国结盟。腓特烈大王突袭萨克森。七年战争爆发（1756—1763）。

1757

1. 与克莱斯特建立亲密友谊。为《美科学和自由技艺文库》（*Bibliothek der schönen Wissenschaften und freien Künste*）撰文。开始研究维吉尼亚肃剧（为肃剧《爱米莉亚》的准备）。

2. 盖勒特发表《宗教颂歌与诗歌集》（*Geistliche Oden und Lieder*）。尼柯莱发表《论肃剧》（*Abhandlung vom*

Trauerspiele)。

3. 休谟发表《宗教的自然史》（*The Natural History of Religion*，德译 1759）和《论文四篇》（*Four Dissertations*）。洛克《人类理解论》（*An Essay Concerning Human Understanding*）德译本出版。柏克发表《对我们心中崇高与优美观念的来源的哲学探讨》（*A philosophical inquiry into the origin of our ideas of the sublime and beautiful；with an introductory discourse concerning taste*，德译 1773）。

5. 魏玛公国大公卡尔·奥古斯特生。

腓特烈大王在布拉格大捷。奥地利在科林获胜。腓特烈在罗斯巴赫会战中打败法国，在洛伊滕会战击败奥地利。

1758

1. 柏林岁月（1758—1760）。写作《浮士德》戏剧，几经尝试之后以残篇遗世。计划编写《德文词典》（*Deutsches Wörterbuch*，1758—1778）。开始写作《文学书简》（*Briefe, die neueste Literatur betreffend*）。

2. 格莱姆发表《普鲁士战歌》（*Preußische Kriegslieder in den Feldzügen 1756 und 1757 von einem Grenadier*），前言由莱辛撰写。维兰德发表《散文作品集》（*Prosaische Schriften*）。狄德罗发表《一家之主》。克洛普施托克发表《宗教诗歌集》（*Geistliche Lieder*）。

3. 卢梭发表《致达朗贝尔的信》（*Lettre à D'Alembert sur les spectacles*）。爱尔维修发表《论精神》（*De l'esprit*，德译

1759，歌特舍德撰前言）。

5. 腓特烈大王在曹恩道夫一役击败俄罗斯。奥地利在霍赫基尔希取胜。俄罗斯占领东普鲁士。罗伯斯庇尔（Maximilien Francois Isadore Robespierre）生。

6. 魁奈（François Quesnay）发表《经济表》（*Tableau économique*）。

1759

1. 与门德尔松和尼柯莱一起撰写《文学书简》（1759—1765）。《寓言集，论寓言》（*Fabeln…Nebst Abhandlungen mit dieser Dichtungsart verwandten Inhalts*）。《费罗塔斯》。莱辛与拉姆勒合编《娄皋的格言诗》（*Friedrichs von Logau Sinngedichte*），撰写序言和语汇表。

2. 席勒生，克莱斯特卒。

哈曼发表《纪念苏格拉底》（*Sokratische Denkwürdigkeiten*）。克洛普施托克发表《春的庆典》（*Frühlingsfeier*）。伊夫兰（August Wilhelm Iffland）生。

慕尼黑成立科学院。

3. 伏尔泰发表《老实人》（*Candide ou l'optimisme*）。亚当·斯密发表《道德情操论》（*The Theory of Moral Sentiments*）。

5. 奥地利和俄罗斯在库讷斯多夫一役取胜，洗劫柏林。发行低价值的钱币。

6. 郎贝特（Johann Heinrich Lambert）提出几何投影

学说。

1760

1.《狄德罗先生的戏剧》（翻译）。《索福克勒斯》（卷一）。计划写作一部关于索福克勒斯的大部头作品。被选为柏林科学院编外院士。前往布雷斯劳任陶恩钦将军（Friedrich Bogislav von Tauentzien）秘书（1760—1765）。

2. 黑贝尔（Johann Peter Hebel）生。诺伊贝卒。

斯特恩发表《项狄传》（*Tristram Shandy*, 1760—1767）。麦克弗森（James Macpherson）发表《古代诗歌残篇》（*Fragments of Ancient Poetry*），即"莪相的诗"。

3. 亲岑多夫卒。

1761

2. 科策布（August Friedrich Ferdinand von Kotzebue）生。理查逊卒。

卢梭发表《新爱洛伊斯》。

3. 阿普特（Thomas Abbt）发表《论为祖国献身》（*Vom Tode fürs Vaterland*）。

6. 奥地利医生奥恩布鲁格（Johann Leopold Auenbrugger）发明叩诊技术。宁芬堡（Nymphenburg）陶瓷坊成立。

1762

1. 参加了对施维德尼茨（Schweidnitz）的围攻。

2. 哈曼发表《语文学家的十字军东征》（*Kreuzzüge des Philologen*，其中包括《简明美学》[*Aesthetica in nuce*]）。卢梭发表《爱弥儿》。温克尔曼发表《论古代建筑艺术》。

3. 费希特生。卢梭发表《社会契约论》（德译1763）。

4. 格鲁克：《俄尔甫斯与欧律狄克》。

5. 叶卡捷琳娜二世登基。

6. 普伦茨兹（Marcus von Plenciz）发现作为病原的微生物。

1763

1. 柏林之行。准备写作《拉奥孔》。

2. 让·保尔（Jean Paul）生。莱比锡首个读书协会成立。

3. 伏尔泰发表《论宽容》（德译1775）。康德发表《证明上帝存在唯一可能的证据》。

5. 2月16日，《胡贝图斯堡和约》签订。普鲁士得到西里西亚。俄罗斯对欧洲越来越具有影响力。奥地利的地位得到巩固。普鲁士崛起为强国。《巴黎和约》签订。英国、法国、西班牙之间的殖民地战争结束。北美成为英国殖民地。普鲁士开始实施义务教育（《全国小学管理条例》[*General-Land-Schul-Reglement*]）。

1764

1. 开始构思《明娜》。重病。决定放弃在布雷斯劳的职位。

2. 维兰德发表《唐·西尔维奥的冒险》（*Die Abenteuer des Don Sylvio von Rosalva*）。缇摩尔（Moritz August von Thümmel）发表《威尔海敏》（*Wilhelmine, oder der vermählte Pedant*）。温克尔曼发表《古代艺术史》。"新闻工作者协会"在柏林成立。

3. 拉莫（Jean-Philippe Rameau）卒。贺加斯（William Hogarth）卒。伏尔泰发表《哲学辞典》。卢梭发表《山中来信》（*Lettres écrites de la montagne*）。康德发表《关于美感和崇高感的考察》。

1765

1. 柏林岁月（直到1767年）。腓特烈大王拒绝莱辛应聘王国图书馆馆长的申请。

2. 魏斯发表《理查三世》（*Richard der Dritte*）。《新美艺术文库》（*Neue Bibliothek der schönen Wissenschaften*，1765—1806）出版。尼柯莱出版《大德意志文库》（*Allgemeine deutsche Bibliothek*，1765—1768）。歌德的莱比锡大学生涯。

3. 阿普特发表《论功绩》（*Vom Verdienste*）。卢梭发表《忏悔录》（1765—1770）。

5. 奥地利约瑟夫二世支持改革（自1780年开始）。第一家"国家银行"在柏林成立。

6. 马铃薯成为全德意志的粮食作物。谢斐尔（Jacob Christian Schäffer）发明木浆纸。瓦特发明蒸汽机。

1766

1. 皮埃蒙（Pyrmont）之行。结识莫泽尔（Justus Möser）和阿普特。哥廷根和卡塞尔之行。《拉奥孔》第一部发表。

2. 歌特舍德卒。斯塔尔夫人生。

拉姆勒编《德意志歌集》（*Lieder der Deutschen*，1766—1770）。格尔斯滕贝格发表《文学奇观书简》（*Briefe über Merkwürdigkeiten der Literatur*）。维兰德发表《阿伽通的故事》（*Geschichte des Agathon*，1766—1767）。

十二位富商在汉堡成立"德意志民族剧院"，该剧院试图争取莱辛作为驻院剧作家。

6. 卡文迪什（Henry Cavendish）发现氢气。欧拉发表《代数学》（*Algebra*）。

1767

1. 任汉堡剧院剧评家。与博德（Johann S. Bode）成立印刷厂（1769年倒闭）。结识艾克霍夫、施罗德（Friedrich Ludwig Schröder）、C. P. 巴赫（Carl Philipp Emanuel Bach），以及汉堡大主教葛茨（Johann Melchior Goeze）。在商人柯尼希（Engelbert König）家中认识其妻子爱娃（Eva König）。与克洛普施托克相聚，关系更为紧密。9月23日《明娜》首演，反应平平。《以弗所的主妇》。《汉堡剧评》（1767—1769）。继续为《拉奥孔》续篇做准备。

2. 大施勒格尔生。赫尔德发表《论近代德语文学》

(Über die neuere deutsche Literatur)。拉姆勒发表《颂歌集》(Oden)。

3. 威廉·洪堡生。

门德尔松发表《斐多或论灵魂不死》(Phädon oder über die Unsterblichkeit der Seele)。

4. 泰勒曼(Georg Philipp Telemann)卒。格鲁克：《阿尔刻丝忒》。

5. 弗格森(Adam Ferguson)发表《市民社会史论》(An Essay on the History of Civil Society，德文译本 1768)。

6. 哈格里夫斯(James Hargreaves)发明纺织机(机械化的手动纺车)。

1768

1. 结识克劳狄乌斯。《古代书简》第一部分。《明娜》在柏林的演出大获成功。

2. 斯特恩发表《多情客游记》(A Sentimental Journey Through France and Italy)。格尔斯滕贝格发表《乌戈里诺》(Ugolino)。维兰德发表《穆萨里翁》(Musarion)。克洛普施托克发表《救世主》(三卷)。歌德发表《情人的心绪》(Die Laune des Verliebten)。

斯特恩卒。

汉堡首家读书协会成立。

3. 施莱尔马赫生。温克尔曼被杀。赖马鲁斯卒。托瓦尔森(Bertel Thorvaldsen)生。

5. 奥地利颁布统一刑法（Nemesis Theresiana）。夏多布里昂（François-René de Chateaubriand）生。

6. 库克船长在三次航行过程中探索了澳大利亚、新西兰、南海地区，以及阿拉斯加等地（1768—1779）。韦奇伍德（Josiah Wedgwood）发明韦氏陶瓷。

1769

1. 9月，莱辛收到前往沃尔芬比特大公图书馆出任馆长的邀请。12月，经过讨价还价之后接受职务。发表《古人如何表现死》，《古代书简》第二部分（按：第54篇中包含莱辛精神危机的其中一个表述，WB版卷5/2，第568页）。

2. 盖勒特卒。柯尼希去世。

《哥廷根缪斯年鉴》建刊。赫尔德发表《批评之林》（*Kritische Wälder*）。克洛普施托克发表《赫尔曼战役》（*Hermanns Schlacht*）。格莱姆发表《和贺拉斯颂歌》（*Oden nach dem Horaz*）。歌德发表《同谋者》（*Die Mitschuldigen*）。赫尔莫斯（Johann Timotheus Hermes）发表《索菲的旅行》（*Sophiens Reise*）。

汉堡剧院倒闭。塞勒尔（Abel Seyler）演员协会成立（1769—1775）。

3. 亚历山大·洪堡生。

弗格森发表《道德哲学原理》（*Institutes of Moral Philosophy*）。

5. 拿破仑生。

6. 阿克莱特（Richard Arkwright）发明翼锭式纺纱机。屈尼奥（Nicholas Cugnot）发明蒸汽机车。瓦特获得根本改善的蒸汽机的专利。

1770

1. 赫尔德在汉堡拜访莱辛，达 14 天之久。4 月，移居沃尔芬比特。8 月 22 日，父卒。

2. 荷尔德林生。克劳狄乌斯主编《万茨贝克邮差》（*Der Wandsbecker Bote*）（1770—1775）。歌德与赫尔德在斯特拉斯堡。

3. 黑格尔生。

康德发表《论感官与理智世界的形式及其理由》（*De mundi sensibilis atque intelligibilis forma et principiis*）。

4. 贝多芬生。

5. "德意志共济会总会"（Große Landesloge der Freimaurer von Deutschland）在柏林成立。

6. 英国开始工业革命。欧拉发表《代数学完全指南》（*Vollständige Anleitung zur Algebra*）。哈恩（Philipp Matthäus Hahn）发明乘法计算机。库克（Phineas Cooke）发明钻头。

1771

1. 与爱娃订婚。成为汉堡共济会"三玫瑰"成员。发生思想危机（"在抛弃某些偏见的时候，我已经有点过多地抛弃了我将来不得不再次找回来的东西"，致门德尔松，1 月 9

日）。

《杂集》（*Vermischte Schriften*）卷一出版，包括《论箴言诗》（*Anmerkung über das Epigramm*），《拉丁文箴言诗》（*Lateinische Epigramme*），《警句诗》（*Sinngedichte*），《歌集》（*Lieder*）。编辑《爱米莉亚》终稿。

2. 克洛普施托克《颂歌与挽歌》（*Oden und Elegien*）。拉罗什发表《冯·施特恩海姆小姐的故事》（*Geschichte des Fräuleins von Sternheim*）。苏尔策发表《美科学泛论》（*Allgemeine Theorie der schönen Künste*）。歌德发表《莎士比亚纪念日》。

6. 舍勒（Carl Wilhelm Scheele）发现了氧气。

1772

1. 《爱米莉亚》问世。3 月 13 日在布伦施威克由多布林（Döbbelin）剧团首演，莱辛未出席。戏剧在柏林和维也纳大获成功。

2. 诺瓦利斯生。小施勒格尔（Friedrich Schlegel）生。柯勒律治（Samuel Taylor Coleridge）生。

维兰德发表《金镜》（*Der goldene Spiegel*）。歌德发表《论德意志建筑艺术》（*Von deutscher Baukunst*）、《浪游者的暴风雨之歌》（*Wandrers Sturmlied*）。魏玛宫廷剧院开幕（塞勒尔剧团）。"哥廷根林苑派"成立。

3. 爱尔维修发表《论人的理智能力和教育》（*De l' homme, de ses facultés intellectuelles et de son education*，德译本

1774)。赫尔德发表《论语言的起源》（*Abhandlung über den Ursprung der Sprache*）。

5. 波兰第一次被分割。

6. 拉塞福（Daniel Rutherford）发现氮气。

1773

1. 发表《论历史与文学：沃尔芬比特大公图书馆宝藏选辑》（*Zur Geschichte und Literatur. Aus den Schätzen der Herzoglichen Bibliothek zu Wolfenbüttel*，1773—1781），其中包括《莱布尼茨论永罚》《维索瓦蒂对三位一体说的异议》。

2. 瓦肯罗德（Wilhelm Heinrich Wackenroder）生，蒂克（Ludwig Tieck）生。

赫尔德发表《论德意志艺术》（*Von deutscher Art und Kunst*）和《论莪相与古代民歌书简》（*Auszug aus einem Briefwechsel über Ossian und die Lieder alter Völker*）。歌德发表《铁手葛茨》，开始书写《浮士德》。毕尔格发表《莱诺蕾》（*Lenore*）。维兰德出版《德意志信使》（*Teutscher Merkur*，1773—1810）。尼柯莱发表《诺特汉克硕士先生言行录》（*Sebaldus Nothanker*，1773—1776）。

5. "波士顿倾茶事件"。（教皇）取缔耶稣会。

6. 拉瓦锡发现化学过程中的质量守恒。现代化学的开端。

1774

1. 从赖马鲁斯遗稿中编辑发表了《匿名作者残稿》(*Fragmente eines Ungenannten*, 1774—1778)。

2. 维兰德发表《阿布德里人的故事》(*Geschichte der Abdeirten*, 1774—1780)。伦茨发表《论戏剧》(*Anmerkungen übers Theater*)、《宰相》(*Der Hofmeister*)。歌德发表《克拉维戈》(*Clavigo*)、《青年维特之烦恼》。戈塔宫廷剧院开幕（塞勒尔剧团）。

3. 布朗肯伯格（Friedrich von Blanckenburg）发表《小说试论》(*Versuch über den Roman*)。克洛普施托克《德意志学人共和国》(*Deutsche Gelehrtenrepublik*)。赫尔德发表《又一种关于人类教化的历史哲学》(*Auch eine Philosophie der Geschichte zur Bildung der Menschheit*)。

4. 格鲁克发表《伊菲格涅在奥利斯》。

5. 路易十五驾崩，继任者路易十六，1774 年至 1792 年在位。佩斯塔洛奇成立"穷人院"。

1775

1. 持续至 1776 年元月：（2 月 9 日动身）前往莱比锡、柏林、德累斯顿、（3 月 31 日到达）维也纳的旅行；觐见约瑟夫皇帝；陪同利奥波德王子游览意大利（4 月 25 日动身），参观了米兰、威尼斯、佛罗伦萨、科西嘉、热那亚、都灵、罗马、那不勒斯等地。

2. 歌德：斯特拉斯堡和法兰克福时期诗歌，前往魏玛。克林格发表《受难的女人》(*Das leidende Weib*)。读者协会在斯图加特成立。雅各比发表《奥维尔书信》(*Eduard Allwills Papiere*)。

3. 谢林生。赫尔德发表《各民族趣味兴衰的原由》(*Ursachen des gesunknen Geschmacks bei den verschiednen Völkern, da er geblühet*)。

拉瓦特发表《面相学断章》(*Physiognomische Fragmente*)。

5. 美国立国战争打响（1775—1783）。卡尔军校（Hohe Karlsschule）在斯图加特成立。

6. 普利斯特里（Joseph Priestley）发现了硫酸和盐酸。

1776

1. 3月初回到沃尔芬比特。10月8日与爱娃在汉堡附近的约克成婚。结识福斯和莱泽维茨（Johann Anton Leisewitz）。成为曼海姆科学院院士。编辑出版小耶路撒冷的《哲学文存》（复活节出版）。

2. 霍夫曼（E. T. A. Hoffmann）生，布莱廷格卒。

克林格发表《双生儿》（*Die Zwillinge*）、《狂飙突进》（*Sturm und Drang*）。伦茨发表《军人》(*Die Soldaten*)。歌德发表《史黛拉》（*Stella*）、《漫游者的夜歌》（*Wandrers Nachtlied*）。莱泽维茨发表《尤利乌斯》（*Julius von Tarent*）。瓦格纳（Heinrich Leopold Wagner）发表《痴女杀婴》(*Die Kindermörderin*)。米勒（Johann Martin Miller）发表《西格瓦

特》(*Siegwart*: *Eine Klostergeschichte*)。［维也纳］城堡剧院升格为国家剧院。慕尼黑拒绝了成立读书协会的申请。

3. 亚当·斯密发表《国富论》(*An Inquiry into the Nature and Causes of the Wealth of Nations*)。维斯霍普特（Johann Adam Weishaupt）成立秘密团契"光明会"（Illuminatenorden）。

5. 7月4日：美国发表《独立宣言》。

边沁发表《政府片论》(*A Fragment on Government*)。

6. 哈顿（Hatton）发明了刨床。

1777

1. 前往曼海姆，最终拒绝接受曼海姆剧院的领导职务。结识梅尔克（Johann Heinrich Merck）和穆勒（Friedrich Müller）。3月7日，母卒。12月25日，喜得一子，但一天之后夭折。《论历史与文学》卷四出版，内容：《编者的反对意见》(*Gegensätze des Herausgebers*)，"匿名作者残篇五篇"，《论人类的教育》第1至53则（匿名），《论圣灵与大能的证明》，《约翰遗言》。《恩斯特与法尔克》完成。

2. 克莱斯特（Heinrich von Kleist）生，富凯（Friedrich Heinrich Karl Baron de la Motte Fouqué）生，哈勒卒。

荣恩-施蒂林（Johann Heinrich Jung-Stilling）发表《施蒂林的青年时代》(*Heinrich Stillings Jugend*)。歌德发表《哈尔茨山游记》。

宫廷和国家剧院在曼海姆成立。施罗德剧团在汉堡演出《哈姆雷特》。

6. 拉瓦锡发现燃烧是与氧气的化合,并发现呼吸意味着燃烧。

1778

1. 爱娃卒。结识教育家、哲人坎培。发表《第二次答辩》,《譬喻》,《公理》,《一个请求》,《回绝书》,《反葛茨》,《一个必要答复》,《恩斯特与法尔克:写给共济会士的对话》第一至第三部分。《智者纳坦》预告,写作《智者纳坦》。

2. 布伦塔诺(Clemens Brentano)生。

荣恩-施蒂林发表《施蒂林的少年时代》(*Heinrich Stillings Jünnglings-Jahre*)、《施蒂林的漫游》(*Heinrich Stillings Wanderschaft*)。毕尔格发表《诗集》(*Gedichte*)。穆勒发表《戏剧化的浮士德生平》(*Fausts Leben dramatisiert*)。赫尔德发表《民歌集》(*Volkslieder*,1778—1779)。利希滕伯格发表《论反相术师的面相学》(*Über Physiognomik wider die Physiognomen*)。希佩尔(Theodor Gottlieb von Hippel der Ältere)发表《生平》(*Lebensläufe*)。

3. 伏尔泰卒,卢梭卒。

库克船长的随从福斯特(Georg Forster)发表《环球行记》(*Reise um die Erde*)。

4. 米兰斯卡拉大剧院开幕。

5. 巴伐利亚王位继承战。普鲁士军官冯·施托伊本(Friedrich von Streuben)来到美国华盛顿军队训练起义军。

6. 斯米顿（John Smeaton）发明潜水罩钟。

1779

1. 结识博物学家、旅行作家福斯特。发表《智者纳坦》。

2. 施托尔贝格（Stolberg）兄弟发表《诗集》（*Gedichte*）。维兰德发表《潘多拉》（*Pandora*）。歌德《伊菲格涅》（*Iphigenie*）散文版上演。雅各比发表《沃尔德玛》（*Woldemar*）。

3. 休谟发表《自然宗教谈话录》（*Dialogues concerning Natural Religion*，德译1781）。

1780

1. 健康状况全面恶化。雅各比在沃尔分比特拜访莱辛。《恩斯特与法尔克》第四、第五部分发表。《论人类的教育》全本匿名发表。

2. 维兰德发表《奥勃伦》（*Oberon*）。舒巴特发表《君主的坟墓》（*Fürstengruft*）。克洛普施托克《救世主》全本发表。

3. 索尔格（Karl Wilhelm Ferdinand Solger）生。

5. 特蕾西娅卒。约瑟夫二世登基，自1765年摄政，1780年至1790年在位。克劳塞维茨（Carl von Clausewitz）生。

6. 穆勒（Johann Helfrich Müller）发明加、减、乘计算器。莱比锡机械师谢勒（Scheller）发明自来水笔。阿夏德（Franz Carl Achard）从甜菜中榨糖。

1781

1. （清乾隆四十六年）2 月 15 日，莱辛卒于布伦施威克。

2. 沙米索（Adelbert von Chamisso）生。阿尼姆（Achim von Arnim）生。

席勒发表《强盗》。福斯发表《奥德赛》译文。

3. 康德发表《纯粹理性批判》。杜尔哥卒。

4. 申克尔（Karl Friedrich Schinkel）生。莫扎特：《后宫诱逃》（*Die Entführung aus dem Serail*）。

5. 奥地利取消农奴制和行会压迫，施行教派宽容政策，但并非一视同仁；解除无作为的团契。

6. 德茹福鲁瓦（de Jouffroy）首次成功尝试蒸汽船。赫尔舍（Friedrich Wilhelm Herschel）发现天王星。

壹卷 YE BOOK

洞见人和时代

官方微博：@壹卷YeBook
官方豆瓣：壹卷YeBook
微信公众号：壹卷YeBook
媒体联系：yebook2019@163.com

壹卷工作室
微信公众号